통일을 대비한

북한도시 개발 구상

통일을 대비한
북한도시 개발 구상

1판 1쇄 인쇄 2024년 5월 26일
1판 1쇄 발행 2024년 5월 31일

지은이 | 통일한반도건설산업전략연구소
발행인 | 김병계
발행처 | 도서출판 보문당
등록 | 1990년 6월 5일(제1-1066호)
주소 | 서울시 마포구 토정로 222 한국출판콘텐츠센터 417호
전화 | 02) 704-7025
팩스 | 02) 704-2324
홈페이지 | http;//www.bomoondang.co.kr
전자우편 | bmdpub@naver.com

값 18,000 원

ISBN 978-89-8413-249-8 (93530)

통일을 대비한

북한도시 개발 구상

통일한반도건설산업전략연구소 펴냄

普文堂

| 발간사 |

통일은 우리에게 기회이자 위협이다.

준비된 통일은 우리에게 축복이지만 준비하지 못한 통일은 재앙이 될 것이 분명하다. 독일은 서독의 초대총리인 콘라트 아데나워부터 통일 독일의 초대총리인 헬무트 콜에 이르기까지 체계적이고 주도적인 통일정책을 수립, 시행하였다. 그런데도 갑작스러운 통일의 충격으로 인한 실업률 증가, 인구이동, 임금 격차의 악화, 화폐통합, 토지소유권, 문화대립 등의 문제로 '유럽의 병자'로 전락하였다. 이후 40년간의 출혈에 가까운 지원으로 다시 강국으로 자리매김했지만, 통일은 결코 축복만은 아니라는 교훈을 주고 있다.

통일을 대비한 준비는 아무리 강조해도 지나치지 않다.

통일에 대한 여러 시나리오가 제기되고 있다. 평화적 흡수통일 방안, 1국 2체제의 연방제, 무력통일 방안 등이 회자하고 있다. 하지만 통일은 도둑고양이처럼 조용히 찾아올 수 있다. 우리가 통일을 준비해야 하는 이유이다. 만약 준비 없이 갑작스러운 통일이 찾아온다면 우리는 독일보다 더욱 큰 혼란을 겪을 것이며 통일은 축복이 아닌 재앙이 될 것이다. 한미글로벌은 2020년부터 '통일한반도건설산업전략연구소'를 설립하여 건설산업 측면에서 통일에 대해 준비를 하고 있다. 북한과 통일 관련 자료를 수집하고, 임원 대상 교육, 전문가 네트워킹을 강화하고 있다. 2022년도에는 북한 인프라 관련 전문가 13명이 참여하는 1년 6개월간의 연구를 통해 북한의 철도, 도로, 해운항만, 항공교통, 에너지 및 산업단지의 현황을 분석하고 개발방안을 제시하는 '통일한반도 개발구상과 건설산업 전략'을 발간하였으며, 2023년 3월 착수한 2차 연구를 통해 '통일을 대비한 북한도시 개발 구상'을 발표하게 되었다. 이 책은 북한도시의 역사, 통일을 대비한 도시개발 구상과 건설산업의 사전준비 사항을 담고 있으며 15명의 전문가가 연구와 토론을 통해 완성하였다.

건설산업은 통일의 수혜를 가장 많이 보는 분야일 것이다.

통일 초기에는 독일의 사례처럼 남북의 차이를 해소하기 위한 인프라 확충과 산업생산 기반 구축에 전력해야 할 것이다. 철도, 도로, 항만, 공항 등 교통기반시설 확충, 도시인프라 정비와 전력, 에너지, 통신 등의 공급이 단기간에 이루어질 것이다. 하지만 사전에 해결해야 할 문제도 만만치 않다. 북한의 토지 소유문제, 개발의 우선순위, 막대한 자금조달, 법과 제도문제에 이르기까지 사전에 준비하지 못하면 혼란과 국민의 고통만 초래할 것이다.

통일한반도 건설에는 원칙이 필요하다.

첫째, 균형발전이다. 남과 북의 균형발전도 중요하지만 북한도시의 개발과정에서 지역 간 격차를 줄이고 자립적 발전역량을 증진하여 지속적인 발전을 구가할 수 있도록 해야 한다. 이를 위해서 사전에 지역 경쟁력은 물론 국가경쟁력을 극대화할 수 있는 마스터플랜의 작성이 필요할 것이다. 둘째, 친환경, 지속가능한 도시의 건설이다. 지역의 수용력, 역량과 자원 및 구조적 요소를 고려하고 효율적인 에너지, 전력, 교통 및 도시 인프라가 작동하는 도시를 건설해야 한다. 또한, 최첨단 스마트 시티의 건설도 반드시 검토되어야 한다. 셋째, 난개발을 방지하고, 지역 특성과 경관을 살리는 개발이 이루어져야 한다. 남한의 경우 개발연대에 따른 난개발로 도시의 과다, 과대, 과속, 과밀 및 도시 기반시설의 부족, 환경오염 등의 문제가 발생하고 있다. 남한의 개발 사례를 반면교사 삼아 통일 후 반도 국가로서의 기회를 살리고 동북아 교류협력 거점으로 발전할 수 있는 도시건설이 이루어져야 한다.

대한민국의 인프라 축적도는 세계 6위로 평가되고 있다.

우리나라가 경제력에서 세계 10권에 진입할 수 있었던 근간에는 건설산업이 주도한 인프라 경쟁력이 있다. 도시와 인프라스트럭처(infrastructure)는 경제 활동의 기반을 형성하는 기초적인 시설과 시스템을 말하며 이는 국민의 삶의 질과 국가경쟁력을 좌우하며 국가 발전의 디딤돌 역할을 하기 때문이다. 다시 한번 강조하지만, 건설산업은 어느 분야보다도 통일을 대비한 철저한 사전준비가 필요하다. 통일은 우리 경제가 당면한 저성장 구조를 뛰어넘고, 세계에서 가장 낮은 출산율로 집단자살 사회라고 표현되는 인구문제 해결의 단초를 제공할 것이며, 분단으로 섬나라에 불과하던 국가를 대륙과 연결하여 반도 국가로 탈바꿈시키는 지정학적 혁명을 가져올 것이다. 이러한 변화에 대비하여 건설산업은 사전에 준비하고, 앞장서 나아가야 한다.

북한에 대한 정보는 부족하고, 보유한 정보조차 공유에 제한을 받는 어려운 실정이다. 아울러, 통일을 연구하는 전문가 그룹도 매우 제한적인 상황에서 각 분야의 최고 전문가들을 초청하여 심도 있는 연구를 진행하신 한반도미래포럼 천영우 이사장께 감사의 말씀을 드린다. 어려운 가운데서도 적극적으로 참여해 주신 연구진과 자문위원들께도 깊은 감사를 드린다.

한미글로벌 회장

김종훈

| 머리말 |

김정은 북한 국무위원장이 2023년 12월 말 조선노동당 중앙위원회 전원회의에서 남북관계와 통일정책의 근본적 전환을 선언했다. 대한민국의 정식 국호를 사용하면서 남북관계를 적대적인 두 국가 관계, 전쟁 중에 있는 두 교전국 관계로 규정한 데 이어 2024년 1월 15일 최고인민회의에서는 조국평화통일위원회 등 대남기구의 폐지를 결정하고, 북한의 영토 범위를 헌법에 명기하기 위한 개헌 의지도 밝혔다. 요약하면 대한민국을 국가로 인정하고 남북통일을 포기하겠다는 것이다. 이는 남북관계를 나라와 나라 사이의 관계가 아닌 통일을 지향하는 과정에서 잠정적으로 형성되는 특수관계로 규정한 1992년 남북기본합의서의 정신을 전면 부정하고, 두 개의 주권국가 체제로 전환하겠다는 의미다.

북한이 3대에 걸쳐 일관되게 견지해온 '하나의 조선' 원칙에 입각한 통일을 포기하고 한반도의 영구분단을 선택한 것은 김정은정권을 지키기 위한 고육지책이다. 그 근저에는 남북간 체제경쟁에 대한 자신감의 상실과 흡수통일에 대한 실존적 공포심이 깔려있다. 아무리 많은 핵미사일을 만들어도 세계 10위의 경제대국으로 발전한 대한민국과의 격차를 좁히는 것은 불가능하고, 자유분방한 한국 대중문화의 침투는 북한 MZ세대의 영혼을 '오염'시키고 김정은체제의 사상적 토대를 흔들고 있다. <반동사상문화배격법>까지 제정하여 한류 '바이러스'의 유입을 막는데 광적으로 매달리고 한국드라마 시청을 중형으로 다스

려야 하는 정권에게는 통일보다 더 두려운 것이 없다. 통일은 국경을 봉쇄해도 막지 못하는 한류 '바이러스'의 수문을 여는 것이고 한류의 홍수가 종국에는 김정은체제를 송두리째 삼켜버릴 것이기 때문이다.

북한이 원하는 방식의 통일은 원천적으로 불가능하고, 시간이 흐를수록 대한민국에 흡수 통일될 '위험성'만 더 높아진다면 통일을 아예 포기하고 2국체제로 가는 것이 북한에게는 실리적 선택이다. 별거 상태의 부부가 이혼하면 재결합을 요구할 명분도 근거도 없어지듯 남북이 독립 주권국가로 완전한 남남이 되면 통일의 명분이 없어지고 그 수단과 방법도 대폭 제약되므로 흡수통일을 막을 정치적 방패가 될 수 있다. 김정은 연설은 험악한 언사로 가득하지만 본심은 '우리는 이제 적화통일이든 평화통일이든 다 포기할 테니 당신들도 자유민주주의 체제하의 통일을 포기하라'는 절박한 애원에 가깝다.

북한이 우리를 주권국가로 인정하겠다면 이를 막을 방법은 없지만 그렇다고 대한민국이 북한을 국가로 인정할 수는 없다. 북한의 요구를 수용하기 위해 헌법 제3조의 영토조항을 개정하는 우를 범해서도 안 된다. 통일을 포기하는 것은 이천 오백만 동족에게 폭압 체제에서 해방되어 인간다운 삶을 누릴 희망을 박탈하는 것이다. 당장 통일의 가망이 보이지 않고 통일에 대한 국민적 지지가 식어가고 있다고 통일의 기회가 기적처럼 찾아올 때 이를 놓칠 위험성을 높일 선택을 할 이유가 없다.

동독이 서독에 흡수 통일되는 것을 막기 위한 고육지책으로 1민족 1

국가론을 폐기하고 양독관계를 2국 체제로 전환하자고 주장한 것이 1974년이다. 2국 체제로의 전환을 요구한 지 15년 만에 베를린 장벽은 무너지고 동독 정권은 주민들의 통일 열망에 항복했다. 2024년의 북한은 1974년의 동독과 유사한 상황에 몰려 있다. 북한이 50년 전 동독과 동일한 선택을 했지만 동독의 전철을 밟을 지는 아무도 예단할 수 없다. 다만, 통일이 우리의 소원이라고 뜻대로 이루어지는 것이 아니듯 김정은이 통일을 피하려고 발버둥친다고 통일이 비껴가는 것도 아니다. 변화를 향한 북한 내부의 에너지가 임계치에 도달하면 역사의 대세를 막을 수 없는 순간이 반드시 올 것이다. 프러시아의 재상 비스마르크는 "역사속을 지나가는 신의 옷자락을 잡는 것이 국가지도자의 책무"라고 했다. 서독이 동독의 집요한 국가승인과 2국 체제 전환 요구를 끝까지 거부했기에 통일의 기회가 왔을 때 이를 놓치지 않고 잡아챈 것이다.

분단상태가 거의 80년이나 지속하면서 통일에 관한 관심과 기대가 날이 갈수록 하락하고 있는 상황에서도 통일에 대한 믿음을 잃지 않고 통일 이후 북한 도시의 개발을 연구하는 분들이 있다는 사실 자체가 참으로 고무적이다. 통일은 축복이지만 준비된 통일은 많은 시행착오를 피할 수 있다는 점에서 더 확실하고 더 큰 축복이다. 통일 이후 북한 개발에서 중심적 과제는 도시개발이다. 북한 주민에게 쾌적하고 친환경적인 주거환경을 제공하는 것은 이질적인 남북의 사회 통합과 안정을 위해 필수 불가결한 과제다. 한국의 도시개발에서 얻은 교훈을 살려 기능적으로나 환경적으로 최고의 도시를 북한에 건설하는 것이 성공적 통일의 관건이다.

통일한반도포럼 참가자들의 선행 연구결과는 북한 경제와 사회에 대한 정보가 빈약하고 연구환경이 척박한 가운데서 이루어진 것임에도 불구하고 북한 도시개발의 방향과 핵심과제를 제시했다는 점에서 주목할 만한 성과를 거두었다. 이러한 연구는 전문가 풀의 명맥을 유지하고 양성하는 데도 중요한 기여를 하고 있다. 아무쪼록 이번 연구결과가 북한개발에 관한 후속연구에 활력을 불어넣고, 통일 이후 학계와 건설업계가 정부에 건의할 북한 도시개발의 청사진을 수립하는데 초석이 되기를 기대한다.

소중한 연구를 계속해온 논문 발표자들의 왕성한 지적 호기심과 노고에 경의를 표한다. 그리고 당장의 실익도 없고 학계에서조차 별 관심이 없는 연구에 선각자적인 관심과 열정을 갖고 아낌없는 물적·정신적 지원을 제공해주신 한미글로벌의 김종훈 회장님께도 깊은 존경과 감사를 드린다. 북한 도시개발이라는 주제를 중심으로 네 차례의 세미나를 주최함으로써 전문가들이 연구결과를 공유할 소중한 기회를 만들어준 통일한반도포럼의 노고에도 경의를 표한다.

한반도미래포럼 이사장

천영우

| 목차 |

PART 1

북한도시의 발전사

01

북한도시의 과거와 현재

김민아

잃어버린 퍼즐

북한 연구자들에게 관련 연구 행위는 대부분의 조각을 잃어버린 퍼즐 맞추기에 비유가 된다. 이것은 대다수 연구자가 해당 지역을 직접 방문하지 못할 뿐 아니라, 취득할 수 있는 정보도 제한되어 있고, 어렵게 취득한 정보마저 북한 당국을 통해 생산되어 국가의 입장만을 대변하는 것이 대부분이기 때문이다. 그러함에도 불구하고 지금까지 국토·도시 분야를 포함한 북한 관련 연구는 나름대로 다양한 연구 방법을 시도하며 상당한 연구결과를 축적하였고, 그 과정에서 시기, 분야, 주제도 다각화되었다.

물론 여기에서 제한된 정보로 인해 연구결과마다 연구자의 주관이 강하게 작용했다는 점은 여전히 한계로 남는다. 그러나 이제는 상당한 양의 연구결과들이 축적되면서 이를 활용하여 좀 더 넓은 시야에서 북한 사회의 전체상을 그려볼 수 있는 상황이 되었다. 이에 따라 여기에서는 지금까지의 연구결과들을 바탕으로 장기적 추세에서 북한 사회를 살펴봄으로써 이들에 대한 객관적 이해를 높여보려고 한다.

본 연구자는 지금까지 우리에게 단편적 시각에 따라 북한 사회에 대한 두 가지 신화가 존재했다고 생각한다. 첫째, 과거 북한은 사회주의 이론이 추구하는 이상적인 국가 모델을 구현했으며, 둘째, 현재 북한은 점진적인 체제전환의 과정에 있다는 주장이다. 본 연구자는 이와 같은 의견에 의문을 제기하며 다음과 같은 방식으로 북한 체제전환의 근본적 어려움을 설명할 것이다.

먼저 북한 정권의 탄생기로 돌아가 광복 후 북한의 체제형성기에 주어졌던 사회적 조건들(주로 일제강점기에 마련된 사회적 조건들)과 이에 대응하여 마련된 당시 북한의 정책 내용을 함께 살펴본다. 이를 기반으로 체제형성기에 마련된 북한의 정책은 일반적인 사회주의 체제의 도입보다는 주로 일제강점기의 기존 식민통치체제에 대한 반작용에 가까웠다는 사실을 확인할 것이다. 다음으로, 북한의 체제형성기에 마련된 정책들의 현재까지의 연속성을 파악하여 북한 사회에 내재되어 있는 체제변화의 어려움을 설명할 것이다.

이를 위해 여기에서 주로 다루는 북한의 정책을 ① 토지·농촌, ② 인프라(교통·산업), ③ 도시, ④ 주택 등 국토·도시 분야의 주요 네 개 부문으로 한정하였으며, 해당 부문별로 구체적인 정책(주로 공간계획과 관련된 정책)의 내용을 일제강점기와 북한의 체제형성기에 걸쳐 살펴본다. 또한, 각 부문별 정책의 현재까지의 변천 과정을 살펴봄으로써 국토·도시 관련 정책에 있어서 북한 당국의 장기적 추세를 파악하고 이것의 함의를 정리한다.[1]

여기에서는 이와 같은 과정을 통해 북한 사회에 내재 되어있는 체제변화의 어려움을 설명하는 것을 기본적인 목표로 두지만, 그러함에도 불구하고 이것이 미래의 통일 한반도라는 과업을 포기하는 것을 의미하지는 않는다. 전 세계적으로 불확실성이 높아진 시대에 미래의 통일 한반도는 지금과는 전혀 다른 상황 속에 예상하지 못한 문제들을 마주하며 전개될 것이다. 비록 이에 대해 우리가 모든 경우의 수를 예상하지 못하더라도 미래 북한의 국토·도시 개발에서 어떠한 과제가 새롭게 제기될 가능성이 있는지 계속해서 전망하고 대비해야 한다. 이를 위해 먼저 북한 사회를 기존과는 다른 틀에서 이해하고 접근할 필요가 있으며, 여기에서는 그러한 맥락에 다라 북한 도시의 과거와 현재를 장기적인 추세에 비춰 살펴보았다.

체제형성기 북한 사회 건설의 3대 목표

구체적으로 북한 국토·도시의 주요 분야별 정책 발전 과정을 살펴보기에 앞서, 광복 이후 진행된 북한의 체제형성 과정이 주요 연구자들에 의해 어떤 성격으로 정의되는지 살펴볼 필요가 있다. 체제형성기에 북한은 사회주의 진영 및 소련과의 연대과정에서 많은 기록물을 생산하고 전파하였는데, 소련 붕괴 이후 기존 사회주의 국가들의 아카이브에 소장되어 있던 대량의 기록물들이 발굴되면서, 이에 대한 연구들이 다수 수행될 수 있었다. 이처럼 관련 사료의 존재로 인한 연구의 용이함 때문에 체제형성기 북한 사회는 지금까지 국내외 유수의 많은 학자에 의해 연구되었고, 연구결과에 대해서도 어느 정도 합의를 이룬 상태이다.[2]

이에 따르면 북한의 체제형성기에 사회주의 및 소련과의 연대가 기존의 식민종속과 민족의 후진성 문제를 해결할 수 있는 대안으로 부상하게 되는데, 이것은 북한의 급진 민족주의자들이 동유럽, 중국, 북베트남의 공산주의자들과 마찬가지로 소련식 근대화를 반식민주의적,

반자본주의적 근대화를 실현시킬 수 있는 매력적인 수단으로 인식했기 때문이다. 그러나 당시 북한은 식민지배하에서 막 독립한 동아시아 농업사회에 가까웠으며, 실질적인 근대화를 이루지 못한 상태에서 현실 사회주의 체제를 곧바로 도입하게 되었고 이것이 일반적인 사회주의 국가와는 다른 독특한 사회체제를 갖게 된 원인으로 지목된다.

이에 따라 체제형성기에 북한은 유교 사상의 군주제 → 일제의 식민체제 → 소련의 스탈린체제로 곧장 이동하였고, 이 과정을 거치면서 일반적인 근대사회에서 자기반성을 통해 나타나는 다원주의적 요소들이 전무후무한 상황이 되었다. 특히 해외 연구자들의 시선에서 북한의 사회주의, 공산주의는 체제형성과정에서 소련의 개입이 있음에도 불구하고 사회주의 형식에 특유의 민족주의 내용을 채우는 과정을 통해 토착화된 것으로 정의된다.[3]

이와 같은 배경에서 당시 북한 사회에서는 새로운 체제형성을 목표로 다양한 목표가 수립되었으며, 앞서 언급한 국토·도시 분야의 주요 부문과 연관된 목표는 주로 사회 개혁, 경제의 계획화, 새로운 사회문화 건설 등으로 볼 수 있다.[4] 각각의 목표에 대한 주요 내용과 함께 이와 연관된 주요 국토·도시 정책은 다음과 같이 요약할 수 있다.

사회 개혁

앞서 설명한 것처럼 체제형성기 당시 북한은 경제적 후진성, 사회적 불평등, 정치적 종속과 민족적 굴욕을 해결하기 위해 소련식 국가사회주의와 근대화를 선택하였다. 이에 따라 당시 북조선 혁명의 목표는 '재산 관계, 사회구조, 경제조직, 정치사회 등에서 자본주의 거부에 기반을 둔 새로운 사회 건설'이라고 볼 수 있다. 이 과정에서 가장 먼저 1946년 북조선임시인민위원회를 통해 '토지개혁', '노동법제정', '남

녀평등법제정', '주요산업의 국유화'를 실시하였다.[5]

이것은 기존 사회에서 전통적으로 소외받은 계층들의 집단 정체성을 만들어서 새로운 국가 이데올로기를 형성하는 과정으로 이해될 수 있다. 이와 관련하여 당시 추진된 국토·도시 정책은 토지, 농촌 분야의 토지개혁과 농촌부락 건설 등을 들 수 있고, 주택 분야의 대규모 주택단지 건설, 주택 배급제 등도 여기에 포함될 수 있다.

경제의 계획화

체제형성기 당시 중국, 북한은 소련 고문관들이 소개한 번역된 소련 교과서의 이상적 이미지에 영향을 받아 스탈린의 계획 경제프로그램을 진행하였다. 이에 따라 자본주의 경제로부터의 이탈, 중공업 집중 경제프로그램, 계획생산체제의 도입, 소비재 제한 등을 진행하였다.

그러나 사실상의 농업 국가였던 북한은 전국적 산업화에 필요한 자본 축적에 대한 해결책이 필요했고, 이때 주로 농업부문의 잉여생산물을 공업부문으로 이전하는 전략을 취했다. 이와 관련하여 당시 추진된 북한의 국토·도시 정책은 주로 인프라 분야의 중공업 우선 발전 전략과 도농연계 기반의 군(郡) 단위 자립경제 조성 등을 들 수 있다.

새로운 사회문화 건설

스탈린이 문학 작가들을 '인간 영혼의 엔지니어'라고 표현했을 정도로 사회주의 국가에서 문화생산은 종종 공학적 표현으로 비유되며 그 자체로서의 목적보다는 수단에 가까운 취급을 받는다. 이에 따라 이들의 문화생산은 수요보다는 공급 주도적이고 관료적 개입에 의한 표준적인 공식에 따라 생산된다는 특징이 있다. 북한 역시 마찬가지여서 체제형성 기간에 이데올로기와 선전을 상당히 강조하였고 실제로

초기 인민위원회 예산의 20%를 해당 분야에 사용하였다.[6]

특이할 사항은 초기에는 소련의 예술, 문화와 함께 상당한 양의 소련의 역사, 기술, 과학 등의 서적 및 잡지를 소개하는 작업이 이뤄졌으나, 이후 북한의 지식인과 작가들의 주도로 민족주의에 기반한 애국적 내용과 통치자의 개인숭배 작업이 주류가 되었다는 점이다. 이것은 1956년 8월 종파 사건을 전후로 이 전에는 소련, 중국 등 다양한 사회주의 국가와 연관된 출신들이 서로 경쟁하는 구도였으나, 이후 김일성 중심의 권력체계로 재편된 정치적 상황과도 관련된다. 이와 관련하여 당시 추진된 국토·도시 정책은 주로 도시 분야의 중심광장 조성, 대규모 문화시설 건설 등을 들 수 있다.

체제형성기 북한 사회의 주요 목표와 연관된 국토·도시 분야 및 정책을 간략하게 그림으로 정리하면 다음과 같다. 다음 장에서는 각각의 구성요소에 대한 정책의 내용을 일제강점기에 마련된 관련 정책과의 연관성을 바탕으로 설명한다.

체제형성기 북한 사회 건설의 3대 목표와 주요 국토·도시 정책과의 연관

3대 목표
사회개혁
경제의 계획화
새로운 사회문화 건설

구성요소	주요 정책 및 국토도시계획 (일제강점기)	주요 정책 및 국토도시계획 (북조선)
토지·농촌	토지구획정리	토지개혁 농촌부락건설
인프라 (산업·교통)	주요 인프라 (전력, 철도, 항만) 부설 일단의 공업용지 조성	중공업 우선발전 전략 도농연계 기반 군(B) 단위 자립경제 조성
도시	시구개정 시가지계획	중심광장 조성 대규모 문화시설 건설
주택	토지구획정리 일단의 주택지경영	대규모 주택단지 건설 주택 배급제

북한 국토 공간의 주요 구성요소별 발전 과정: 일제강점기 조선에서 사회주의 북조선으로

토지·농촌

체제형성기 북한은 식민 지배에 따른 조선인(주로 농민) 약탈에 대한 문제의식을 바탕으로 토지개혁부터 실시한 것으로 잘 알려져 있다. 그러나 당시 토지개혁은 조선인 농민에 대한 처우개선이라는 표면적인 목적 외에 다른 여러 가지 의도도 갖고 있었다.[7]

이처럼 체제형성기 북한이 조선인 농민에 대한 지주의 약탈을 주요 사회 문제로 생각한 배경에는 여러 가지 이유가 있지만, 일제강점기 당시 도시건설 과정에서 진행된 기존 원주민 토지 보상 과정에서도 그 이유를 엿볼 수 있다. 여기에서는 이에 대한 하나의 사례로서 1930년대 후반 시행된 평양 제1토지구획정리사업지구(현재의 동평양 지역)를 소개하며, 이를 통해 당시의 상황을 유추해 볼 수 있다.

평양 제1토지구획정리사업지구는 현재의 대동강 구역 및 동대원 구역 일부에 해당하는 지역으로 1937년에 평양 시가지계획령의 제정과 함께 사업이 결정되었다. 해당 사업에 대해 현재 남아있는 환지계획지정조서에 등록된 토지 권리자들을 살펴본 결과, 실거주와 상관없이 토지의 90% 이상의 소유주가 외지인으로 등록되어 있었고, 사업 후의 개발 이익은 동양척식회사, 가타구라(片倉)식산주식회사, 조선식산은행 등 관련 기업과 일부 개인에게 집중되도록 했다.[8]

한반도 전역은 이와 같은 사업 방식을 바탕으로 개발되었으며, 이러한 경험을 배경으로 광복 직후 북한은 '북조선 토지개혁에 관한 법령(1946.3.5.)'을 발표하였다. 여기에는 개혁 대상의 토지 규정, 몰수한 토지의 분배 규정 등을 개정하여 무상몰수, 무상분배 원칙을 통해 토지개혁을 단행하고 토지 국유화를 완료하였다.

이후 북한의 내각결정 105호(1957.10.30) '농촌 및 읍들에서 인민적 운동으로 진행되는 생산적 건설 및 주택, 학교, 문화시설들의 건설사업을 보장할 제 대책에 관하여'를 채택하여, 기존 자연취락을 이전하거나 노동조직을 개편하는 농촌집단화를 시작하였다. 이에 따라 협동농장을 말단 행정단위인 리와 일치시키고 새로운 부락설계를 도입하여 군당위원회가 각지에 흩어진 협동농장의 노동력을 용이하게 통제하도록 계획하였다.

이후 북한의 협동농장 운영은 김일성, 김정일, 김정은 시기를 거치면서 사회주의 기업책임관리제 등 다양한 정책적 변화를 시도하였으며, 부분적으로 생산 주체의 자율성을 강조하고 자본주의적 요소를 도입한 시기도 있었다.[9] 그리고 이것을 북한의 점진적인 체제전환의 과정으로 이해하고 설명하는 연구자들도 다수 존재하였다. 그러나 대북제재와 코로나-19 등을 거치면서 결과적으로 현재 북한의 농촌사회는 국가의 개입과 통제가 더욱 강화된 방향으로 진화한 것으로 평가받고 있다.

평양 일대 항공사진

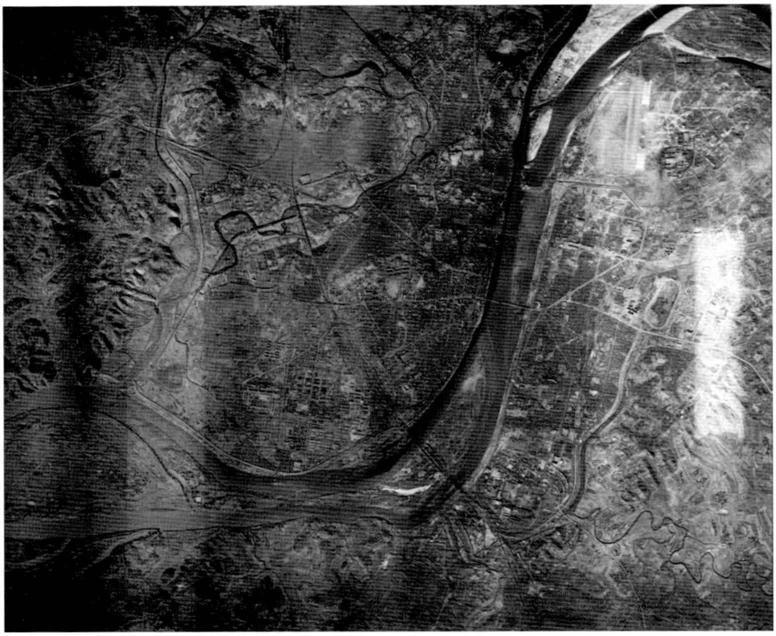

출처: 1950년, 국토지리정보원

평양의 주요 택지개발지구 현황(토지구획정리지구, 주거지경영지구, 공업용지조성지구)

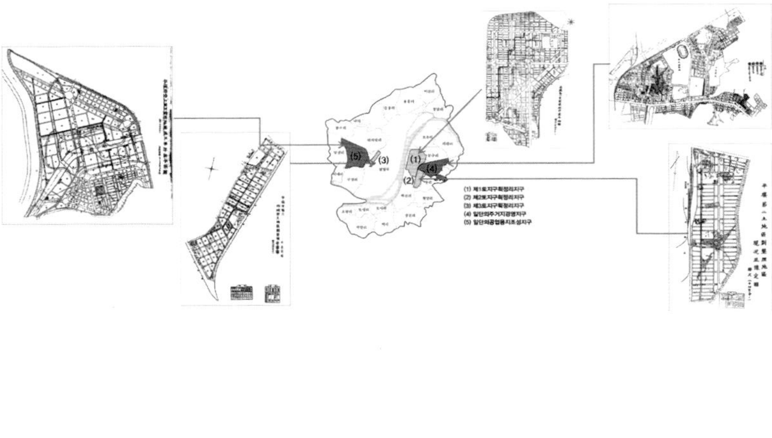

북한 협동농장(리)의 단계별 공간망 구상

협동농장 (1개)	2단계	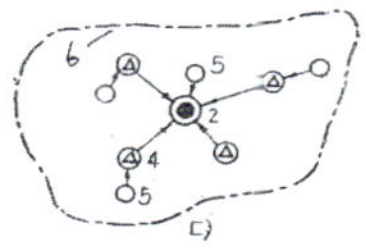	3단계	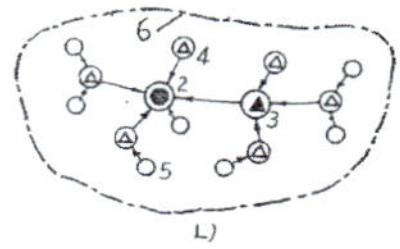
협동농장 (2-3개)	3단계	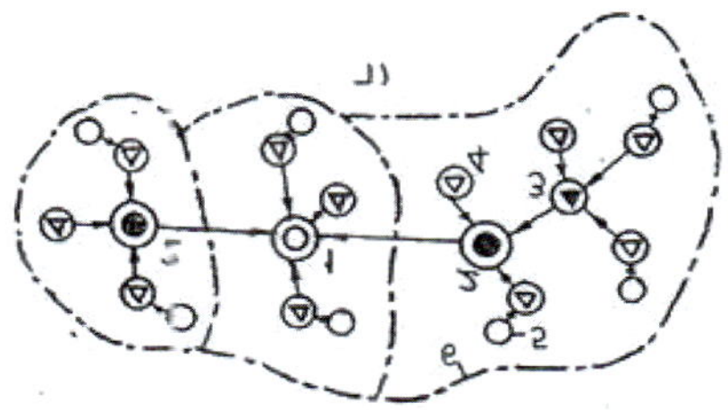		

지형적 특징에 따른 협동농장의 실제 배치

평지대	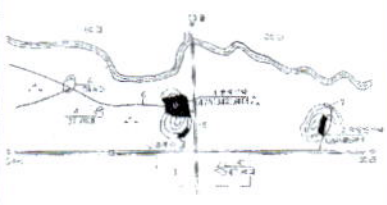	중간 지대	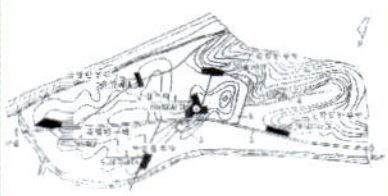	산간 지대	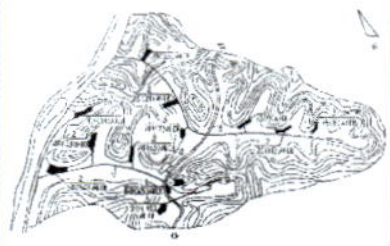

인프라(교통·산업)

한반도는 일제강점기에 철도 중심의 국토계획의 큰 틀이 마련되었으며, 당시 목적은 대륙진출의 교두보, 병참기지 건설인 것으로 알려져 있다. 이에 따라 일제강점기 초기에는 주요 도시의 개시·개항, 주요 철도(경의선, 경부선) 노선의 건설이 시행되었고, 1930년대 이후 일제강점기 중반으로 넘어가면 철도 노선 확장 및 산업기지 건설(중공업 위주)이 시행되었다. 이때 산업기지는 주로 평양과 함경남북도(함흥, 흥남)에 집중적으로 건설되었으며, 이와 같은 위로부터의 근대화 과정의 한계로서 조선인의 경제적 피해도 거론된다.

이후 북한은 체제형성 과정에서 일제강점기에 마련된 철도, 산업단지 등의 물리적 조건을 물려받아 사회주의 공업화를 진행하였다. 그런데 여기에 북한만의 독특한 특징이 있다. 앞서 언급한 것처럼 체제변환기 북한 사회주의 공업화의 새로운 목표는 농업 생산량 증대를 기반으로 한 사회주의 공업화의 신속한 달성이었고, 그 방식은 토지의 무상분배를 기반으로 농업부문의 생산력을 높이고 이를 공업화에 활용하는 전략이었다.

이 과정에서 중공업과 경공업 부문을 이원화하여 관리했는데 즉 대규모 중공업 기업은 중앙집권적 관리를 받고, 일용 중공업 및 경공업 부문은 지역 완결형 경제구조에 기반한 균등 배치를 실행한 것이다. 공간적으로는 군(郡) 내부에 군청 소재지인 읍 도시를 설치하며, 군 전체를 읍 도시와 이것의 하위 농촌조직인 리(협동농장), 로동자구로 구성하고 이것을 경제적으로 연결을 시켜서 하나의 지역 단위로 기능하도록 계획하였다.[10]

이것의 원인은 체제형성 당시 기존 산업화에 대한 북한의 인식에서 잘 드러난다. 당시 김일성은 연설에서(1946.12.3) '해방 이전 한반도 북반부의 공업은 일제가 자기들 이익을 위해 건설한 식민지적 편파성과 기형성에 기초한 것이며, 채취 공업에 치우친 기형적인 산업구조'라고 정의했다.[11] 이후 이와 같은 인식을 바탕으로 공업 배치 주요 5대 원칙을 발표하였는데(1957)[12] 공업 기업소나 교육, 문화기관의 균형적 배치를 강조한 점이 눈에 띈다.

이러한 사실은 북한이 정권 수립 초기부터 철도를 중심으로 하는 '주철종도(主鐵從道)'형의 교통체계를 마련했음에도 불구하고 상대적으로 철도에 대한 투자가 미비한 이유로도 볼 수 있다. 이것은 재원 부족 등 다양한 원인이 존재할 수 있지만, 정책 노선 변화에 따른 것으로

조선철도전망도(1945년)

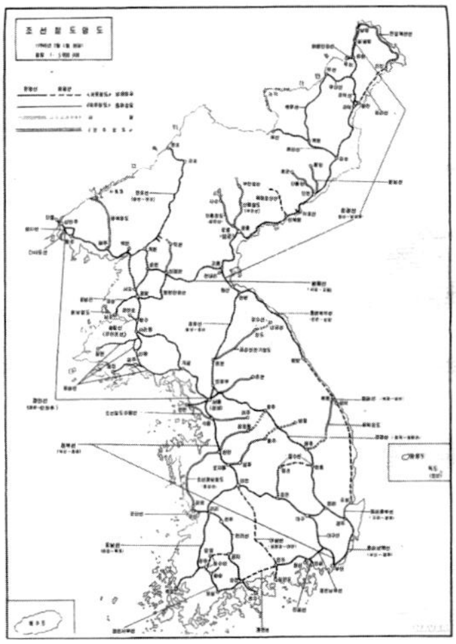

철도운수전망도(1990년)

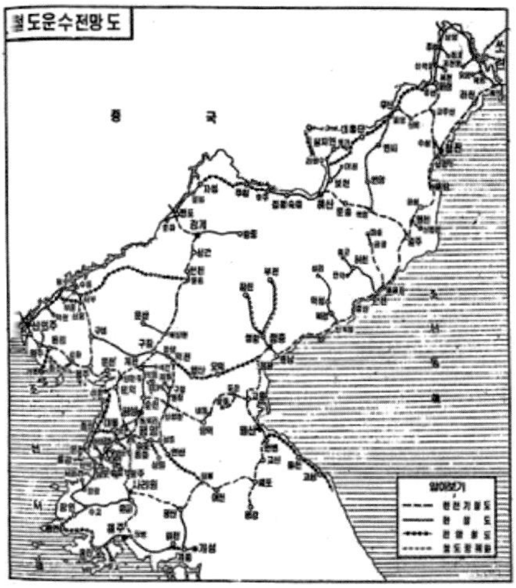

북한 문덕군 군, 읍도시 조성사례

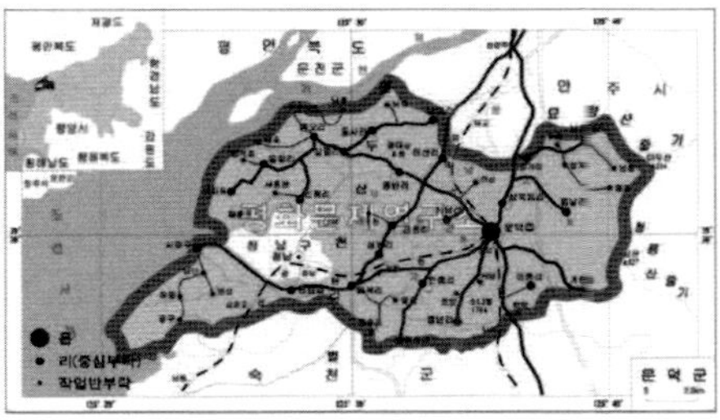

북한 농촌주택 배치계획

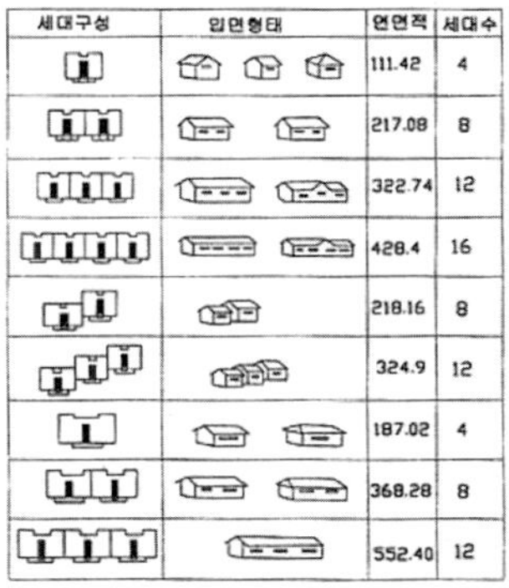

세대구성	입면형태	연면적	세대수
		111.42	4
		217.08	8
		322.74	12
		428.4	16
		218.16	8
		324.9	12
		187.02	4
		368.28	8
		552.40	12

도 설명될 수 있다.

실제로 한반도의 철도 노선은 일제강점기인 1900~1942년 동안 일정 규모가 매년 지속적으로 건설되어 경성을 중심으로 X자형의 철도 노선이 완성되었다.[13] 당시 북한 지역 철도로 한정한 총 노선 연장은 1900~1945년 40년 동안 약 3,797km이지만, 1945~2015년의 70년 동

안 약 1,507km를 건설하여 해방 이후 건설 규모는 해방 전의 1/2의 규모에도 미치지 못한다.[14]

지금까지의 내용을 요약하면 북한의 사회주의 공업화는 일제강점기 공업화 정책과는 다르게 북한 전역에 균등한 산업배치와 군(郡) 단위 경제의 자급자족을 일차적인 목표로 두고 이를 기반으로 한 중공업 부문의 공업화를 진행했다고 볼 수 있다. 그리고 이 과정에서 국가 차원에서 관리하는 중공업과 일부 주요 소비재를 제외한 대부분의 소비재를 지역에서 스스로 생산, 조달하는 체제를 구축하였다.

이것은 일반적인 근대적 경제성장 방식인 규모의 경제보다는 자립경제 노선을 선택한 것에 따른 결과라고 볼 수 있다. 특히 공업기업의 지역 균등 배치라는 정책 노선 변화는 결과적으로 운송 수요를 감소시켜 철도를 비롯한 지역 간 연결에 소극적으로 대응하게 만든 가능성이 있다. 그리고 이 과정에서 정치적 통제를 위한 주민들의 이동제한도 함께 이뤄졌을 것이다.

이에 따라 결과적으로 북한경제는 군(郡)을 단위로 '상호 고립된 경향을 가지는 지역경제의 집합체[15]가 되었다. 그리고 이 같은 구조하에서는 미시적으로 경제 운용 방식을 효율화하더라도 네트워크(교통 인프라) 기반의 경제를 추구하는 근대적 경제발전 전략을 능가하는 경제발전을 기대하기 힘들 것이다.

도시

한반도에서 도시개발은 일제강점기 식민지 개발 과정에서 본격적으로 진행되었으며, 이것은 근대적 도시계획술을 학습하는 창구가 되었다. 당시 도입된 도시계획술은 시기별로 시구개정(가로망계획), 시가지계획(신도시개발계획), 토지구획정리(택지개발계획) 등을 들 수 있다. 특

북한 도시와 농촌의 인구 및 인구증가율

연도	인구(1,000명)			도시인구 비율(%)	도시/농촌별 인구증가율(%)		
	도시	농촌	전체		도시	농촌	총인구
1953	1,503	6,988	8,491	17.70	-	-	-
1956	2,174	6,645	9,359	23.23	12.30	-1.68	3.24
1960	4,380	6,409	10,789	40.60	17.51	-0.90	3.55
1965	5,894	6,514	12,408	47.50	5.94	0.33	2.80
1970	7,924	6,695	14,619	54.20	5.92	0.55	3.28
1980	9,064	6,922	15,986	56.70	2.69	0.67	1.79
1982	9,843	7,455	17,298	56.90	1.65	1.48	1.58
1985	10,362	7,412	17,774	58.30	2.57	-0.29	1.36
1986	11,087	7,705	18,792	59.00	2.25	1.29	1.86
1987	11,265	7,795	19,060	59.10	1.59	1.16	1.42
1993	11,530	7,816	19,346	59.60	2.33	0.27	1.49
2008	12,501	8,021	20,522	60.92	1.35	0.43	0.98
2013	14,155	9,194	23,350	60.92	0.88	0.84	0.93
2018	15,853	9,758	25,611	61.89	0.89	0.94	0.91

인구규모에 따른 북한의 도시순위변화

순위	1925	1930	1935	1940	1944	1967	1972	1982	1986	1991	(천명)
1	평양	평양	평양	평양	평양	평양	평양	평양	평양	평양	3,325
2	원산	개성	개성	청진	청진	함흥	함흥	청진	남포	함흥	802
3	진남포	함흥	원산	신의주	신의주	원산	청진	함흥	함흥	남포	201
4	청진	원산	함흥	원산	원산	청진	개성	남포	청진	청진	673
5	신의주	진남포	진남포	함흥	함흥	신의주	신의주	원산	순천	순천	481
6		신의주	청진	진남포	해주	강계	남포	개성	개성	개성	385
7		청진	신의주	해주	진남포	개성	원산	신의주	단천	단천	353
8				신의주	개성	남포	해주	평성	원산	신의주	321
9				나진	성진	해주	김책	해주	신의주	김책	292
10					나진	김책	강계	사리원	사리원	원산	289
11						사리원	사리원	강계	해주 김책	사리원	289
12						혜산	평성	신포 구성	강계 평성	강계 평성	257
13						송림	구성	강계 혜산	-	-	-

출처: 김두섭, 1995, p.84

히 1930년대에 일(日)·선(鮮)·만(滿) 블록 구상에 따른 공업화 정책과 거점도시 개발을 추진하면서[16], 현재 우리가 알고 있는 북한의 주요 도시의 틀이 결정되었다.[17]

그러함에도 불구하고 앞서 언급한 것처럼 광복 직후 한반도 전체는 사실상 농업사회에 가까웠는데, 실제로 북한의 도시화는 도시화율을 기준으로 볼 때 1950년대 후반에서 1960년대 초반, 즉 체제구축 과정에서 절정을 이뤘다.[18] 이후 북한의 도시화는 1986년에 59.0%까지 도달하였으며 현재까지 비슷한 수준을 유지하는 상황이다.[19]

체제 구축기 북한의 도시건설 과정에서 특이할 사항은 식민통치 종료 이후 6.25 전쟁이 발발하고 국토 전체가 폐허가 되면서 역설적으로 새로운 도시건설을 시도할 수 있는 조건이 마련되었다는 점이다. 앞서 언급한 것처럼 체제형성 과정에서 북한은 분야별 지식인을 중심으로 새로운 사회주의 문화(소련식 근대 문화)를 수용하여 기존 식민 문화를 대체하려 했다. 여기에는 주로 문학, 예술, 교육 분야가 포함되는데 도시계획 및 건축도 관여되었다고 볼 수 있다.

이것은 체제형성기 북한의 도시건설이 경제적 측면보다는 새로운 사회문화 건설을 위한 도구의 측면을 강조해서 진행되었기 때문이다. 이에 따라 도시 재건은 도시 전역의 조망성, 입체성을 중요하게 고려하였고, 내부 구조는 기념비나 문화시설 등 상징적 건물을 중앙에 위치시키는 형태로 도심, 간선도로, 광장의 세 가지 요소를 기본 요소로 삼았다. 도시 중심부에는 중심축을 기준으로 문화기능, 사상교양기능과 일부 상업 및 서비스 기능 등이 배치되었는데, 도시미관적 측면을 강조하여 다양한 경관과 다수의 녹지 조성이 동시에 적용되었다.[20]

결과적으로 체제 구축기 북한의 도시계획은 일제강점기 시가지계획에서 적용되었던 도시계획의 종합적 성격(용도지역제 도입, 교통·위생·

일제강점기 평양의 주요 도시계획

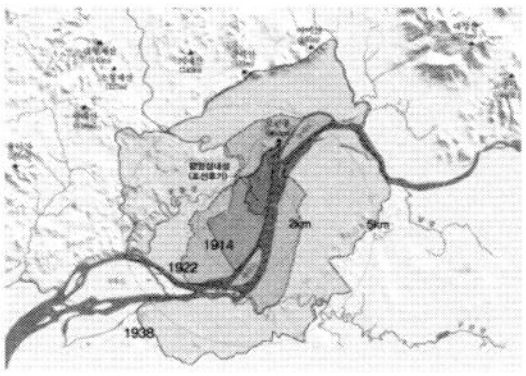

시가지확장계획

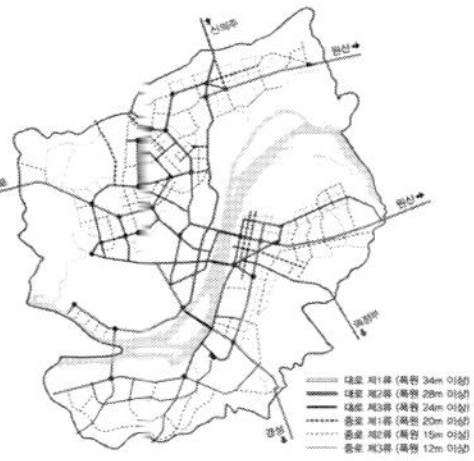

가로망계획

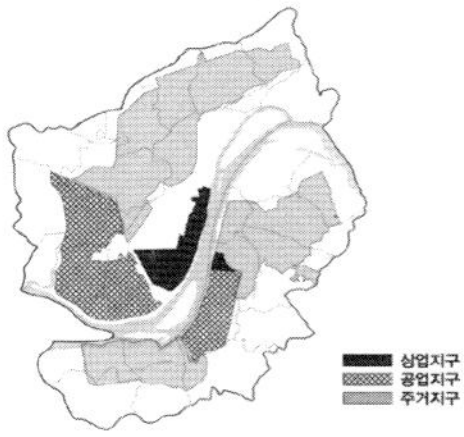

토지이용계획

체제형성기 평양의 주요 도시계획

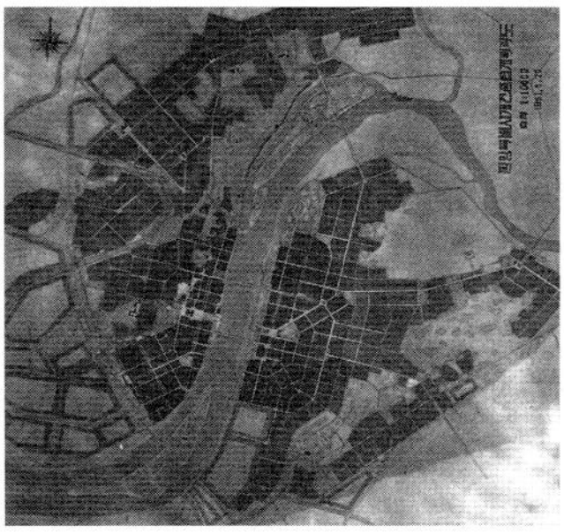

평양특별시 재건종합계획도(1951.5)

김일성광장계획(1995.1)

청춘거리 및 광복거리 건설을 지휘하는 김정일

보안·경제에 관한 중요시설계획 등)보다는 배치의 대칭성이나 건축 입면의 강조 등 도시의 미적 측면을 강조하는 방향으로 나아갔다.[21] 여기에 동독, 폴란드 등 사회주의를 따르면서 도시 및 건축 계획에 깊은 전통을 가지고 있는 유럽 계획가들의 활발한 도시 재건 활동도 이러한 경향에 영향을 미쳤다.[22]

북한 도시계획에서 이러한 흐름은 김정일이라는 인물의 등장으로 정점을 맞게 된다. 북한의 도시계획은 초기에는 사회주의라는 틀 안에서 다양한 국가의 관련 전문가들을 중심으로 사회주의 공통 문법을 수용하였으나, 김정일이라는 지도자가 설계 과정에 직접 참여하면서[23] 도시 공간은 내부 정치선전에 적극적으로 활용되었고 주체 건축의 이념을 상징화하는 북한 특유의 건축물로 채워지게 된다. 그리고 이러한 과정에서 우리가 알고 있는 이상 도시 평양의 모습이 탄생 되었다.

주택

일반적으로 북한의 도시화율은 도시로 분류한 행정구역에 편입되어있는 인구수를 기준으로 한다. 앞서 설명한 것처럼 북한은 체제구축 과정에서 급속한 도시화율을 기록했는데, 당시에 이것이 가능했던 것은 이념적인 이유도 있지만, 소련을 비롯한 사회주의 국가들의 원조에 힘입은 주택 양식의 기술적 혁신이 있었기 때문에 가능했다.

다시 말해 당시 북한은 기존 식민통치 하에서 조선인 약탈에 대한 문제의식에 따라 전 인민의 토지 분배와 함께 주택 건설과 보급을 시작하였지만, 이것은 소련을 비롯한 사회주의 국가에서 개발한 규격화된 근대적 주거 양식(조립식 주택 등)을 적극적으로 수용했기 때문에 가능한 일이었다.[24]

냉전 시기 현실 사회주의에서 주택개발은 개별 주택보다는 하나의

북한의 시기별 주택 건설량(2017년 기준)

시기	경제계획기간	건설목표	건설실적
김일성	1954-1956년 전후복구 3개년계획	60만호	77.17만호
	1957-1960년 5개년계획		
	1961-1969년 제1차 7개년계획	120만호	80만호
	1971-1976년 6개년계획	100만호	88.6만호
	1978-1984년 제2차 7개년계획	140~210만호	75~105만호
	1987-1993년 제3차 7개년계획	105~140만호	29~34만호
김정일	미확인	미확인	30만호
김정은	미확인	미확인	30만호
합계		525~630만호	379.15~414.75만호

균일한 주거단지 모델을 개발하고, 이것을 실제 도시 공간에 대량 보급하는 방식으로 이뤄졌다. 사실 사회주의 이론을 기반으로 자급자족이 가능한 하나의 주거 단위를 개발한다는 개념은 19세기 유럽까지 거슬러 올라갈 만큼 오래된 개념이지만, 이것은 소련의 흐루쇼프가 서기장이었던 1953~1964년에 걸쳐 대대적인 주거개선 프로그램을 시행하면서 구체화 될 수 있었다.[25]

당시 소련 정부는 해당 프로그램을 통해 조립식 주택인 흐루쇼프카(хрущёвка)라는 공동 주택 양식[26]을 개발하였고, 마이크로디스트릭트(микрорайон, microdistrict)라는 주거단지 계획과 결합시켜 소련을 비롯한 주요 사회주의 국가의 주거 개발에 대대적으로 활용하였다. 그리고 북한은 이것을 '주택 소구역 계획'이라는 이름으로 도입하여 평양, 함흥, 청진 등 주요 도시의 주택개발에 적용하였으며, 1960년대에는 이것을 '주택구역'으로 발전시켜 신도시급의 주택단지 개발 계획을 발표하기도 했다.

그러함에도 불구하고 북한의 주택개발은 그 내용에 있어서 개인 이동의 권리 박탈, 주거단지 내 초급생활단위(인민반)를 통한 감시체제 강화, 성분제와 주택 무상 분배 제도와의 결합 등을 통해 김일성 1인 독재를 완성 시키는 수단으로 바뀌게 된다.

이후 북한의 주택개발은 김정일이 도시개발에 적극적으로 개입하는 1973년을 전후로 계획 방식이 다시 한번 전환된다. 이때 도시와 마찬가지로 주거단지 역시 경제성, 편의성보다는 도시의 특정한 시점에서 지각되는 장면 구성을 가장 중요하게 고려하였다. 이에 따라 건축은 도시라는 거대한 쇼윈도를 구성하는 물리적 장치로서 북한의 고유한 정체성과 정치 이념을 시각화하는 도구가 되었다.

대단지 주택건설을 통한 정치선전의 대표적인 사례로 광복거리 건설을 들 수 있다. 1989년 완공된 광복거리 주거단지는 세계청년학생축전(평양축전)의 참가자들을 위한 숙소로 건설되었다. 평양축전은 서울올림픽에 대응하기 위해 개최되었던 일종의 정치적 이벤트로, 남한과의 체제경쟁의 성격이 강했기 때문에 광복거리를 포함한 관련 시설의 건설 과정에서 이념적인 요인이 깊게 작용하였다.[27]

이와 같은 경향은 김정은 시기에도 지속되고 있다. 최근 북한은 대북제재와 코로나-19로 인한 경제난에도 불구하고 2021~2025년에 걸쳐 평양에 해마다 1만 세대를 건설하는 5만 세대의 현대적인 살림집 건설 계획을 발표하여 단계적으로 진행 중이다. 이들은 여전히 과장된 규모와 화려한 외관을 고수하고 있을 뿐 아니라, '비사회주의, 반사회주의적 현상과의 투쟁'을 위해 건설 과정에서 청년의 역할을 강조하면서 사상이완을 차단하고 당의 결집을 도모하는 도구로 주택건설을 활용하고 있다.[28]

1910년대 평양 시가지 전경

평양 구시가지

평양 일본인 시가지

체제형성기 평양의 주요 주거단지 개요

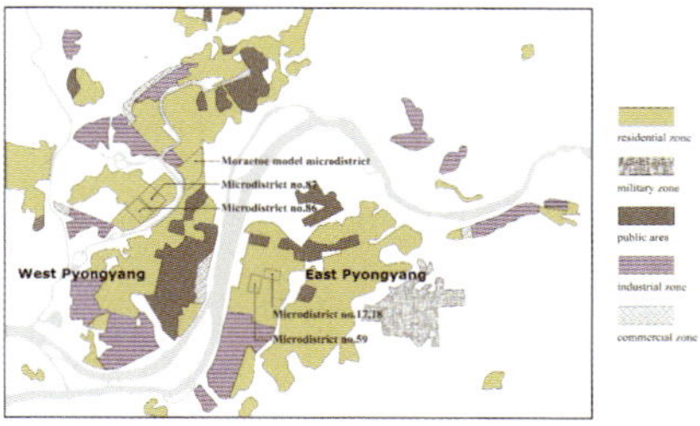

용도지구 및 위치

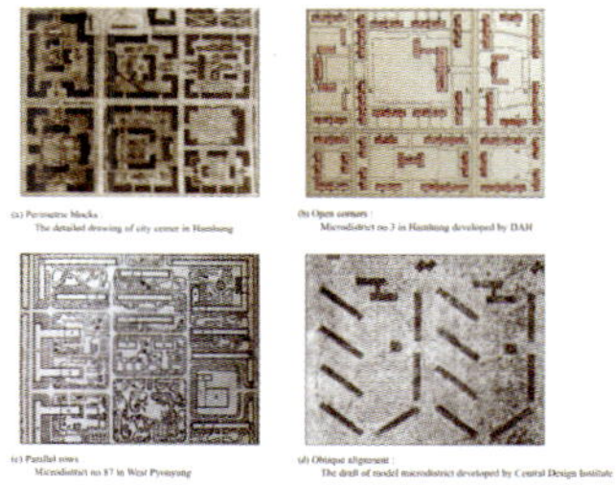

배치 유형

평양 광복거리의 근경, 중경, 원경

북한의 도시개발 방안 대비

지금까지 북한 국토·도시 주요 분야의 발전 과정을 간략하게 살펴본 결과, 북한 사회는 체제형성기에 식민통치에 대한 저항의식을 기반으로 마련한 물리적, 제도적 틀에서 거의 벗어나지 못하고 있으며, 이들이 지나치게 장기화되어 체제전환을 어렵게 하고 있는 것을 확인하였다.[29] 또한, 분야별 발전 과정을 확인하면서, 토지·주택의 사유화와 산업구조 재편에 따른 관련 인프라 개발이 향후 북한 개발에서 가장 첨예하면서도 급진적인 변화가 필요한 부문인 것 또한 확인하였다.

토지는 중요한 생산요소 중 하나로 토지의 사유화는 사회주의와 자본주의를 가르는 가장 중요한 문제이며, 이와 관련된 정책은 향후 북한의 인구이동과 도시 및 주택개발을 포함한 도시화의 방향을 결정지을 것이다. 또한, 대대적인 산업구조 재편은 미래 북한의 경제발전 방향 및 경제성장의 지속성과 연관되므로, 이를 뒷받침하는 교통, 산업단지 등의 적절한 인프라 개발 방안을 마련하는 것이 중요하다.

그러함에도 불구하고 서구 열강에 의한 개항과 일제강점기를 경험한 조선에 이어서, 북한은 1950년대 후반 이후 공산권 경제 편입 과정에서 자립경제 노선을 선택함으로써 이들이 사회변화의 수용에 매우 취약하다는 것을 보여주었다.[30] 이것은 다시 말해 한국 사회에서 미래 북한의 개혁개방 과정을 바람직한 방향으로 주도하고 이끌어가는 적극성이 필요하다는 것이고, 이와 관련된 역량 확보가 매우 중요하다는 뜻이기도 하다.

분단이 70년 넘게 지속 되면서 현재 한국 내부의 북한에 대한 인식은 크게 양극화되어있다. 이러한 상황이 계속된다면 우리는 북한에 대한 미래 가능성을 발견하기 힘들고, 이와 연관된 사회적 역량을 축적할 방법 또한 찾기 힘들 것이다. 따라서 북한 사회를 객관적으로 바라보려는 노력과 병행하여 미래 북한의 국토·도시 개발의 방향을 계속해서 전망하고 대비해야 할 필요가 있다.

02

남북한
도시발전의 특징

이시효

남북한 도시 비교의 의미

한반도의 평화와 미래를 고민하는 이들은 왜 도시를 염두해두어야 하는가? 왜 우리는 남북한 도시를 세밀하게 들여다보고 비교하는 연구를 진행해야 하는가? 그 이유는 미래 한반도의 글로벌 네트워크와 산업과 경제 기반이 도시를 중심으로 진행될 것이라는 상식적인 예측에만 있지 않다. 현재와 미래 한반도 공간에서 도시는 자본과 기술, 물류의 흐름뿐 아니라 노동과 이주, 희망과 좌절, 기회와 위험, 공정과 불평등의 중심이 될 것이다. 2023년 전 세계 80억 인구의 절반이 넘는 비율(57.5%)이 도시에 거주하고 있으며[1], 한반도의 경우 남한의 81.4%, 북한의 62.9%가 이미 도시 지역에 거주하고 있다.[2] 후기 사회주의 국가의 경우 도시를 중심으로 발전과 인구집중이 나타났다는 것을 고려한다면, 세계화와 국제 금융 네트워크가 더욱 확산될 미래 통일 한반도는 도시를 중심으로 한 개발과 사회변화가 심화될 것이다. 남북한 도시를 비교하는 이유는 지속가능한 개발(sustainable human development)에 대한 홀과 파이퍼의 정의처럼 미래 한반도 도시가 '사람의 선택과 능력에 중심을 두며, 경제적 성장을 창출하지만 그 혜택을 공평하게 분배하고, 환경을 파괴하기보다는 재생시키며, 남녀 모두를 주변화시키기(marginalizing)보다는 그들에게 힘을 실어주는 개발'[3]이 되도록 준비하기 위함이다.

지속가능한 도시개발을 위해서는 다양한 구성 요소들을 고려해야 한다. 정치·사회적 측면에서는 시민권의 강화, 직업과 복지, 사회적 융합과 결속을, 물리적 공간 측면에서는 절약적 교통, 모든 계층을 위한 적정 주택, 살만한 도시의 건설과 환경을 고려해야 한다.[4] 이 글은 지문이 허락하는 분량 안에서 물리적 측면에 초점을 두고 남북한 도시를 비교하고 있다. 글의 흐름은 먼저 남북한의 정치·경제체제와 도시정책의 차이에 따른 도시발전 과정의 차이점을 논하고, 다음으로 남북한 도시 구성요소를 비교한다. 이어서 1990년대 남북한 도시 변화를 구분하여 논하는데 이는 남한에서는 세계화와 지방도시 소멸, 북한에서는 경제붕괴와 시장도입이 사회와 도시공간을 현재도 바꾸어가고 있기 때문이다. 이 연구는 문헌과 통계자료 분석을 기본으로 하지만 자료가 부족한 북한지역의 도시 변화와 현황 파악을 위해 위성자료(Remote Sensing Data)와 지리정보시스템(GIS) 자료를 활용하였다.

남북한 도시발전 과정

광복 이후 남북한 도시는 전쟁과 체제 경쟁, 1987년까지 한국 군사독재는 광장과 같은 정치적 공간, 수도 중심의 발전, 국방을 위시한 그린벨트 형성 등 서로 '욕하면서 닮아가는' 유사한 도시 공간을 생산하기도 했다.[5] 하지만 더 근본적으르는 남북한의 차이, 곧 민주주의와 사회주의의 정치체제, 자본주의와 계획경제의 경제체제, 식민지 유산으로 남겨진 도시 인프라와 자연환경의 차이는 한국과 북한이 서로 다른 도시발전 과정과 공간을 양산하게 했다.

남북한은 정치적, 경제적 지향점을 가진 도시개발의 목표와 정책에서도 차이를 가진다. 일반적으로 도시계획이란 '도시가 원활히 기능하고 미래에 더욱 발전할 수 있도록 도시 공간을 계획하고 실천하는 것'으로 정의되며,[6] 남한의 경우 도시계획법을 포괄하여 개정된 「국토의 계획 및 이용에 관한 법률」에 따르면 '공공복리를 증진 시키고 국민의 삶의 질을 향상시키는 것을 목적'으로 하고 있다. 반면 북한에서는 도시계획을 '도시영역 안에 건설될 건물과 시설물, 거리와 공장, 녹지 등을 상호 연관 속에서 계획하고 배치하는 안'이라고 정의하고 있으며, 이에 따른 첫째 과제를 도시 중심부에 김일성 일가의 동상과 혁명기념물을 배치하는 등 '도시를 사상교양 장소로 조성한다'로 규정하고 있다.[7] 남한은 도시계획의 주요한 목표를 국민의 삶의 질 향상에 두고 있는데 비해 북한은 도시공간의 경제적 효용이나 편리보다는 이데올로기적 중요성을 강조하고 있는 것이다.

남북한 도시정책 특징 비교

구성요소	남한	북한
도시계획 주요 목표	공공복리를 증진과 국민의 삶의 질을 향상	도시를 사상교양 장소로 조성
도시개발 정책 방향	· 1960~70년대 중반: 수도권 인구집중 억제 정책 · 1970~80년대: 인구분산정책, 위성도시 건설,그린벨트 지정 · 1980~90년대: 수도권 인구 재배치, 5대 거점도시 발전 · 1990년대 이후: 지방분권, 수도권 신도시 건설, 세계화 대비한 도시개발	· 정치사상의 상징적 도시공간 · 농공병진 정책 · 주택 소구역계획 · 중공업중심 도시이용 · 용도 시설의 분산 배치 · 높은 녹지(공원) 비율 · 대중교통 중심 계획 · 지역간 이동 억제
도시화 과정의 특징	· 수도권 중심 발전 (종주도시화) · 도시 인구의 집중 · 도시 근교 개발 촉진 · 대도시 문제 대두 · 중소도시 체계 완결 미흡	· 평양 중심 개발 · 동서해안 도시 성장 · 일부 도시의 급성장 (평양, 단천, 순천) · 평양을 비롯한 전통적인 도시 꾸준한 성장
도시유형 분류	· 특별시 (서울) · 광역시: 100만 명 이상(지정 경우) · 특별자치시 (세종) · 시: 인구 5만 명 이상(지정 경우)	· 특대도시: 100만 명 이상 (평양) · 대도시: 20~100만 명 · 중도시: 5만~20만 명 · 소도시: 5만 명 미만

출처: 남영우, 최재헌, 손승호, 『한국의 도시와 국토』, 법문사, 2021, 114쪽; 김현수, 『서울과 평양의 도시계획 이념 및 공간구조 비교』, 서울시정개발연구원, 2004, 12쪽; 대한토목학회, 『북한의 도시 및 지역개발』, 보성각, 2009, 37쪽; 고유환 외, 『사회주의 도시와 북한: 도시사연구 방법』, 한울, 2013, 121쪽; 정근형, 이영한, "북한과 한국 도시계획법의 비교 분석," 『한국생태환경건축학회 추계학술발표대회 논문집』, 2019. 필자 내용 수정 및 첨부

남북한 도시계획 목표의 차이는 도시개발 정책 방향과 그 결과물인 도시화 과정의 특징에도 상반된 결과를 가져왔다. 남한 도시개발 정책 방향은 정권 교체와 시민들의 요구, 외부 세계의 변화 등에 맞추어 변화해 왔지만, 세습적 독재정권을 이어가는 북한의 정책은 시간의 흐름에 큰 영향을 받지 않았다. 도시공간의 발전에서는 남북한 모두 수도권을 중심으로 발전하고 있다는 공통점이 있지만, 남한은 자유로운 인구이동과 함께 다양한 도시 발전이 이루어진 반면 북한은 식민지 유산으로서 도시구조 유지[8]와 철저히 통제된 국가 주도 발전,[9] 평양시, 삼지연시 등 이데올로기적 도시의 발전 양상 등을 보였다.

많은 차이에도 남북한 도시발전 과정은 수도권 주도, 중공업 위주, 국가 주도의 단계별 도시 성장이라는 공통점을 가진다. 다음 표와 같이 남북한은 경제, 정치, 사회, 도시의 역할 변화에 따라 크게 네 단계로 도시발전 과정을 나눌 수 있다. 남북한 모두 시간의 흐름에 따라 도시화율이 높아졌지만, 남한의 경우 도시인구와 경제의 급격한 성장, 군사독재 정권에서 문민정부로의 이행, 세계 경제에 편승 등 내외부의 상황 변화가 지속적으로 반응하며 도시가 성장하는 특징을 보인다. 이에 비해 북한의 도시발전 단계는 경제성장의 둔화와 붕괴, 독재의 강화와 세습적 전체주의 사회의 유지, 대량 아사자 발생과 시장의 도입 등 내부 문제와 외부 세계의 고립에 따른 도시 변화라는 특징을 보인다.

이상에서 살펴본 상이한 도시정책과 정치, 경제, 사회변화 과정은 남북한의 도시화 과정에 영향을 미쳤다. 식민지 시대 평양, 원산 등 공업도시가 건설되었던 북한은 한국전쟁 이전(1950년) 기준 도시화율이 31%로 남한의 21.3%보다 더 높았다. 남한에 비해 높던 북한의 도시화율은 1970년대 둔화 현상을 보이다가 1981년을 기점으로 남한이 북한의 도시화율을 추월했다. 이후 북한의 도시화율은 큰 발전을 보이지 못

남북한 단계별 정치, 경제, 사회, 도시역할 변화

단계	시기	도시화율	인구	경제	정치	국토 공간	사회	도시의 주요 역할
남한								
1단계	1945 ~ 1960	16~30%	고출산 중사망, 피난민, 귀국민	농민의 피폐, 전쟁경제, 완만한 산업화, 비공식 부문 주도	이승만 정권	도시위계의 혼란, 배후지 재편	대량실업, 도시엘리트가 농촌엘리트 대체	유입인구의 교두보
2단계	1961 ~ 1975	31~50%	중출산 저사망, 급격한 도시화	급격한 산업화, 지방상품의 전국화, 기업주도	박정희 정권	집중화된 도시화, 소도시의 쇠퇴	농촌의 개조 및 현대화, 급진적인 노동계급의 출현	경제성장의 원천, 사회변화의 동인
3단계	1976 ~ 1990	51~75%	저출산 저사망, 완만한 도시화	기업과 공식부문이 지배적, 다국적 경제화	전두환, 노태우 정권	도농사회, 근교화, 거대도시화	도시 중산층 발달	국가 통합, 혁신, 문화 전파의 장
4단계	1990 ~ 현재	76~89%	저출산 고령화, 역도시화, 탈도시화	다국적 경제화, 전문화, 세계화	김대중 정권 이후	거대도시화 및 광역화	중산층의 확대, 직업 엘리트 등장	혁신, 정치, 경제, 사회, 문화의 중심
북한								
1단계	1945 ~ 1967	31~47%	귀국민, 남한으로 탈주, 재일귀국자	사회주의 계획경제, 산업화	갑산파 숙청, 독재 완성	토지국유화, 전쟁피해 복구, 농업협동화 완성	전후복구, 유일사상체계 발표	정치, 경제의 중심, 전통도시, 내륙도시 발전 노력
2단계	1968 ~ 1990	49~58%	화교 유입	경제성장 둔화	주체사상 공포, 세습 완성	평양 도시화 집중, 소도시 정체	공업화 달성	평양 중심 이데올로기 교육장소
3단계	1991 ~ 2001	59%	대량 아사, 탈북자	사회주의 우호가격제 중단, 경제붕괴	김정일 권력 세습	개발 침체	고난의 행군	도시정체, 주변부 도시 탄생, 특구지정
4단계	2002 ~ 현재	60~63%	탈북자, 중국 밀무역	시장도입, 화폐개혁	김정은 권력 세습	특구 발달, 평양 고층빌딩	의식변화	시장역할

출처: 남영우, 최재헌, 손승호, 『한국의 도시와 국토』, 법문사, 2021, 84쪽.; 김원, 『사회주의 도시계획』, 보성각, 2004, 274쪽; 최상철, "통일 후 북한지역에서의 토지소유 및 이용에 관한 연구," 『지역연구』, 제14권 2호 1998.; 이태욱, "북한의 경제체제와 경제전망," 『동아연구』, 19권, 1989.; Rainer Dormels, North Korea's Cities: Industrial Facilities, Internal Structure and Typification, Jimoondang, 2014. pp17~20. 필자 내용 수정 및 첨부

남북한 도시화율 추이 (1950년~2022년)

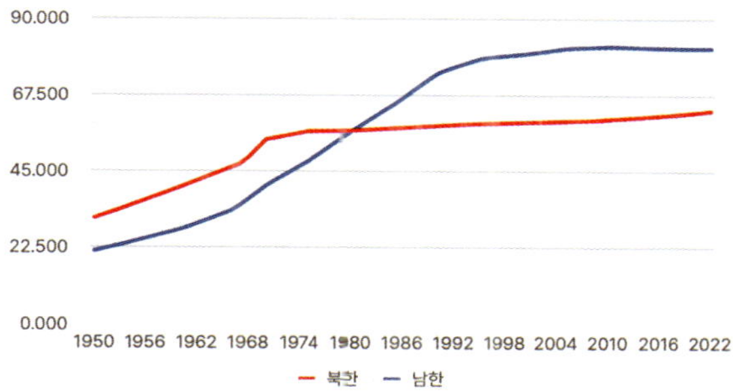

출처: (남북)UN「https://esa.un.org/unpd/wup, World Urbanization Prospects, the 2018 Revision」2021. 12월 기준 자료, 필자 시각화.

했으며, 2022년을 기준으로 남한의 도시화율(81.4%)은 북한의 도시화율(62.9%)보다 매우 높다. 더욱이 평양을 포함한 북한 도시 행정구역의 상당 부분은 농촌지역을 포함한 도농복합도시이며 도시인구는 이 행정구역을 기준으로 분류한다는 점을 고려할 때, 남북한 도시화율의 실재 격차는 더 클 것으로 판단된다.

도시화와 인구수의 관계에 대한 데이비스(Kingsley Davis) 연구에 따르면 선진국 도시의 경우 도시화가 70% 이상 진행되면 성장이 둔화하고 안정되는 S자형 커브를 그린다.[10] 선국진 도시화의 안정화는 경제성장이 더 이상 도시화에 영향을 미치지 않는다는 것을 의미한다. 이와 달리 개발도상국의 경우 경제성장은 도시화율을 높이는 역할을 한다. 남한의 도시화율은 1990년 이미 73.8%를 넘었으며, 국민총소득의 증가가 도시화에 영향을 미치지않는 선진국 S자 안정화 국면을 보여준다. 반면 북한의 도시화율은 60% 정도이며, 국민총소득이 도시화율에 영향을 미치는 개발도상국형 모습을 보여주고 있다.

1925년 식민지시기 남북한 도시 규모와 분포에는 큰 차이가 없었다. 하지만 경제와 도시 성장, 도시 인구수 성장에 따라 현재 남북한 도

남북한 국민총소득(GNI)과 도시화율의 관계

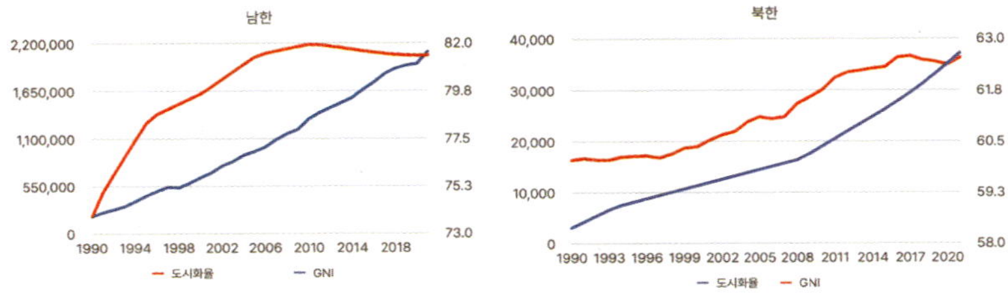

출처: (남북)한국은행「https://ecos.bok.or.kr>국민계정」2022. 12월 기준;
(남북)UN「https://esa.un.org/unpd/wup, World Urbanization Prospects, the 2018 Revision」2021. 12월 기준 자료, 필자 시각화.

시는 도시화율뿐 아니라 도시 숫자와 규모에도 매우 큰 차이를 보인다. 현재 북한은 최근 정치적 목적으로 시로 승격된 인구 3만의 삼지연시를 포함해 28개 시가 있으며, 최근 통계자료인 2008년 기준 3백만 명이 넘는 도시는 평양뿐이며 50만 명 이상 도시는 2곳, 30만 명 이상 도시는 7곳뿐이다. 이에 비해 2008년 기준 남한은 총 84개 도시가 있으며, 수도인 서울은 1천만 명을 넘고, 100만 명 이상 도시 7곳, 50만 이상 도시 12곳, 30만 이상 도시가 13곳에 이른다. 광복 이후 남한의 도시는 숫자와 인구수, 전국 분포 모든 면에서 북한보다 괄목할 만한 성장을 이루었다.

도시 규모의 확연한 성장 차이에도 불구하고 남북한 도시는 수도를 중심으로 발전되었다는 공통된 특성을 갖는다. 도시종주비(urban primacy ratio)는 1순위 도시의 인구에 대한 2순위 도시 인구비를 나눈 것으로, 이 비율이 두 배를 넘으면 종주체계도시라 한다. 남북한의 도시종주비는 모두 두 배를 넘었다. 북한은 평양을 김씨 부자와 권력과 이데올로기가 집약된 도시로 정책적으로 성장시켰으며, 북한에서 유일하게 300만을 넘는 (2순위는 70만에 그친다) 도시가 되었다. 남한은 1980년

남북한 도시 규모 및 분포 추이 (1944년, 2008년)

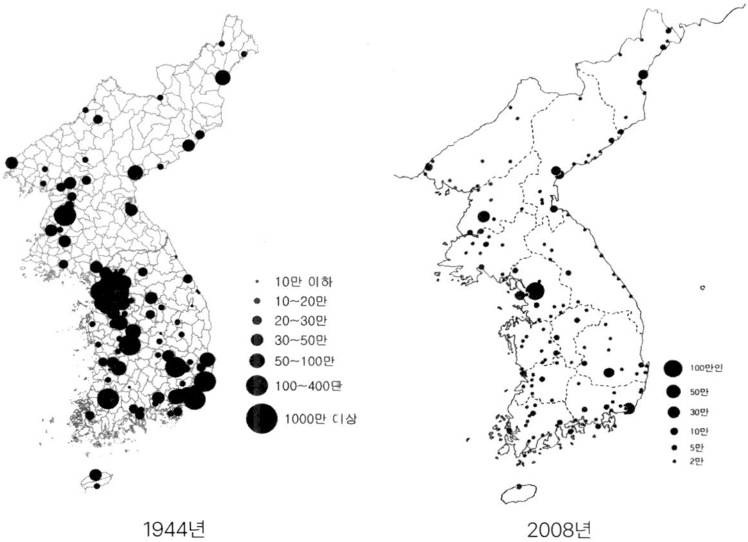

출처: 1944년 자료 (한국도시지리학회 『한국의 도시』, 법문사, 2005. 45쪽.); 2008년 자료 필자 작성.

대부터 시작된 경제발전 기간 동안 선성장 후분배 방식의 총량적인 경제성장 정책을 강조했으며, 효율성 극대와 차원의 거점 개발 방식 과정에서 대도시 위주의 성장, 특히 서울의 종주성이 증가되었다.[11] 이는 남북 모두 수도 중심의 불균등 발전 정도가 매우 큼을 의미한다.

공통된 특성에도 남북한 종주도시화 추이는 약간의 차이를 보인다. 북한 도시종주비는 1970년 2.2배에서 지속적으로 성장해 2022는 4.8배까지 확대었으며, 2순위 도시는 1940년 이래로 청진-함흥-청진으로 바뀌었다. 이에 비해 한국의 도시종주비는 1970년 2.8배에서 2022년 2.9배로 큰 차이가 없으며, 2순위 도시는 부산으로 계속 고정되어 있었다.

정권과 도시정책의 목표가 고정적인 북한의 경우도 도시별 성장 과정을 자세히 분석해 보면 변화들이 있다는 것을 발견할 수 있다. 1940

남북한 종주도시화 추이 (1970년~2022년)

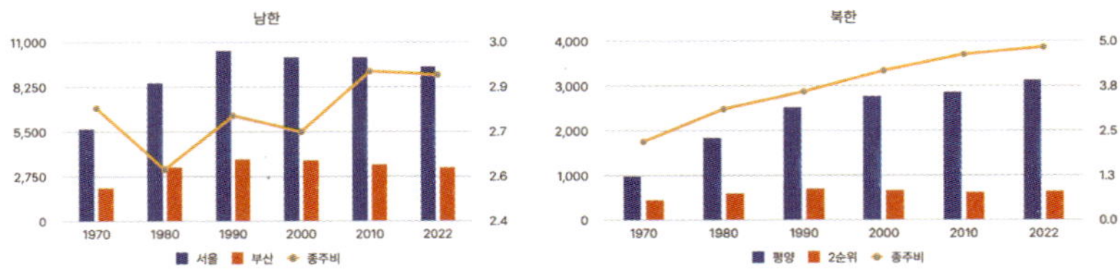

출처: (북)UN「World Urbanization Prospects, the 2018 Revision」, (남)통계청 인구동향과「https://kosis.kr> 장래인구추계」2021. 12월 기준 자료, 필자 시각화.

년부터 2008년까지 북한의 도시별 성장 추이를 보면 급격히 성장하는 도시와 쇠퇴하는 도시를 확인할 수 있다. 예를 들어, 1967년부터 1972년 사이 많은 도시가 성장을 이루었으며, 특히 평성시, 구성시, 신포시는 20% 이상 급격한 성장을 이루었다. 이 기간은 1967년 갑산파 숙청 이후 '유일사상체계'가 수립되고 1974년 주체사상이 공포되기 이전 기간으로 전체주의적 이데올로기 공간이 급격히 생산되던 시기이다.[12] 또한 1991년부터 2008년 사이 대부분 도시가 정체나 쇠퇴를 겪었는데, 이 시기는 북한의 경제가 붕괴되고 많은 아사자가 발생한 기간이다.

광복 이후 남북한 도시개발은 수도 중심의 종주도시와 정치적, 군사적 공간 양산이라는 일부 공통점도 있었지만, 정치체제, 경제체제, 도시정책 목표의 차이에 따라 도시 규모와 양상이 매우 상이하게 발전했다. 남한은 전국적인 범위로 급격한 도시화가 진행되어 S자 선진국형 도시화와 함께 세계적인 도시와 균형을 맞추어 가고 있다. 이에 비해 북한은 평양을 제외하고 뚜렷한 발전을 보여주지 못하고 있으며, 외부 세계와 단절된 개발도상국형 도시발전을 보이고 있다.

북한 개별 도시의 성장 추이 (1940년~2008년)

구분	1940	1967		1972		1982		1986		1991		2008	
	인구수	인구수	1940 ~ 1967**	인구수	1967 ~ 1972	인구수	1972 ~ 1982	인구수	1982 ~ 1986	인구수	1986 ~ 1991	인구수	1991 ~ 2008
평양	286	827	4.0%	1118	6.2%	1976	5.9%	2274	3.6%	2586	2.6%	3255	1.4%
청진	198	259	1.0%	336	5.3%	512	4.3%	518	0.3%	558	1.5%	668	1.1%
원산	79	210	3.7%	228	1.7%	253	1.2%	271	1.2%	290	1.4%	363	1.3%
함흥	75	411	6.5%	477	3.0%	623	2.7%	685	2.4%	706	0.6%	769	0.5%
개성	72	141	2.5%	326	18.2%	33	0.2%	362	2.3%	384	1.2%	308	-1.3%
남포	69	141	2.7%	163	2.9%	66	15.0%	754	3.3%	801	1.2%	367	-4.5%
해주	63	113	2.2%	163	7.6%	210	2.6%	211	0.1%	244	2.9%	273	0.7%
김책	62	113	2.2%	136	3.8%	120	-1.2%	211	15.2%	292	6.7%	207	-2.0%
신의주	61	161	3.7%	198	4.2%	276	3.4%	286	0.9%	311	1.7%	359	0.8%
나진*	38	57	1.5%	54	-1.1%	90	5.2%	91	0.3%	89	-0.4%	197	4.8%
사리원	35	85	3.3%	136	9.9%	210	4.4%	271	6.6%	288	1.2%	308	0.4%
신포	35	28	-0.8%	81	23.7%	150	6.4%	151	0.2%	160	1.2%	153	-0.3%
강계	26	170	7.2%	163	-0.8%	180	1.0%	211	4.1%	256	3.9%	252	-0.1%
혜산	16	85	6.4%	136	9.9%	150	1.0%	151	0.2%	224	8.2%	193	-0.9%
희천	13	28	2.9%	27	-0.7%	150	18.7%	151	0.2%	192	4.9%	168	-0.8%
평성	9	28	4.3%	109	31.2%	241	8.3%	211	-3.3%	256	3.9%	284	0.6%
구성	9	28	4.3%	109	31.2%	150	3.2%	281	17.0%	192	-7.3%	197	0.2%
송림	6	85	10.3%	81	-1.0%	30	-9.5%	91	32.0%	96	1.1%	129	1.8%
만포		28	-	54	14.0%	90	5.2%	91	0.3%	93	0.4%	117	1.4%
순천								392	-	480	4.1%	297	-2.8%
덕천								121	-	217	12.4%	237	0.5%
단천								302	-	352	3.1%	346	-0.1%

출처: (남북)U출처: 김원. 『사회주의 도시계획』, 보성각. 2004. 236쪽 자료에 1993년, 2008년 자료를 보강하여 재구성. ; 1991년, 2008년 인구자료는 UNFPA; 주요도시 1967~1991년 자료는 최근 통계청자료 (주요도시인구, 1970~2022)로 수정N「https://esa.un.org/unpd/wup, World Urbanization Prospects, the 2018 Revision」2021. 12월 기준 자료, 필자 시각화.

5~10% 성장
10~20% 성장
20% 이상성장
0~5% 쇠퇴
-5% 이하 쇠퇴

* 나진 2008년 자료는 나선시 자료

** 연평균 성장률

남북한 도시 구성요소

남북한 도시의 인프라, 산업구조, 주택구조, 공간구조 등 구성요소를 파악하는 것은 현재 남북한 도시 상태에 대한 이해를 넘어 미래 남북경제협력 활성화 및 외국자본의 대북투자 촉진, 이를 통한 통일비용의 파악 및 절감을 위해 필요한 연구이다.[13] 나아가 북한의 인프라 개발은 한반도와 동북아 차원의 인프라 구축과도 연계된다는 면에서 동북아 안보에도 영향을 미칠 수 있다.[14]

2021년 통계 기준 남북한 인구와 경제, 인프라 격차는 1989년 구 동서독 간 격차보다 매우 크다.[15] 남북한 GDP는 격차는 57.7배, 1인당 GNP는 28.4배, 무역액도 매우 큰 차이를 보이는 등 경제 격차가 매우 큰 상황임을 알 수 있다. 이상준(2005)의 연구에 따르면 남북한 공동 발전과 인프라 협력사업에 우선적으로 중요한 분야는 철도, 전력, 도로, 항만이며,[16] 현재 남북한의 항만 격차는 29.7배, 1인당 에너지 공급 격차는 12.6배로 매우 크다. 물류와 인구이동, 도시발달에 매우 중요한 인프라인 철도와 도로의 남북 격차는 다른 분야에 비해 상대적으로 낮게 나타난다. 하지만 이러한 결과는 그 기준이 총연장만을 반영했기 때문으로, 철도의 복선화, 인프라 유지관리 수준을 반영한다면 그 격차는 증가한다. 남한 철도의 복선화는 2022년 기준 70.3%로 이를 철도 총연장에 반영한다면 남한의 철도 연장은 북한보다 1.32배 더 길다. 남북한은 인프라 시설 유지관리 수준에서도 매우 큰 격차를 보인다. 북한의 도로, 철도, 항만, 전력통신, 건축물 등 인프라의 유지관리 수준은 평균 26%로 매우 불량한 수준(F등급, 15~30%)이며, 이에 비해 남한 인프라 시설의 유지관리 수준은 93%로 절대 양호(A등급, 85~100%)한 수준이다. 이는 북한 인프라의 유지관리가 전혀 이루어지지 않고 있음을 의미하며, 특히 전력 및 통신(15%), 상하수도(15%), 도로(17%), 철도(18%) 유지관리 수준이 심각하다.[17]

남북한 경제 및 도시 인프라 비교 (2021년 기준)

구분	항목	단위	남한(a)	북한(b)	배수(a/b)
인구	총인구	천명	51,745	25,484	2.0
국민계정	GDP(명목)	십억원	2,071,658	35,891	57.7
	1인당 GNP	만원	4,048	142	28.4
무역	수출	천달러	644,400,368	81,963	7,862.1
	수입	천달러	615,093,447	631,371	974.2
교통/물류	철도 총연장*	km	4,129	5,311	0.8
	도로 총연장	km	113,405	26,203	4.3
	항만 하역능력	천톤	1,296,818	43,611	29.7
	자동차 등록	천대	24,911	253	98.5
	항공기 보유대수	대	724	24	30.2
에너지	총공급량	TOE	305,368	11,910	25.6
	1인당공급량	TOE	6	0	12.6

출처: 통계청 자료

남북한의 경제, 철도, 도로 등 지표를 지리정보시스템(GIS) 자료를 통해 지도로 시각화하면 그 차이를 지역적 특성에 따라 구체적으로 확인할 수 있다. 아래 그림은 독일 GeoFabrik 社의 OpenSteetMap 자료(2023년 4월 19일 기준)를 QGIS 프로그램을 통해 시각화한 것이다. 그림을 보면 남한의 철도 노선은 X자형 구조로 내륙과 수도권을 중심으로 연결되어있데 비해 북한은 동서 해안을 중심으로 평양과 중국 국경이 연결되어 있는 것을 확인할 수 있다. 한반도 통일과 유라시아 대륙으로의 진출을 고려할 때 남한의 동해안에서 북한으로 이어지는 철도 노선 구축이 필요함을 확인할 수 있다. 도로의 경우 남한은 대부분 국토를 세밀히 연결하고 있지만, 북한은 평양을 포함한 평안남도와 해안가, DMZ 인근에 도로가 집중되어 있으며, 산간지역은 대체로 미흡했다. 카페, 도서관, 식당, 문화시설 등 관심지점(POIs, Point Of Interestings)의 경우 남한(137,925개소)이 북한(3,332개소)에 비해 41.4배 많았으며 북한은 평양에 대부분 몰려있는 것으로 확인되었다. 위성자료 추출 연구에서 경제지표로 많이 활용되는 야간조도의 경우[18] 남북이 뚜렷한 격차를 보였다. 이는 남북의 에너지 보급과 경제 수준에 큰 격차가 있음을 실

남북한 철도, 도로, POIs, 야간조도 현황 지도

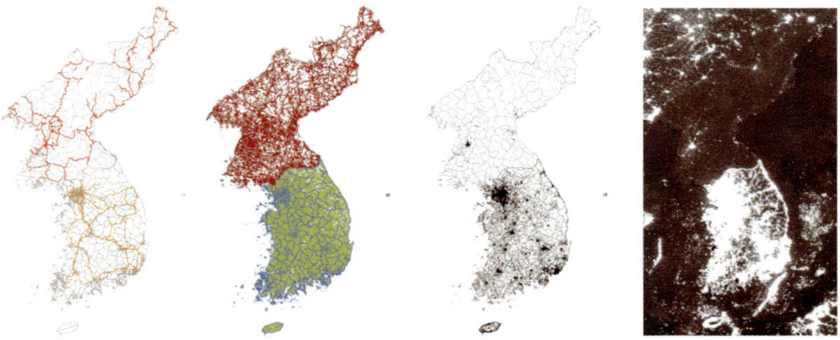

철도 도로 POIs 야간조도

증적으로 보여주는 자료이다.

남북한 산업구조는 국민경제 생산력의 구조, 사회적 분업체계와 함께 도시 공간과 노동구조, 발전방향을 간접적으로 보여주는 지표이다. 남북 산업구조의 추이를 보면 산업 총 생산량은 1990년 11.7배에서 2021년 61배로 급격히 증가했다. 산업구조 변화에서도 남북한은 차이를 보이는데, 남한의 경우 지난 30여 년간 1차산업의 비율이 약간 줄어든 것 이외에 구조적인 변화가 없었다. 이에 비해 북한은 1차산업의 비율이 오히려 증가하고, 2차산업은 감소, 3차산업은 증가하는 경향을 보였다. 이는 1990년 이후 북한의 경제 붕괴와 공장 운영의 중단, 중국 상품을 중심으로 한 수입의 증가와 시장 활성화가 반영된 것으로 보인다. 도시화와 산업구조에 대한 허버트와 토마스(D.T. Herbert and C.J. Thomas, 1982)의 연구에 따르면 산업화가 진행될수록 점차 1차산업과 2차산업 노동 구성비가 줄어들고 3차산업 구성비가 증가하는 '도약단계-발전단계-완성단계'로 나아간다고 보고 있다.[19] 이 이론에 따르면 3차산업 비중이 60%를 이미 넘은 남한은 완성단계에, 북한은 아직 발전단계에 머물러 있다고 볼 수 있다.

남북한 산업구조 및 생산액 추이 비교 (1990-2021, 단위: 십억 원)

	산업별	1990		2000		2010		2021	
		생산액	비율	생산액	비율	생산액	비율	생산액	비율
남한	1차 산업	22,250	5	27,070	3	30,888	2	32,634	2
	2차 산업	154,056	34	299,454	33	500,828	35	653,409	34
	3차 산업	286,024	63	579,229	64	897,115	63	1,232,218	64
북한	1차 산업	6,442	17	5,711	19	6,601	20	7,302	23
	2차 산업	24,992	64	13,955	47	15,925	48	13,284	42
	3차 산업	9,106	23	10,0[illegible]4	34	10,692	32	10,803	34
배수(남한/북한)		11.7		30.7		43.1		61.0	

출처: (남북)한국은행「https://ecos.bok.or.kr>국민계정」 2022. 12월. 필자 편집.

남북한 주택 보급률과 주택 유형은 현재 도시 공간과 주민의 삶에 밀접한 연관이 있을 뿐 아니라 동서독 통일 과정에서 볼 수 있듯이[20] 미래 통일 한반도의 도시정책 반영에도 중요한 의미를 가진다. 한국의 주택 보급률은 2008년대 이미 100%를 넘어선 것과 달리 2013년 기준 북한의 주택 보급률은 추정치 74~80%에 머물러 있어 친인척과 함께 살거나 결혼 이후 분가하지 못하는 경우가 흔하다. 남북한의 주택은 보급률뿐 아니라 질적인 수준에서도 많은 차이를 보이는데, 40~50년 이상 된 북한 주택의 비중은 50% 이상으로 추정되며, 공용 화장실을 사용하고 상하수도와 전기 공급이 부분적으로 이루어지는 경우가 많다.[21] 남북한은 주택 유형에서도 차이를 보인다. 남한 주택은 아파트가 절반 이상(52%)을 차지하는 반면, 북한은 공동주택인 연립주택이 44%로 가장 높은 비중을 보인다.

남북한의 도시개발 정책과 정치, 경제적 차이는 서로 다른 도시공간을 양산했다. 토지의 사적 소유를 바탕으로 토지이용상의 경쟁이 일어나는 남한의 대도시들은 상업, 서비스 기능을 중심으로 여러 부도심을 갖고 있다. 이에 비해 북한의 도시는 기본적으로 국가가 토지를 소유하고 있기 때문에 토지이용에 대한 경쟁이 일어나지 않아 단핵적인 도

남북한 주택유형 비교

		가구수계	단독주택	연립주택	아파트	기타
남한 (2021년)	가구 수	21,448,463	6,349,845	2,446,419	11,137,845	1,514,354
	비율(%)	100	30	11	52	7
북한 (2008년)	가구 수	5,887,471	1,988,415	2,584,435	1,261,709	52,912
	비율(%)	100	34	44	21	1

출처 : (북) UNFPA, (남) 통계청 인구총조사과 「https://kosis.kr>인구총조사」. 필자 편집.

시공간 구조를 특징으로 한다. 북한 도시의 각종 서비스와 상업 시설 등은 편의봉사시설이라는 이름으로 소구역 단위로 배치되기 때문에 부도심이라 할 만한 지역서비스 중심지는 형성되지 못한 것이다.[22] 이는 300만 명 이상의 인구를 가진 평양에서도 나타나는 현상으로 서울과 평양의 구조를 비교한 선행연구 결과는 아래 그림과 같다.

평양과 서울의 대도시 공간구조 비교

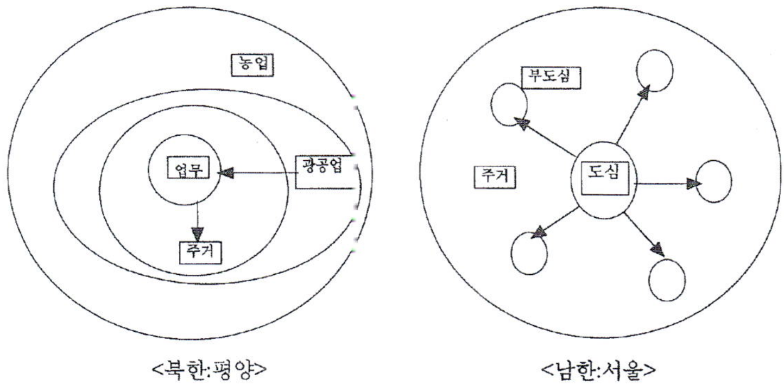

출처: 이상준, 이영아, 『통일 이후 북한지역 도시공간구조의 개편 및 도시정책방향에 관한 연구』, 통일연구원, 1998, 42쪽.

1990년 이후 남북한 도시 변화

1990년 이후 남북한 사회와 도시는 많은 도전과 변화에 직면하면서 변화를 거치게 된다. 남한 도시는 대도시 중심 발전이 가져온 수도권과 지방의 인프라 격차와 사회적 형평성 문제,[23] 저출산 고령화에 따른 지방 소멸 문제, 세계화와 글로벌 금융시장의 확산에 따른 국제 금융도시와의 경쟁 문제[24]가 대두되었다.[25] 북한은 1990년대 내부 경제가 붕괴되고[26] 대량 아사자가 발생하는 '고난의 행군'을 거치면서 시장체계가 도입된다. 이는 정권과 주체 이데올로기에 대한 주민의 생각을 변하게 했으며,[27] 산업구조, 일상, 도시공간을 바꾸었다.

국가 내 존재하는 도시 군을 체계적으로 분석하기 위한 도시체계 연구는 도시의 수와 도시 간 규모 분포와 함께 도시 기능 간 유기적 관계인 인구, 물류, 정보, 서비스 흐름의 파악을 중요하게 생각한다.[28] 남한 도시의 인구, 물류, 서비스는 대도시, 특히 수도권을 중심으로 네트워크가 형성되어있다. 이는 1990년 이전에도 있던 현상이지만 IT 기업, 물류, 인구의 수도권 편중 현상이 더욱 심해지면서 도시 간 관계에서 수도권 비중이 더욱 커지고 있다. 반면 1990년대 이후 북한의 도시 관계는 정치 상징적, 물리적 건설과 인구수 규모 면에서는 평양이 여전히 중심에 있지만, 주민의 삶과 자본의 흐름에 밀접한 시장 네트워크는 중국과의 국경, 청진시, 평성시 등으로 분화되고 있다. 이는 국가 계획경제에 따른 생산과 분배, 직업 선택과 거주·이동의 제한에 따라 정체되었던 북한 도시 관계가 1990년대 이후 공식, 비공식 시장의 활성화로 인구, 물류, 정보, 서비스 흐름을 가진 실질적 도시 간 네트워크로 발전한 것이다. 이는 도시 간 물리적 속성의 발전뿐 아니라 도시민의 사회문화적 요소와 의식변화를 촉진하는 신경망이 형성되고 있는 것으로 볼 수 있다.

이러한 현상은 북한의 도시계획과 도시 공간구조에 변화를 가져왔다. 도시계획에서 민간 자본과의 '협력'이 일반화되었고 중앙 통제가 약화되면서 지방정부 및 기업소의 자율권이 증대되었다. 도시 공간구

남북한 도시 네트워크 (좌: 남한 전화유통 구조(1990), 우: 북한 시장 네트워크)

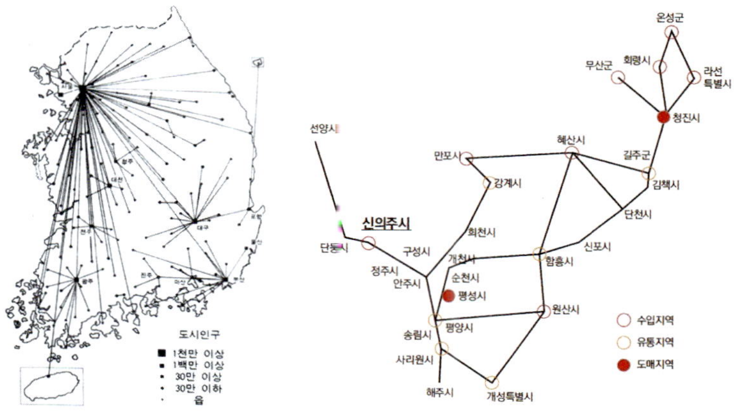

출처: 한국도시지리학회 『한국의 도시』, 법문사, 2005. 67쪽.; 홍민 외. 『북한 실태 연구: 도시경제의 네트워크와 로지스틱스』, 통일연구원, 2019. 93쪽.

조는 시장과 상업적 공간이 확대되고 주택거래 활성화에 따른 계층별 주거지 분화가 심화되고 있다.[29] 특히 북한 정권은 1991년 12월 라진·선봉 경제특구를 시작으로 신의주(2002), 개성(2002), 금강산(2002), 황금평·위화도(2010)를 관련법 제정 및 자치권 부여, 50년 토지임차, 세금 감면, 무비자 입국 등 조치와 함께 5대 경제특구로 지정하였다. 특구의 경제적 효과와 지속성에는 한계가 있었지만 중국 선전시와 같은 경제특구 시도는 1990년 이후 변화가 주민들의 시장 요구 차원에만 머무르지 않으며 정권의 장기적 경제체제와 도시발전 방향 전환과 관계있음을 보여주는 것이다.

1990년 이후 남한 도시는 외부로는 글로벌 금융도시와의 경쟁, 내부로는 수도권과 지방, 대도시와 중소도시의 인프라, 사회, 문화, 노동

탈사회주의 도시와 북한의 도시공간 변화 비교

부문	탈사회주의 도시의 공간변화	북한 도시의 변화
도시계획/개발행정	계획기능의 약화	· 형식적인 계획체계는 유지되고 있으나 실질적으로 민간자본과의 '협력'이 일반화됨 · 토지이용에 관해서는 현재까지 엄격하게 관리
	계획기능의 분권화	· 「우리식 경제관리 조치」에 따라 지방정부 및 기업소의 자율권 증대. 계획기능에 있어서도 중앙의 통제는 약화됨 · 공식적으로 계획권의 지방이양은 나타나지 않음
	기업가주의 및 친시장적 도시개발	· 주택개발에 있어서 민간의 주도성은 가시적으로 드러남 · 경제특구(라선)를 중심으로 시장 지향적 도시개발 추진
	시민참여의 활성화 및 역할증대	· 도시계획 및 개발에 있어 시민참여 및 시민의 역할은 아직 찾아보기 어려움
도시 공간구조	상업지역(CBD) 확대	· 시장이 증가하고 건물의 상업적 이용이 확대되고 있으나 자본주의 도시에서와 같은 업무, 상업 기능의 집적은 보이지 않음
	제조업의 쇠퇴 및 신산업공간 대두	· 제조업은 전체적으로 쇠퇴하고 있으나 이를 대체할 수 있는 신산업은 성장하지 못함 · 노동력을 이용한 단순 임가공 공장은 증가하고 있음
	교외 개발 확대	· 교외지역의 개발은 엄격히 금지되고 있으며, 계획적인 신시가지 조성은 추진된 바 있음
	주거지 분화 심화	· 주택거래가 활성화됨에 따라 계층별 주거지 분화가 심화되고 있음

출처: 박세훈, 김태환, 김성수, 송지은, 『북한의 도시계획 및 도시개발 실태분석과 정책과제』, 국토연구원, 2016, xii.

격차 문제가 부각 되고 있다. 특히 수도권 중심의 급격한 도시화와 저출산 고령화 현상은 지방 도시 침체 또는 소멸이라는 심각한 과제를 불러왔다. 통계청에 따르면 2022년 기준 남한 228개 시군구 지역 중 지방소멸위험 지역은 113개 지역으로 전체의 49.6%에 달한다. 남한의 지방소멸 현상은 북한보다 남한에 더 심화될 것으로 보이는데, 북한은 인구와 거주 이동에 제한이 있을 뿐 아니라 출산율(1.9)이 남한(0.778)보다 높기 때문이다. 인구 구조에서도 남북한은 차이를 보이는데 2022년 기준 남한의 0-19세 인구 비율은 14.8%로 북한(25.7%) 보다 1.7배 낮다. 반면 고령인구의 비율은 남한(22%)이 북한(12.6%)보다 1.75배 높다. 이는 향후 통일 한반도의 인구이동과 인구학적 특성, 대도시와 지방도시의 변화 정책에 반영되어야 할 요소이다.

남북한 인구계층 비율 비교 (2022년 기준)

		가구수계	단독주택	연립주택	아파트	기타
남한 (2021년)	가구 수	21,448,463	6,349,845	2,446,419	11,137,845	1,514,354
	비율(%)	100	30	11	52	7
북한 (2008년)	가구 수	5,887,471	1,988,415	2,584,435	1,261,709	52,912
	비율(%)	100	34	44	21	1

출처: 통계청 인구동향과 「https://kosis.kr>장래연구추계」, 2021. 12월 기준. 필자 시각화.

포용적 한반도 도시발전을 향하여

광복 이후 남북한 도시는 상이한 정치·경제체제와 도시정책의 결과로 서로 다른 도시개발 과정과 구성요소를 양산했다. 남한은 수도권과 대도시를 중심으로 도시가 발달되었고, 북한은 광복 이전 발전한 도시를 기반으로 평양과 해안 도시가 성장했다. 남북한 산업구조는 남한이 3차산업 중심의 선진국형 구조를 나타내는 반면, 북한은 1차와 2차산업 비중이 아직 높아 개발도상국형 구조를 보이고 있다. 국가 계획경제와 경제체제 붕괴로 인해 북한 도시의 교통, 에너지, 주택 등 인프라는 남한에 비해 매우 열악한 상태이다. 이에 비해 저출산 고령화 현상, 지방소멸 현상은 남한 중소도시에서 더 심각하게 나타나고 있다.

여러 차이에도 불구하고 남북한 도시는 공통적인 현상도 나타난다. 두 지역 도시 모두 수도를 중심으로 발전하는 종주체계도시 현상이 나타났으며, 남북의 국가 중심의 하향식 도시 발전은 (남한의 지방분권화 도입에도 불구하고) 두 지역 모두에서 지방분권 체제 발전에 한계로 작용했다. 1990년 '고난의 행군'과 2002년 시장도입은 북한 사회가 시장 중심으로 변하는 계기를 만들었으며, 최근 북한 도시는 단핵 도시에서 다핵 도시로 변화, 외국자본 투자를 통한 특구 도시발전 현상이 나타나게 되었다.

남북한 도시발전 특징 비교

	차이점		공통점
	남한	북한	
도시 정책	· 자본주의체제 중심 · 시대에 따라 변화 · 대도시 억제 정책	· 정치체제 중심 · 일관성 유지 · 도농병진, 주택소구역	· 대도시 억제정책 (수도권 집중됨) · 지방분권화 약함
도시화 특징	· 수도권, 경부권 중심 발달	· 동서해안 도시 성장	수도권 중심 발전
도시화율	· 62.90%	· 81.40%	도시화율 안정
도시규모	· 100만 이상 도시 다수	· 평양 제외 100만 도시 없음	거점 성장
도시 인구변화	· 탈도시화 현상 · 도시순위 변화 거의 없음	· 평양 지속 성장 정책에 따라 도시순위 변화	1위 도시 변화없음
종주 도시화	· 현상 유지	지속적으로 심화	모두 종주체계도시
교통	· 높은 교통인프라	대중교통 중심, 낮은 교통인프라	대중교통 중심 정책 추구
에너지, 환경	· 높은 에너지 보급률 · 낮은 친환경 에너지	낮은 에너지 보급률 높은 천연에너지 자원 보유	
산업구조	· 3차산업 비중 높음	1, 2차 산업비중 높음	
주택	· 보급률 102.2% · 아파트 중심	· 보급률 74~80% · 연립주택 중심	아파트 유형 성장
도시 내부공간	· 다핵 도시 체계	· 다핵 도시 체계	최근 북한도 시장중심 다핵 도시로 변화 중
도시 간 네트워크	· 수도권 중심 네트워크 지속 성장	· 시장도입 이후 도시 간 네트워크 성장	북한도 시장발달에 따른 네트워크 성장 중
연령 비율	· 저출산, 고령화 높음	· 남한 대비 상대적으로 높은 19세 이하, 낮은 고령화 비율	노동 가능 중간층 비율(60% 초반) 유사
세계화, 지방소멸	· 글로벌 도시성장 노력 · 지방도시 소멸 현상	· 특구의 외국인 투자를 중심으로 한 도시발달 현상	세계 교류(상품, 금융 등)를 통한 도시발전 전략

애쓰모글루와 로빈슨에 따르면 자유가 싹트고 번성하는 '좁은 회랑(narrow corridor to liberty)'은 국가와 (시민)사회의 힘의 균형에서 온다.[30] 국가의 전체주의적 폭력을 경험한 북한 주민과 자본주의 사회의 자유와

불평등을 경험한 남한 주민에게 미래 한반도는 기회이자 두려움이다. 이 시기는 벤야민이 묘사한 미래의 폭풍 속으로 추락하는 '역사의 천사'처럼[31] 사회주의 유령과 자본주의의 오만한 유산 사이에서 혼란과 희망이 혼재할 것이다.

우리는 흔히 '통일을 원하는가'를 물으며 '그 시기'를 우리가 선택할 수 있는 것처럼 여긴다. 하지만 사회주의 체제의 정치와 경제를 연구한 코르나이의 논리를 적용한다면[32] 북한의 새로운 체제로의 이행은 스스로의 시간이 채워질 때 반드시 일어날 것이다. '한반도 초고속 간선교통망', '동북아 통합 물류체계'[33] 등 기존 한반도 미래 도시전략을 더욱 발전시키고, 남북한 도시의 구조와 특징을 세밀히 연구하는 것은 이 혼란의 시기에 절망 대신 희망을 잡으려는 노력이다. 이 글이 그 걸음에 한 발짝 도움이 되길 기대한다.

PART 2

북한도시 개발 구상

03

북한 도시개발의 과제

이상준

북한 도시의 새로운 미래

휴전 이후 70년이 지난 한반도는 지구상에서 가장 특이한 장소 가운데 하나가 되었다. 반도의 북쪽 절반은 사회주의와 주체사상을 신봉하는 최빈국이 되었고, 남쪽 절반은 첨단 산업과 한류를 통해 세계의 주목을 받는 선진국이 되었다. 이렇게 큰 격차를 보이는 두 국가가 국경을 마주하는 사례는 지구상에서 찾아보기 힘들다. 하지만 물레방아가 수위의 격차를 이용해 돌아가듯이 미래 한반도의 발전 가능성도 이러한 격차로부터 시작될 수 있을 것이다.

우리와 큰 격차를 보이는 북한의 개발과 관련해서 지금까지의 논의들은 크게 두 갈래로 나뉜다. 하나는 남북협력을 전제로 북한을 협력의 대상으로 접근하는 것이고, 다른 하나는 통일을 전제로 관리 대상으로 접근하는 것이다. 전자의 경우에는 북한을 저개발 국가 가운데 하나로 보면서 단계적으로 북한개발을 도모해 가는 것이다. 후자의 경우에는 통일 이후 북한의 개발을 관리한다는 관점에서 접근하고 있다.

어느 쪽이든 북한을 '개발'해야 하는 대상으로 바라보는 점에서는 큰 차이가 없다. 1990년대 중후반 북한 붕괴론이 득세했을 당시에는 북한을 완전히 우리식으로 재편하는 이른바 '전면철거형 개발론'이 주류를 이루었다. 하지만 지금 우리는 당시와는 완전히 다른 환경하에 놓여 있다. 기후위기, 인구감소와 고령화, 저성장과 국제질서의 재편 등 한반도에 영향을 미치고 있는 여러 가지 여건의 변화는 통일 후 북한개발을 '전면철거형'으로 할 수 있는가, 또는 해야 하는가에 대한 근본적인 질문을 우리에게 제기하고 있다.

대내외 여건이 크게 변화하였으니 통일 이후의 북한개발에 대한 시각과 접근법도 바뀌어야 한다. 그러지 않고서는 각주구검(刻舟求劍)의 실수를 면하기 어려울 것이다. 이 글에서는 미래 다가올 통일 상황하에서 북한의 도시개발에 어떠한 과제가 제기될 것인지를 새로운 관점에서 전망하고자 한다.

기후위기, 인구감소와 고령화, 새로운 팬데믹 등의 도전 하에서 통일 후 북한개발과 관련해서 우리는 무엇보다도 한반도의 '지속가능성'이라는 가치에 초점을 맞춘 논의를 할 필요가 있다. 이것이 북한을 '개발'의 대상으로만 바라보는 기존 접근법과 차별화되는 지점이다. '개발'의 시대는 자원의 효율적 활용이라는 원칙하에서 비용을 최소화하고 수익을 극대화하는 논리에 기반하고 있다. 하지만 지속가능성을 중심 가치로 두는 경우 비용과 수익에 대한 고려보다는 인간과 자연의 지속가능한 관계, 인간과 인간의 지속가능한 관계, 국가와 국가 간의 지속가능한 관계를 먼저 고민하게 된다. 이런 접근법은 과거의 통일 논의에서 찾아보기 힘들었다.

이 글에서는 통일 후 북한의 체제전환과정에서 도시개발과 관련될 과제들을 대내외 여건변화에 대한 고려하에 거시적, 미시적 측면에서 살펴보았다. 먼저 통일 후 거시적 측면의 과제로서 기후위기와 인구문제의 영향에 따른 도시개발 분야의 과제를 검토하였다. 미시적 측면에서는 통일 후 도시의 물리적 개선과 제도통합 그리고 인적 역량 구축 등을 중점적으로 검토하였다. 이러한 검토과정에서 지속가능한 도시 발전이라는 가치를 실현하기 위한 과제들에 관심을 기울였다.

미래 한반도의 도전과 기회

글로벌 트렌드의 도전과 기회

미래 통일 한반도는 지금보다 어려운 상황 속에서 많은 문제를 마주하게 될 가능성이 높아 보인다. 불과 몇 년 전만 하더라도 가공할 규모의 팬데믹이나 미·중, 미·러 간의 긴장에 중동의 불안정 등 세계대전의 공포를 예견한 전문가는 거의 없었다. 따라서 미래 통일 한반도 시대에는 우리가 경험한 팬데믹 보다 더한 재난이 현실이 될 수도 있을 것이다.

기후위기와 저성장, 팬데믹, 안보갈등 등 글로벌 차원의 도전들로 인해 우리는 이제까지 경험해 보지 못한 대외환경을 맞고 있다. 지금까지 통일 한반도 연구에 있어서 기본적인 전제 가운데 하나는 긍정적인 국제정세 변화였다. 독일이 소련 사회주의권의 붕괴라는 구도하에서 통일을 하였듯이 미래 한반도의 통일도 국제정세가 우리에게 우호적일 것을 전제로 하였다.

하지만 장기화될 것으로 예상되는 미·중간의 전략경쟁과 러시아의 호전적 행태는 미래 여건변화가 통일 한반도에 결코 우호적이지 않을 가능성을 높여주고 있다. 현재 세계 경제는 지난 수십 년간 지속된 세계화의 부작용에 대한 반작용으로 많은 갈등과 위기를 맞고 있다. 세계화가 가져온 선진국의 자국 내 계층 간, 부문 간, 지역 간 양극화의 부작용에 따라 자국 우선주의적 이념이 확산하였다. 강대국들이 자국의 모범적 행동을 통해 다른 국가들이 따르게 하는 방식(power of example)보다는 자국의 힘을 보여줌으로써 다른 국가들을 압박(example of power)하는 행태가 확산하고 있다고 미국의 조셉 나이는 주장하고 있다. 미·중 간의 갈등도 결국 미국의 자국 우선주의와 미국을 넘어서려는 중국의 야망이 충돌하는 형국을 보여주고 있다.

조셉 나이(Joseph S. Nye Jr.)는 지난 70년간의 자유주의 국제질서에 도전하는 최근의 세계적인 권력이동 현상을 수평적 권력이동과 수직적 권력이동이라는 현상으로 정리하고 있다. 중국 등 아시아지역의 회복(부상)을 수평적 권력이동의 예로 들고 있으며, 기술발전에 따른 권력의 공유를 수직적 권력이동의 예로 들고 있다. 특히 수직적 권력이동에 따라 새로운 기구, 잠재적 연합 등을 통해 비정부 행위자들이 정부의 활동영역에 진입하고 이것은 더 많은 초국가적 연결과 이슈를 창출하고 새로운 국제적 상호의존성을 창출하고 있다고 설명하고 있다.[1] 우크라이나전쟁과 관련된 새로운 세계 각국의 진영화도 이러한 맥락에서 이해할 수 있을 것이다.

많은 사람이 탈세계화를 이야기하고 있지만, 이미 형성된 국제적 상호의존성은 미래에 새로운 형태의 세계화를 가져올 수밖에 없을 것이다. 자국 이익 우선주의와 일부 국가들을 중심으로 한 블록화는 이에 따른 내부적 병폐를 야기하게 될 것이고, 결국 보다 발전된 형태의 세계화가 도래하게 될 것이다. 이미 국가 간 사회경제적 네트워크가 일정 수준 구축된 상태에서 폐쇄적 정책을 추진할 경우 비용 증가 등 또 다른 문제를 야기하기 때문이다. 영국 내에서도 이미 '브렉시트(BREXIT)'에 대한 자성의 목소리 등장하고 있다고 한다. 결국, 미래에 새로운 형태의 '세계화 시즌2'가 도래하게 될 것임을 예측해 볼 수 있다.

독일의 오랄프숄츠(Olaf Scholz) 총리는 포린어페어(Foreign Affairs) 기고문 '세계적 시대전환(The Global Zeitenwende)'에서 민주주의의 가치를 잃지 말고 블록화를 경계해야 한다고 강조하였다.[2] 제국주의적 행태의 부활을 경계하면서 과거의 냉전 시절로 돌아가지 말 것을 호소하고 있다. 공동의 가치를 중심으로 함께 손잡고 나아가자는 말이다. 이러한 측면에서 공동의 가치 가운데 하나로서 지속가능발전에 주목할 필요가 있다.

'세계화 시즌2'에서는 지속가능발전[3]을 중심으로 한 새로운 국제관계 형성을 도모할 가능성이 높아 보인다. 지구라는 한배를 타고 있는 모든 국가는 지구의 기후위기로부터 자유로울 수 없다. 이러한 측면에서 동북아 역내 국가들이 초심으로 돌아가서 시도해 볼 필요가 있는 것이 바로 지속가능성에 기반한 국제협력이다. 기후위기에 대처하여 각 국가들은 탄소중립 실현이라는 공동의 숙제도 받아놓은 상태이다. 이 숙제는 어느 국가라도 혼자서 해결할 수 있는 것은 아니다. 대기와 해양으로 연결되어있는 한 어느 한 국가만의 탄소중립 달성이 중요한 것이 아니라 공동의 목표달성이 필요한 것이다.

최근 논의되고 있는 인도-태평양 지역의 생태·환경 협력 전략은 인류공영을 위한 핵심 협력 분야로, 미·중 구도로 나타나는 이익 중심적 정책을 극복하는 구상으로서 논의되고 있다.[4] 이러한 측면에서 기후위기에 대처하는 동북아협력의 과제로서 지속가능한 동북아와 지속가능한 한반도 발전에 집중할 필요가 있다.

많은 외교 안보 전문가들도 기후위기를 포함한 환경문제가 미국과 중국도 거부할 수 없는 공동의 과제라는 점을 지적하고 있다.[5] 재닛 옐런 미 재무장관은 2023년 7월 방중 기간 중국의 기후 금융전문가와의 만남을 통해 기후변화 문제를 해결하는 데 있어 미·중 간 긴밀한 협력의 필요성을 강조하였다.[6] 오래전부터 기후위기 대처는 동북아협력의 주요 이슈 가운데 하나로 거론되어왔지만, 미·중갈등 심화와 신냉전 구도의 형성과 같은 급변한 외교안보 여건하에서 새롭게 조명받게 되었다.

한반도에 있어서 북한에 의한 위기는 이른바 '오래된' 위기라고 할 수 있다. 반면에 팬데믹이나 최근 그 피해가 급증하는 기후위기 등은 '새로운' 위기라고 할 수 있는 것이다. 하지만 모든 위기는 기회를 동반한다고 한다. 자연적인 산불이나 태풍이 그 자체로는 위험하지만 새로운 숲과 환경의 자연순환에 기회가 되듯이, 기후위기는 우리에게 지속가능한 발전을 위한 기회가 될 수도 있을 것이다.

AI를 중심으로 최근 주목받고 있는 기술혁신은 기존 일자리의 파괴나 정보의 양극화 초래라는 부작용에도 불구하고 인구감소에 따른 노동력 부족의 문제에도 해결책을 제시해 줄 수도 있을 것이다. 도전은 그 자체로서 문제가 되기보다는 우리가 이러한 도전을 어떻게 받아들이고 이것을 발전의 기회로 활용하려는 혁신적 자세를 가질 수 있을지의 여부가 더 문제인 것이다. 이처럼 통일시대 우리 한반도가 대내외 여건변화의 도전을 발전의 기회로 만들어가는 노력이 중요하다.

통일의 도전과 기회

미래 우리에게 다가올 한반도 통일은 우리에게 있어서 발전에 기회가 될 수도 있고 커다란 도전이 될 수도 있다. 통일 상황에서 예상되는 다양한 과제에 대한 철저한 사전적 대비와 함께 통일을 준비한다면 통일은 우리에게 있어서 기회가 될 수도 있다. 반면에 통일을 대비한 준비가 부족하거나 부실할 경우 통일은 커다란 도전이 될 수도 있다.

현재보다 인구가 50% 이상 증가하고 면적이 두 배로 증가한 새로운 통일국토 상황에서 서울과 평양을 포함한 남북한 주요 도시들이 어떠한 역할을 할 것인지에 대한 검토가 필요하다. 유럽에서 제기되고 있는 이민자와 난민수용문제는 통일 이후 우리가 해결해야 할 과제에 커다란 시사점을 주고 있다. 프랑스와 독일에서 정착촌 건립이나 난민수용대책을 둘러싼 갈등이 첨예해지고 있는데, 이것은 통일 이후 북한 인구 유입에 따른 갈등과 갈등 해결을 위한 정책 마련이 시급하다는 것을 우리에게 환기하고 있다.

남북한 차원에서 통일은 양적인 측면과 아울러 질적인 측면에도 발전과 도약의 기회를 가져올 것이다. 한반도는 통일을 통해 반도로서의 지경학적 강점을 확보하게 되고 새로운 동북아 교류협력 거점으로서의 발전 기회를 얻게 될 것이다. 기존의 남북접경지역과 북·중·러 접경지역의 도시들은 한반도와 대륙연결의 거점으로서 성장의 기회를 얻게 될 것이다.

통일 독일의 경험과 교훈

통일 독일의 의미는 우리 사회의 통일 논의에서 다소 왜곡된 인상을 받고 있다. 역대 정부들은 모두 '독일식 흡수통일'을 지향하지 않는다는 말들을 앵무새처럼 되새기고 있다. 법적으로는 동독이 서독에 흡수되는 방식으로 통일이 이루어졌지만, 통일은 동독인들이 원해서 가능했던 일이다. 엄연한 '평화적 합의통일'인 것이다. 총 한 방 피 한 방울

흘리지 않고 평화롭게 통일이 이룩되었다. 이러한 평화적 통일방식 말고 우리가 어떤 방식의 통일을 지향할 수 있다는 것인가? 북한을 자극하지 않기 위해 '독일식 흡수통일'을 지향하지 않는다는 표현을 할 수는 있겠지만, 독일의 경우와 같은 '평화적 합의통일'은 우리가 포기할 수 없는 통일방식이다.

독일은 1989년 11월 9일 베를린장벽의 붕괴 이후 1990년 통일조약을 거쳐 10월 3일 통일을 완성하였다. 통일 이후 구 동독은 민영화, 사유화를 통해 계획경제로부터 시장경제로 이전하였다. 이러한 체제전환 과정은 구 동독 도시들에게 커다란 변화를 가져왔다. 통일 당시 구 동독 도시들의 공통적인 문제로는 중공업 중심의 단순한 산업구조, 대기업 중심적 산업구조와 미흡한 중소기업의 경쟁력, 노동자들의 낮은 생산성, 개혁에 저항하는 도시행정관료들의 문제 등이 지적되었다.

통일 이후 1990년부터 1993년까지 토지와 주택의 원소유권 반환 및 사유화, 기업의 민영화가 집중적으로 진행되었다. 1993년부터 2000년까지의 시기에는 도시들의 탈공업화 및 산업구조 전환, 높은 실업, 도시인구의 유출, 도시의 공동화, 교외화, 근교의 상업적 개발 확대 등이 나타났다. 통일 이후 동독지역 주요 도시들은 서독지역으로의 인구이동으로 커다란 도시인구 감소를 경험한 바 있다.

이러한 도시인구의 감소는 많은 도시에서 빈집문제와 유휴 인프라의 문제를 가져왔다. 통일 후 기존 주택의 개보수와 신규 주택공급이 진행되었는데, 이들 주택 가운데 상당수가 빈집이 된 것이다. 이와 함께 상하수도와 폐기물 처리시설 등도 인구감소에 따라 과다공급 상태가 되었다. 이러한 문제를 해결하기 위해 연방정부는 예산을 투입하여 빈집을 철거하고 공원을 조성하는 등 대대적인 도시정비사업을 진행하였다.

구 동독 도시들의 인구감소(1991~2000)

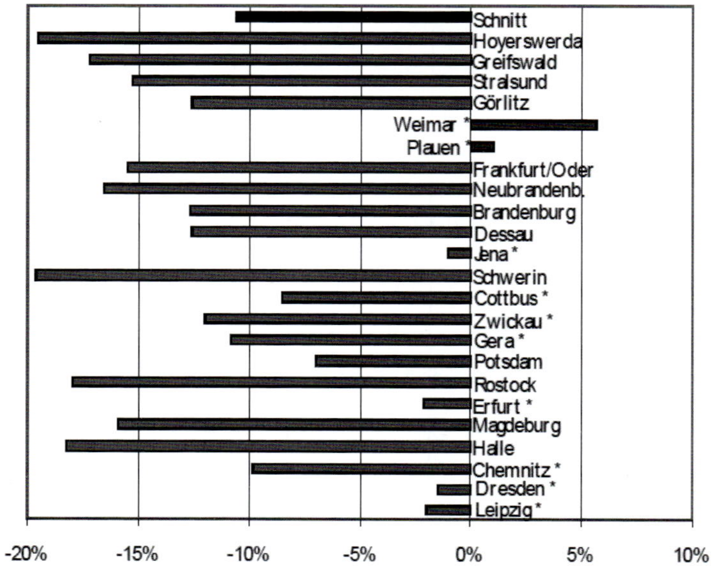

출처: Manfred Kühn. 2014. "Urban Changes n the former GDR after reunification", 국토연구원 1차 독일 전문가 워크숍 발표자료.

2000년 이후부터는 일부 대도시에서의 '재도시화(Reurbanisierung)'가 나타나기도 하였다. '재도시화' 현상은 대학교의 유학생 증가, 연구개발 기능의 강화, 서비스의 증대 등에 기인한 것이다. 물론 이러한 재도시화는 모든 도시에서 나타난 현상은 아니고 라이프치히 등 일부 대학도시에서 나타난 현상이었다. 전체적으로 볼 때, 통일 이후 성공적인 체제전환 사례로서 산업구조 전환을 성공적으로 이룩한 도시로서는 라이프치히(Leipzig)와 같은 대도시와 비터펠트-볼펜(Bitterfeld-Wolfen), 브란덴부르크-하벨(Brandenburg an der Havel), 그라이프스발트(Greifswald) 등과 같은 중소도시들의 사례가 대표적이다.

라이프치히는 통일 이후 드레스덴과 함께 가장 성공적인 도시발전을 이룩한 구 동독 도시로서 평가받고 있다. 1990년 당시 51만 1,000명이었던 라히프치히 인구는 2020년 59만 7000명으로 증가하였다. 라이프치히가 자동차산업과 서비스산업을 중심으로 성공적인 산업구조 전환을 이룩하고 투자유치에 성공한 것은 구 서독의 기업인들과 풍부한 인적 네트워크를 갖고 있던 당시 시장의 역량과 도시 행정 엘리트들의 리더십이 커다란 기여를 하였다. 1998년부터 행정 엘리트들의 주도로 시작된 각종 도시재개발 사업은 낙후되었던 도시의 정비에 결정적 계기를 마련하였다.

비터펠트-볼펜(Bitterfeld-Wolfen)은 동독 시절 화학공업 중심도시였다. 통일 이후에는 공업부문의 대규모 일자리 감소를 겪게 되었고 인구도 줄어들었다. 비터펠트-볼펜의 인구는 통일 당시인 1990년 약 7만 2,000명이었으나 2013년에는 약 4만 2,000명으로 감소하였다. 하지만 미래 신성장 동력이라 할 수 있는 신재생 에너지 산업을 중심으로 도시산업구조가 전환되면서 산업부문의 활력을 되찾게 되었다. 첨단부문을 중심으로 한 고용증대로 제조업 부문의 고용비율은 2000년 33.8%에서 2010년 44.6%로 증가하였다. 비터벨트-볼펜은 녹색산업도시(Green Town of Industry)라는 비전하에 화학산업단지 개발, 솔라밸리, 그린타운 등 세 가지 전략프로젝트를 통해 도시발전을 성공적으로 이룩해오고 있다.

브란덴부르크-하벨(Brandenburg an der Havel)은 관광 중심의 탈공업화 중소도시 성공사례로서 주목할 필요가 있다. 구 동독의 중소도시들은 제조업의 산업기반이 대부분 취약하였다. 이 때문에 관광산업은 대부분 중소도시에서 주목받을 수밖에 없는 업종이었다. 브란덴부르크-하벨은 1000년 이상의 역사를 가진 도시로서 브란덴부르크주에서 가장 역사가 오래된 도시 가운데 하나이다. 동독 시절에 이 도시는 일자리 2

만 2,000개의 대규모 제철, 철강공장이 입지한 공업도시로 성장하였다. 하지만 통일 이후 탈공업화가 진행되었다. 제조업 분야의 고용비율은 1990년 49.8%에서 2010년에는 26.3%로 감소하였다. 도시인구도 통일 당시인 1990년의 약 9만 명에서 2020년에는 약 7만 2,000명으로 감소하였다. 비록 인구는 감소하였지만, 브란덴부르크-하벨은 대도시인 베를린 근교의 관광교육도시로 성장하게 되었다. 브란덴부르크-하벨은 문화와 교육 그리고 수변관광 분야의 전략프로젝트를 추진하면서 문화, 교육, 수변도시로서 성공적인 도시발전을 이룩하고 있다.

그라이프스발트(Greifswald)는 교육 중심의 중소도시로서 발전한 성공사례이다. 통일 이후 구 동독 도시들이 도시발전의 주요 동력으로 활용한 것이 대학 등 고등교육기관 유치이다. 그라이프스발트는 이러한 기회를 잘 활용한 대표적 도시이다. 이 도시는 독일 북동부의 오랜 교역도시 가운데 하나이다. 동독 시절에 그라이프스발트는 핵발전소 건설로 1만 5,000여 개의 일자리를 가진 공업도시로 성장하였다. 공업화로 인해 인구가 1970년의 2만 5,000명에서 통일 당시인 1990년에 약 6만 6,000명까지 급성장하기도 하였다. 하지만 통일 이후 그라이프스발트는 핵발전소의 폐쇄와 탈공업화로 인구가 크게 감소하여 2013년 도시인구는 약 5만 4,000명을 기록하였다. 그라이프스발트는 통일 이후 5년이 지난 1995년부터 도시의 발전전략을 대학과 과학, 문화와 관광으로 설정하였다. 그라이프스발트는 대학도시이자 동시에 무역도시라는 비전하에 교육과 지식기반산업 그리고 문화관광 분야의 핵심 프로젝트들을 추진하고 있다. 연구기술 분야 가운데에서는 의료기술 분야가 유명하다.

이상에서 성공사례를 통해 도출할 수 있는 도시발전의 핵심 요소 가운데 하나는 도시의 성장기반이 될 수 있는 산업의 육성이라고 할 수 있다. 독일 사례의 정책적 시사점을 참고할 때, 통일 후 북한 도시의 발전에 고려해야 할 사항은 다음과 같다. 첫째, 탈공업화 이후의 도시발전을 주도할 성장동력 산업을 육성하는 것이다. 새로운 성장동력 산업은 세계시장의 흐름, 북한지역의 여건과 역량, 이것을 지원할 통일정부의 역량 등을 종합적으로 고려하여 선정할 필요가 있을 것이다. 이러한 성장동력 창출을 고려한 사유화와 민영화의 추진도 중요한 과제가 될 것이다.

둘째, 성장동력 산업을 통해 도시발전을 이끌어 갈 재원의 마련과 이것을 주도할 적절한 추진체를 구성하는 것이다. 투자유치를 통해 도시발전의 기반이 구축될 수 있도록 적절한 도시발전 추진체가 역할을 하는 것이 중요하다. 이러한 추진체가 외자유치를 원활하게 진행할 수 있도록 사유화와 민영화도 진행할 필요가 있을 것이다.

셋째, 주택과 관련 인프라의 과잉공급을 경계해야 한다는 것이다. 서독지역으로의 이주로 인해 동독지역 도시인구가 감소할 것이라는 전망이 있음에도 불구하고 동독지역 도시들에서 진행된 주택 건설과 정비는 대규모 빈집이라는 문제를 가져왔다. 약 100만 호에 이르는 빈집을 정비하기 위해 연방정부는 막대한 추가 예산을 투입해야 했다.

넷째, 통일 후 동독지역 도시들은 시장경제로의 전환이라는 숙제 외에도 유럽통합이라는 거시적 여건변화를 마주하게 되었다. 초국경화라는 글로벌 트렌드가 서독과의 경제통합이라는 과제를 넘어서는 도전이 되었다는 점이다. 통일 후 북한의 도시들도 남한과의 사회경제통합외에도 동북아의 새로운 정치, 경제지형에 적응해야 하는 과제를 안게 될 가능성이 높다. 기후위기와 인구 고령화, 인구감소, AI 기술혁신 등에 대한 준비가 통일 그 자체보다도 장기적으로는 더 큰 과제가 될 수도 있는 것이다.

통일 후
북한 도시개발의 과제

거시적 측면의 과제

북한 도시에 장기적으로 영향을 미칠 거시적 측면의 여건변화에 따른 과제는 인구변화, 기후변화, 기술혁신 등 세 가지 글로벌 트렌드를 중심으로 살펴보았다.

인구 고령화와 인구유출에 따른 과제

남한과 마찬가지로 북한도 인구 고령화가 나타나고 있다. 통일부(2023.10.19 언론 브리핑)에 따르면 2023년 북한의 인구는 2,616만 명으로 오는 2034년부터 인구감소가 예상된다고 한다. 유엔인구기금의 '세계인구전망 2022' 보고서를 보면 2023년 북한의 합계출산율(가임기 여성 1명이 낳는 자녀 수의 평균) 추계는 1.79명이다. 같은 보고서에서 한국의 합계출산율 추계는 0.88명이다. 지난 2002년에 이미 '고령화 사회'(65세 이상 노인 인구 비율 7%)에 진입한 북한은 2023년 65세 이상 인구가 12.2%로 추정되며, 오는 2028년에 '고령 사회'(65세 이상 노인 인구 비율 14%), 2039년에 '초고령 사회'(65세 이상 노인 인구 비율 20%)에 진입할 것으로 예상된다.[7]

이러한 인구 고령화는 통일 후 북한지역 개발에 커다란 제약 요인으로 작용할 수밖에 없을 것이다. 이러한 고령화와 인구감소는 특히 중소도시와 농촌 지역에서 더 심각한 문제가 될 가능성이 높다. 향후 북한지역의 도시개발에 있어서 주택과 기반시설 건설에 이러한 고령화와 인구감소문제를 충분히 대비할 필요가 있다. 통일 독일의 경우에도 주택과 기반시설의 과잉공급, 빈집과 유휴시설 정비가 커다란 문제가 된 바 있다.

이러한 고령화, 인구감소와 더불어 통일 초기에 북한의 도시에 있어서 커다란 도전이 될 요인은 젊은 계층의 인구유출 문제이다. 많은 전문가가 통일 후 북한지역으로부터 남한지역으로의 노동력 이동을 예상하고 있으며, 이러한 인구유출은 북한의 도시들에게 커다란 도전이 될 것이다. 통일 독일의 경우에도 구 동독 주요 도시들에서 구 서독으로 젊은 층과 의사 등 전문기술인력을 중심으로 인구이동이 발생하였다. 인구유출이 적은 계층은 주로 체제전환과정 적응에 취약한 중·장년 및 노년층이었다. 향후 북한 도시들에서도 통일 후 젊은 계층의 인구유출에 따른 도시 성장 잠재력의 약화가 큰 과제가 될 것이다.

남한으로 이동하는 인구 규모는 통일의 시기와 방식, 남북한 간의 소득 격차 등 여러 가지 요인에 따라 달라지겠으나 기존 연구들에 의하면 50만 명에서 450만 명 규모로 다양하게 예측한다. 통일 시 경제 정치적 상황에 따라 남북한 간 심리적 거리와 기대소득에 대한 인식에 영향을 미칠 것이며, 이러한 요소로 인해 인구이동에 대한 규모가 상당히 다르게 나타날 것이다. 남기찬·민성희(2014)는 북한경제가 연평균 15% 이상의 급성장을 한다는 시나리오하에서도 북한지역으로부터 남한지역으로 246만 명이 이주할 것이라는 연구결과를 발표한 바 있다.[8] 기존 북한 인구의 10% 이상이 남북 간 인구이동을 통해 감소할 가능성이 있다는 것이다. 물론 이러한 인구유출에 저출산, 고령화 추세가 가세 할 경우 북한 도시들의 인구감소 폭은 더 커질 수밖에 없을 것이다.

인구의 고령화와 인구유출과 함께 산업구조 전환도 북한지역 내 도시 간에 명암을 드리울 가능성이 높다. 통일 후 북한지역 내에서 남한의 수도권과 인접한 개성과 해주, 사리원 등 황해남북도의 주요 도시들, 평양과 남포 등은 인구가 증가할 가능성이 있다. 신의주와 원산, 나선 등 관광 및 무역도시로서의 발전 잠재력이 큰 도시들도 인구 성장이 예상된다.

반면에 북한 동부지역에 있는 함흥과 청진 등의 중공업 도시는 인구감소가 예상된다. 향후 북한에서 본격적인 개혁과 개방이 진행될 경우, 현재 중공업 중심의 도시들은 산업구조 조정과정에서 기타 도시들보다 상대적으로 더 많은 과제를 안게 될 가능성이 높다. 반면에 경공업을 주요산업으로 가진 중소도시들은 수출형 경공업이나 서비스 부문으로의 산업구조 전환과정에서 상대적으로 더 적은 과제를 안거나 오히려 도시발전에 기회를 갖게 될 것으로 예상된다. 이것은 도시의 인구에 큰 영향을 미치게 될 것이다.

도시의 인구변화는 도시의 지경학적 입지 잠재력과도 긴밀하게 연결될 것으로 예상된다. 도시의 입지 측면에서는 외국과의 교류에 유리한 입지를 가진 도시들이 상대적으로 체제전환 과정에서 상대적으로 유리한 위치에 놓일 가능성이 높다. 특히 항만이나 공항을 가진 도시들이 도시발전에 유리한 위치에 놓일 것으로 판단된다. 북한의 중소도시들 가운데에서는 서울-평양-신의주 축 상의 중소도시들이 서울-

원산-청진-나선 축 상의 중소도시들보다 인구이동에 따른 피해를 적게 볼 가능성이 높다. 우리 수도권과 중국을 연결하는 경의 축 상의 경제발전이 러시아 쪽을 연결하는 경원 축 상의 경제발전보다 높을 것으로 예상되기 때문이다.[9] 따라서 경의 축 선상의 도시들에서 장기적으로 인구증가가 예상되는 것이다. 통일 이후 서울과 평양지역은 하나의 경제권으로 통합되면서 장기적으로 메가 수도권을 형성하게 될 것으로 예상된다.[10]

통일 후 북한 도시들에서의 인구 고령화나 인구감소문제는 주택과 인프라의 공급에도 큰 영향을 미치게 될 것이다. 따라서 통일 후 추진될 토지의 사유화와 기업의 민영화 과정에서 이러한 인구구조 변화를 감안하는 것이 중요하다. 빈집이나 유휴 인프라가 발생하지 않도록 도시개발을 추진해야 한다.

기후변화에 따른 과제

현재 북한은 매년 만성적인 자연재해로 인해 큰 피해를 보고 있다. 압록강과 두만강 등 주요 하천유역의 도시들은 큰 홍수피해를 겪고 있으며, 앞으로 이러한 피해는 더 커질 가능성이 높다. 이러한 측면에서 기후위기 대응은 북한 도시들이 미래에 해결해야 할 가장 중요한 도전 가운데 하나가 될 것이다.

북한의 국토는 1990년대 극심한 경제난으로 산림자원이 황폐화되고, 토양의 유실과 오염도 심각한 상황이다. 산림 및 하천관리가 제대로 되지 않아서 매년 홍수피해가 반복되고 있는 실정이다. 북한이 2021년에 UN에 제출한 지속가능발전에 대한 자발적국가보고서(VNR)에서도 자연재해의 위협을 명시하고 있으며, 재해에 대한 복원력 향상이 주요 과제이다. 조림과 수질보전, 기반시설 복구 등에 힘을 쏟아서 전국적 범위의 재난과 위기관리체계를 강화하고 재난 대응능력을 높여야 한다"고 향후 계획을 제시하고 있다.[11]

북한의 도시들은 기후위기 대응을 위해 탄소중립 관련 과제를 어떻게 수용해 갈 것인지도 커다란 과제가 될 것이다. 통일 후 북한지역의 개발을 신속히 진행하기 위해서는 기존 에너지와 생산체계의 정상화가 필요한데, 이것이 탄소중립의 실천이라는 통일국가의 핵심 과제 추진에 걸림돌이 될 수도 있다. 기존의 화력발전소 정상화와 제조업체 가동 정상화와 탄소중립 실천 간의 상충을 극복하기 위한 정책적 준비가 필요하다.

북한과 같은 저개발국가들에게 있어서 선진국이 추진하는 탄소중립과 같은 목표의 실천은 버거운 과제가 아닐 수 없을 것이다. 경제발전을 위한 투자의 효율성이라는 원칙과 지속가능성의 원칙이 충돌할 수밖에 없는 것이다. 경제발전과 지속가능발전이라는 두 마리 토끼를 잡기 위한 현명한 해법이 준비되어야 할 것이며, 또한 국제사회에 통일 후 북한지역의 탄소중립 실천에 대해서 특수한 상황임을 감안해서 한시적인 이행 유예 등의 양해를 구하는 방안도 검토할 필요가 있다.

기술혁신에 따른 과제

통일 후 북한 도시들이 맞게 될 커다란 도전 가운데 하나는 기술혁신에 대한 대응이다. 1989년 차우체스크 정권이 붕괴할 당시 루마니아의 혁명 도시 가운데 하나였던 인구 32만 명의 티미쇼아라(Timisoara)는 사회주의 체제하의 중공업도시에서 첨단산업도시로 변모하였다. 전 세계 도시에서 여행하듯 살면서 지정된 공간이 아닌 카페, 식당, 공유사무실, 임시숙소 등 원하는 장소에서 일을 하는 디지털 유목민(Digital Nomad)들이 전 세계 190개 국가의 총 1천 300개의 도시를 평가한 결과 티미쇼아라(Timisoara)는 우수한 디지털 인프라[12]와 저렴한 물가 그리고 쾌적인 환경으로 6위에 올랐다고 한다. 베를린(28위), 서울(33위), 애틀랜타(44위) 그리고 런던이 50위인 것을 감안[13]하면 체제전환국의 중소도시가 이룩한 성과를 주목하게 된다. 도시의 성패에 있어서 기술혁신의 중요성을 티미쇼아라가 보여주고 있다.

통일 독일의 경우에 구 동독에서는 구 서독보다 더 빠른 속도로 광통신망이 구축되었다고 한다. 통신 분야의 경우 중간 수준의 단계를 건너뛰어 최첨단 인프라를 구축하는 것이 가능했던 것은 그만큼 구 동독의 인프라가 열악했기 때문이다. 북한지역의 경우에도 통일 후 ICT 분야에서 남한지역보다 앞서가는 인프라를 구축하게 될 가능성이 있다. 이러한 급격한 기술혁신의 충격을 북한 사회가 수용해 낼 수 있는 역량을 구축하는 것도 중요하다.

특히 탄소중립과 같은 기후위기 대응을 위해 에너지와 산업생산부문에서 기술혁신을 적절히 접목하는 문제는 대부분 북한지역 공업도시들에게 쉽지 않은 숙제가 될 것이다. 디지털 전환(digital transformation)을 통해 지속가능한 경제를 구축해 가는 것도 어려운 과제가 될 것이다. 순환경제, 지속가능한 에너지, 생물다양성, 지속가능한 생산·소비 등 지속가능한 경제를 만들어가는 데 북한의 도시개발이 중요한 역할을 해야 하는 것이다. 디지털 전환과 같이 기술혁신이 진행될 경우 토지이용과 인프라 공급을 집약적으로 하는 콤팩트시티(compact city)와 같은 도시개발이 중요한 역할을 하게 될 것이다. 통일 후 북한의 도시개발이 탄소중립과 지속가능발전목표에 맞게 진행되도록 전략을 마련하는 측면에서 콤팩트시티 조성방식도 고려할 필요가 있을 것이다.

북한의 도시개발에 있어서 혁신적 기술이 어떠한 순서로 어떻게 적용되어야 할 것인지에 대한 준비가 지금부터 이루어질 필요가 있다.

현재 북한의 지역 간 디지털기기 보급은 큰 차이를 보이고 있다고 한다. 통일부에 따르면, 평양 주민의 휴대전화 보급률이 70%를 웃돌지만, 지방에서는 그 절반 이하에 그쳐 지역 간 격차가 극심하다고 한다.[14] 따라서 통일 후 북한의 지역 간, 도시 간 기술혁신의 균형을 구축하는 것도 중요한 과제가 될 것이다.

미시적 측면의 과제

미래의 어느 시점에 통일이 되었을 때 도시개발의 영역에서 어떠한 과제가 제기될 것인지를 미시적 측면에서 살펴보고자 한다. 미시적 측면에서 도시개발 과제들은 크게 물리적 개선 측면과 제도적 측면 그리고 인적 역량 강화 측면 등 세 가지 영역에서 살펴볼 필요가 있다.

도시의 물리적 여건 개선 측면의 과제

북한이 UN에 제출한 VNR에서도 지적한 바와 같이 주택 및 식수 문제 해결은 주민들의 건강과 도시의 물리적 생활여건 개선 측면에서 가장 우선적으로 고려해야 할 부분이다. 특히 식수 문제는 식량문제와 함께 생존에 있어서 가장 중요한 과제라고 할 수 있다. 식수 문제의 해결을 위해서는 먼저 양적 측면에서 수원지로부터 최종 소비지까지의 안정적인 도수관로를 확충하는 것이 중요하다.

현재 북한의 상수도망은 노후로 인해 누수 문제와 위생 문제가 심각한 실정이다. 질적인 측면에서는 정수시설의 확충도 시급한 과제이다. 특히 도시지역에서 현대적인 정수시설의 확충이 우선적으로 필요한 실정이다. 정수시설 등이 제대로 가동되기 위해서는 안정적인 전력공급이 필요한데, 북한의 에너지난 때문에 정수시설의 정상가동에도 제약이 많은 실정이다.

북한 도시의 식수공급 개선 과제

구분	이슈	내용
용수공급 여건개선	오염된 식수의 수질 개선	북한의 열악한 상하수도 환경과 정수시설의 미흡으로 식수오염 문제의 심각성이 제기되어 있어서 식수의 수질 개선 필요
	노후한 상수도 관거의 개량 및 추가적인 상수도망의 건설	노후하여 누수가 심한 상수도 관거 개선이 필요하고 추가적인 관거 건설이 필요
	취약한 정수시설의 개선	노후하고 기계식 시설이 미흡한 정수장시설의 현대화 추진
하수 처리시설 개선	기존 하수관거의 개량 및 추가 건설	노후한 하수도관의 현대화와 추가 건설을 추진
	하수정화시설의 개선	노후한 하수정화시설의 현대화 추진
상하수도 분야 제도통합	상하수도관련 각종 용어 및 기준, 제도 통합	상하수도분야의 기술통합을 위한 용어 및 기준의 통합과 제도적 통합 추진

주택부족 문제는 식수 문제와 함께 도시지역에서 해결해야 할 가장 시급한 과제이다. 국내 관련 연구기관들의 연구결과를 종합해 보면, 북한의 주택보급률은 대략 80% 내외로 추정되고 있다. 기존 주택들이 상당 부분 노후화되었기 때문에 신규 주택의 공급문제는 매우 시급한 과제가 아닐 수 없을 것이다. 김정은 정권이 진행 중인 국가경제발전 5개년계획에서도 평양 5만 호 건설 등 주택공급 확대를 중요한 과제로 설정하고 있다. 평양 등 대도시지역에 붕괴 및 화재 위험이 있는 노후 주거지의 정비가 시급하며, 향후 새로운 주거지 개발이 추진될 필요가 있다. 다만, 청진, 함흥 등 인구감소가 예상되는 동부지역 대도시들의 경우에는 빈집 발생의 위험성 등을 감안해서 주택공급이 이루어질 필요가 있다.

도시의 물리적 생활여건 개선 측면에서 교통시설의 확충도 중요한 과제이다. 북한도 SDG 달성을 위해 공공 교통수단의 생산을 늘리고 도로와 철도를 현대화하여 국민에게 편리한 교통수단을 제공 하는 세부목표를 설정한 바 있는데, 이를 위해서는 우선적으로 노후한 도로와 철도의 시설 현대화를 추진할 필요가 있다. 이와 함께 부족한 버스 등 대중교통수단을 공급하기 위한 노력이 필요하다.

도시지역에서의 방재도 중요한 과제이다. 하수시설과 배수시설의 노후와 부족으로 매년 수해가 발생하고 있으며, 경사지 토사 붕괴로 인한 재해 위험도가 높은 실정이다. 특히 산악지역이 많은 북한의 지형적 특성상 내륙과 동부지역 도시의 산사태 위험도가 높은 실정이다. 이를 위한 방재 시설의 확충이 시급한 과제이다.

통일 후 북한의 물리적 여건 개선을 위한 도시개발과정에서 소홀하게 다루어질 가능성이 있는 과제 가운데 하나가 역사문화자원의 관리라고 할 수 있다. 체제전환의 혼란기에 역사문화자원의 보존에 대한 관심이 적을 가능성이 높기 때문이다. 따라서 통일 직후부터 개성, 평양 등 역사도시의 문화자원에 대한 실태조사와 관리 방향 설정이 필요하다.

통일 독일의 경우에도 통일 후 시행된 각종 도시정비사업에서 역사문화자원에 대한 복원과 보존에 대한 계획을 수립하여 시행한 바 있다. 이러한 자원들이 도시의 관광자원으로서 큰 역할을 하였다. 또한, 사회주의 초기에 건설된 건축물들도 역사적인 가치와 문화관광상품으로서의 가치가 있을 수 있기 때문에 별도의 관리가 필요하다. 통일 후 북한 도시들이 육성해야 할 주요 성장산업이 관광산업이라는 측면에서, 도시역사문화자원의 복원 및 관리는 매우 중요한 과제가 될 것이다.

제도통합 측면의 과제

시장경제체제하에서 도시개발이라는 행위 자체는 개인의 권리와 도시라는 공동체의 의무 간의 상호작용을 전제로 한 것이다. 통일 후 북한에 개인의 재산권이 형성되어 간다는 것을 전제로 할 때 가장 먼저 다루어질 과제는 도시 내 토지와 주택의 소유권 확립 문제가 될 것이다. 이와 함께 도시개발 행위에서 발생할 개인 재산권 보상의 문제, 이와 관련된 토지가격 평가의 문제 등도 우선적으로 검토될 과제이다.

토지소유권 처리 및 단계적 사유화: 통일 이후 북한의 도시개발에 있어서 가장 우선적인 과제는 토지와 주택의 사적 소유권 확립 문제이다. 전면국유화, 집단적 소유화되어 있는 북한지역의 토지와 주택의 처리문제는 원소유권반환, 보상 후 공공임대제, 사유화 등의 대안을 둘러싼 많은 논의가 있다. 어떤 대안을 선택하더라도 완벽한 처리방안이 되기는 어려우나, 남북합의 도출의 가능성, 통일재정의 적절성, 북한 주민의 안정적 정착지원 등의 관점에서 볼 때, 단계적인 사유화 방안이 가장 합리적일 수 있다.

북한의 토지 주택 사유화를 위한 목표 및 정책 방향 설정 시 시장경제화 촉진, 북한경제의 효율적 회복 지원, 사회적 정치적 안정에 기여 등을 고려해야 할 것이다. 또한, 앞에서도 언급한 바와 같이 인구고령화와 인구감소라는 인구 구조적 변화를 고려한 사유화의 추진이 필요하다. 콤팩트시티와 같이 여건변화를 고려한 도시개발방식이 원활하게 진행될 수 있도록 사유화를 추진하는 것도 고려할 필요가 있다.

특히 중요한 것은 한반도 전체의 종합적 발전구상하에서 토지·주택의 사유화 전략 및 추진을 도모하는 것이다. 장기적으로 한반도가 지향해야 할 비전과 발전전략을 수립하고 이에 따른 북한개발 방향을 정립하고 이러한 장기구상하에서 트지 및 주택의 소유권 처리방안을 모색하는 것이 중요한 것이다. 그리고 사유화의 범위와 방식에 대한 다양한 정책 시뮬레이션을 통해 비용을 최소화하고 효과를 극대화할 수 있는 대안을 도출하는 것도 중요하다.

토지가격의 결정: 통일 후 북한의 도시개발이 원만하게 진행되기 위해서는 사유화와 함께 토지가격의 형성이 중요하다. 남한에서는 감정평가제도를 통하여 부동산 가격을 산정하며 <부동산 가격공시 및 감정평가에 관한 법률>, <공익사업을 위한 토지 등의 취득 및 보상에 관한 법률>, <감정평가에 관한 규칙> 등에 관련 규정 명시하고 있다. 남한의 표준지공시지가는 <부동산 가격공시 및 감정평가에 관한 법률>의 규정에 의한 절차에 따라 표준지를 선정하여 그 적정가격을 책정하고 있다.

현재 북한의 토지가격과 사용료 및 토지사용료 납부규정은 부동산관리법 제5장에 규정되어 있다. 이 법에 따르면, 부동산 가격은 부동산 가치의 화폐적 표현이며 부동산사용료를 기관, 기업소, 단체와 공민이 부동산을 이용하는 대가로 국가 예산에 납부하는 자금으로 부동산 가격과 부동산사용료는 국가가격재정기관이 정하도록 되어 있다.

통일 후 북한의 토지가격을 산정할 경우, 남한의 비교방식을 적용할 경우 비교 가능한 남한의 부동산을 선정하는 데 문제가 존재하며, 남한의 비교대상지를 선택하였다 하더라도 이를 보정하는데 있어서 적용할 수 있는 배율의 선정문제 등이 제기될 수 있다. 하지만, 이 방식은 향후 북한의 시장성 및 효용성을 고려할 때, 가장 주된 방법으로 활용될 수 있을 것이다. 특히 북한의 주택토지, 산업토지 등 건설용부지의 경우 비교방식이 가능할 것이다. 남한과 북한의 지가가 유사한 시점을 기준으로 남한의 토지가격을 기준으로 하고 해당 시점으로부터 통일 시까지의 북한경제 상황 등을 고려하여 적정 수준의 수정·보완하는 방법을 고려할 수 있을 것이다.

현재에도 북한의 주택들의 사용권은 비공식적으로 거래되고 있다. 따라서 이러한 실거래 가격이 충분히 축적될 수 있다면, 북한의 실제 거래사례 자료를 통한 지가 산정도 가능할 것이다. 북한에서 현재 거래되고 있는 주택의 이용권 등에 대한 거래 사례자료의 조사를 통하여 접근성을 바탕으로 한 할인율에 거래사례 방법을 접목하여 개별 필지에 대한 상세한 지가를 산정할 수 있을 것이다.

도시계획 및 개발 분야 제도통합: 통일 후 북한의 도시개발을 위한 제도적 토대를 만들기 위해 우리의 제도와 북한의 기존 제도를 어떻게 통합할 것인지가 관건이 될 것이다. 통일 독일의 경우에는 통일과 동시에 서독의 제도를 동독지역에 적용하는 방식으로 제도통합이 이루어졌는데, 이 과정에서 많은 부작용도 발생하였다. 이러한 측면에서 제도통합은 북한지역의 도시개발 성패를 좌우할 수도 있는 중요한 과제인 것이다. 북한의 도시개발 관련 주요 법률로서는 도시계획법, 도시경영법, 건설법, 토지법, 살림집법 등이 있다.

남한의 주요 도시계획 관련법은 국토의 계획 및 이용에 관한 법률, 도시개발법, 도시 및 주거환경정비법, 택지개발촉진법 등이 있다. 남북한 도시계획 및 개발 관련 제도의 유사점은 기본법-계획관리-부문별로 구성된 기본체계라고 할 수 있다. 남북한의 도시계획은 공통적으로 하위계획이 상위계획에 따라 작성되는 위계적 체계를 갖추고 있다.

남한은 도시·군기본계획, 도시·군관리계획, 지구단위계획의 체계를 가지고 있고 북한은 도시·마을총계획, 세부계획, 구획계획의 체계를 갖추고 있다. 차이점으로서 남한은 광역도시계획이 존재하고 장기개발수요 및 개별사업이 도시 관련 계획에 반영되나 북한은 이러한 계획이 없다. 남한의 도시계획은 장래의 변화를 예측 및 개발수요 파악을 토대로 계획수립을 하나 북한의 도시계획은 예측 및 분석을 토대로 하고 있지 않고 당의 정치적 결정을 토대로 하고 있다.

남한은 도시개발법, 도시 및 주거환경정비법, 택지개발촉진법 등 도시개발과 관련하여 세분화된 제도가 존재하나 북한은 세분화되어 있지 않다. 북한에는 도시개발사업을 별도로 규정한 법이 없이 도시 관련법에서 부분적으로 관련 내용에 대하여 규정하고 있다. 남한은 지방분권화에 맞게 도시계획의 승인권이 자치단체로 이양되었으나, 북한은 중앙집권적 성격이 강하다.

통일 후 남한의 도시 관련 제도를 단계적으로 북한지역에 도입하는 방향으로 제도통합을 추진하는 것이 필요하다. 단계적 통합이라는 것은 한시적으로 북한지역만을 위한 제도적 수단이 필요함을 의미한다. 통일 독일의 경우에도 도시계획법에 해당하는 건설법전에서 한시적으로 동독지역만을 대상으로 한 특별조항을 시행한 바 있다. 제도통합은 기본적으로 우리의 제도를 기준으로 북한 제도의 변화를 도모하는 것이다. 통일 이후 도시개발 분야의 제도통합은 북한지역의 시장화 수준에 맞게 단계적으로 추진할 필요가 있다. 북한지역에서 실제로 지속적인 제도 작동이 가능할 수 있도록 제도통합이 추진될 필요가 있으며, 한시적인 특별법의 도입 등 유연한 제도 운용을 추진할 필요가 있다.

도시개발 분야의 제도통합은 단순히 현재의 남한 제도로 북한지역에 도입하는 것을 넘어서 보다 발전적인 방향으로 추진할 필요가 있다. 통일 후 북한지역의 지속가능한 발전을 뒷받침할 수 있는 선진적인 제도로 통합을 추진할 필요가 있다. 제도통합과정에서 국토개발의 진행 속도와 북한 주민들의 역량을 고려하며 우선순위를 설정할 필요가 있다.

제도통합에 있어서도 제도별로 일시에 통합하기보다는 현실적인 적용이나 운용 가능성을 고려하여 계획수립 및 개발 관련 절차의 통합을 우선 추진하는 것을 고려할 필요가 있다. 제도 간 연계를 고려하여 통합을 추진하는 것도 중요하다. 산업입지개발과 도시개발 등이 상호 연계되어 추진되도록 하는 제도통합 추진도 필요하다.

인적 역량 측면의 과제

통일 후 북한지역에서 도시개발이 제대로 진행되기 위해서는 제도 개선과 함께 이러한 제도를 운영할 행정인력과 관련 전문기술자들의 역량 강화가 필수적인 과제이다. 이와 함께 도시 주민들의 제도 이해 및 실천능력도 중요하다. 현재의 북한 인적 역량을 감안할 때, 도시개발을 위해 필요한 전문적인 지식이나 기술, 주민들의 인식은 크게 부족한 것으로 판단된다.

현재 북한의 도시계획·개발 관련 행정은 내각의 국가건설감독성, 도 인민위원회의 도시경영관리국, 시인민위원회의 도시경영과에서 주로 담당하고 있다. 국가건설감독성은 우리나라 국토교통부에 해당하는 정부 부처로 국토·산업·도시·농촌 등 건설 관계 분야를 일괄적으로 통합 관할한다.

국가건설감독성에서는 전국 국토건설총계획 등을 작성하고 지방의 계획에 대한 가이드라인을 제공하며, 심의·감독하는 역할을 수행한다. 도(직할시) 인민위원회에서는 도시경영관리국에서 도시계획에 관련 사무를 관장한다. 도(직할시) 인민위원회는 도 국토건설총계획과 도시·마을총계획 등을 작성하고, 세부계획과 구획계획을 승인한다.

북한은 도시관리를 건물보수, 상하수도, 원림시설 등으로 구분하여 수행하는데, 제일 상급기관으로 내각의 도시경영성(중앙)이 있고, 그

아래, 각 도에는 인민위원회에 도시경영관리국, 각 시 군에는 인민위원회 도시경영관리부를 두고 있다.[15] 도시경영관리국 산하 도시설계연구소가 도시계획안을 작성한다.

북한의 도시계획·개발은 매우 중앙집권적인 형태로 운영되고 있어, 내각과 도의 역할이 크고 시와 주민은 상대적으로 매우 적은 역할을 담당하고 있는 실정이다. 따라서 통일 후 북한의 도시행정 인력역량 강화 측면에서는 중앙부처 공무원들의 역량 강화부터 추진할 필요가 있다.

통일 후 북한지역의 도시개발이 제대로 진행되기 위해서는 주택과 교통, 환경 등 도시 행정을 분야별로 지금부터 예상되는 업무와 인력의 준비를 추진해야 할 것이다. 통일 후 북한의 도시 행정역량 강화 측

통일 후 북한 도시개발의 과제

구분		추세와 동향	과제
거시적 측면	인구변화	인구의 고령화와 인구감소 북한내 인구증가도시와 인구감소 도시 북한 도시내 젊은 계층의 유출	평양 등 특정지역 집중 인구감소에 따른 빈집, 유휴 인프라 증가 사유화, 민영화에 인구감소! 반영
	기후변화	홍수, 산사태 등 자연재해의 증가	기존의 에너지 및 생산시설 정상화와 탄소중립 실천간의 상충 극복 기후변화 대응을 사유화, 민영화에 반영
	기술혁신	디지털전환 컴팩트시티(compact city)	도시개발에 있어서 집약적 토지개발과 인프라 공급 기술혁신 대응을 사유화, 민영화에 반영
미시적 측면	물리적 개선	상수도망은 노후로 인해 누수문제와 위생문제가 심화 주택, 교통시설 노후 심화 하수시설과 배수시설의 노후와 부족으로 매년 수해가 발생 경사지 토사붕괴로 인한 재해 위험	노후주택 정비 및 신규주택 공급 식수, 하수 기반시설 문제 해결 도시역사문화자원의 복원 및 관리
	제도 통합	이질적 제도체계 사적 소유권 미흡 토지가격 부재	단계적 제도통합 북한지역에 한시적 특별법 운용 토지가격, 보상기준 설정 종합적 발전구상 하에서 토지·주택의 사유화 추진
	인적 역량 구축	인적 역량 부족	공무원 재교육 남측 인력 파견

면에서 우리 측 행정인력의 북한지역 파견이 중요한 과제가 될 것이다. 통일 독일의 경우에는 동독지역 도시에 경험이 적은 젊은 서독지역 공무원들이 파견되어 많은 시행착오를 겪은 바도 있다. 경험이 많은 장년층 공무원들이 동독지역 파견을 꺼렸기 때문이다. 이러한 측면에서 우리는 은퇴한 공무원과 전문가들을 북한지역에 파견하여 북한 인력 역량 강화와 행정역량 구축에 활용하는 방안을 적극 모색할 필요가 있을 것이다.

통일수도 결정

통일 후 북한지역의 국토 및 도시개발에 있어서 핵심이슈가 될 것 가운데 하나는 통일수도이다. 통일 한국의 수도는 당연히 서울이 되어야 한다는 주장과 함께 새로운 통일수도를 건설하자는 주장 등 다양한 의견이 있을 수 있다. 기존의 통일수도 관련 논의를 종합해 보면 크게 두 가지로 구분할 수 있다. 하나는 북한지역의 평양과 같은 기존 도시를 통일수도로 지정하거나 새로운 통일수도를 건설하는 것이다. 다른 하나는 서울을 통일 한국의 수도로 지정하고 균형발전 측면에서 평양 등에 일부 정부 기능을 이전하는 것이다.

통일 후 수도를 이전하는 방안과 서울을 통일수도로 지정하고 일부 기능을 북한지역에 이전하는 방안은 각기 장단점이 있기에 어느 하나가 정답이라고 단정하기는 어렵다. 북한지역의 평양을 통일수도로 지정한다면 북한지역의 안정화와 균형발전에 도움이 되는 효과가 있겠지만 상황에 따라서는 국민적 합의도출이 쉽지 않을 수도 있다. 독일의 경우에 통일 후 베를린으로의 수도 이전에 대해서 베를린이 가진 파시즘의 부정적 인상 때문에 의회에서 가까스로 수도 이전이 결정된 바 있다.

독일의 경우에는 통일 이후 베를린/본-법(Berlin/Bonn-Gesetz)에 따라 10개의 연방 부처는 본에서 베를린으로 이전하고 본에는 6개 부처가 잔류하게 되었다. 베를린으로 이전하는 연방 부처들은 1999년 8월 말까지 이전을 완료하였다. 이들 연방 부처 외에 연방의회 상하원과 연방 대통령실도 베를린으로 이전하였다. 독일의 경우 형식적으로는 베를린과 본에 연방 부처들이 분산되어 있지만, 내용적으로는 베를린으로의 완벽한 수도 이전이 이루어졌다.[16]

결국, 통일 시점의 국민적 합의가 중요하다. 통일 후 통일수도를 결정하기 위한 국민적 합의도출 시에 고려해야 할 몇 가지 기준을 살펴보면 다음과 같다.

첫째, 통일 후 남북 간의 사회경제통합을 촉진하고 균형발전을 추진하는 데 통일수도가 기여해야 한다는 점이다. 둘째, 북한지역의 사회적 안정과 효율적 개발에 기여해야 한다는 점이다. 셋째, 인구감소, 기후변화 그리고 기술혁신이라는 여건변화에 맞는 통일수도이어야 한다는 점이다.

이러한 기준 외에도 통일수도 결정은 통일 당시의 사회경제적 상황에 영향을 받게 될 것이다. 통일 시점의 국내외 경제 상황이 좋다면 새로운 통일수도 건설이나 이전에 대한 여론이 우세할 수 있다. 하지만 그렇지 못할 경우, 막대한 비용문제로 인해 서울을 통일수도로 결정하는 것에 대한 여론이 우세할 가능성이 있다.

독일의 수도 이전 사례에서 우리가 교훈으로 삼아야 할 점들이 있다. 통일 이후 베를린과 본간의 업무협의를 위해 셔틀 항공편도 운행되고 직장을 따라 이주하지 못한 연방 정부직원들이 주말에 본과 베를린을 이동하는 등 적지 않은 비용이 발생하고 있다는 점이다. 베를린으로 이전하는 부처들이 새로운 청사들을 건설하기보다는 기존 시설들을 최대한 활용함으로써 이전비용을 최소화하기 위해 노력하였다는 점도 주목할 필요가 있다. 이러한 독일의 사례는 우리에게 통일 후 어떠한 형태로든 남북 간 정부 기능의 분산이 발생할 경우, 불필요한 비용 최소화를 고려할 필요가 있음을 시사하고 있다.

지속가능한 발전

과거 북한의 도시개발과 관련된 연구에서는 남북한 도시의 물리적, 제도적 격차를 줄이는데, 초점이 맞추어졌다. 노후한 주택과 도시기반시설의 개선, 신규투자를 유치한 공업 및 에너지시설의 현대화, 관광시설 개발 등이 주요 관심 사항이었다. 하지만 이제는 이것만으로는 부족한 시대가 되었다. 이미 시작된 북한의 고령화와 심화되는 기후위기 문제에 어떻게 대응할 것인지, AI 시대에 어떻게 대응해야 할 것인지가 추가로 고민해야 할 중요한 과제가 되고 있다.

과거 북한개발의 기본 패러다임 가운데 하나는 자원의 효율적 배분이었다. 경제 논리에 따라 적은 비용으로 최대의 효과를 올릴 수 있는 개발만을 고려하였다. 하지만 이러한 개발 패러다임은 이제 수명을 다했다. 팬데믹과 기후위기 그리고 극단적인 양극화가 그것을 우리에게 보여주고 있다. 지속가능한 발전을 위해 북한의 도시를 어떻게 개발해야 하는 가는 통일과정에서 가장 중요하게 고려해야 할 숙제가 되었다.

이에 더하여 북한의 도시개발에 있어서 중요한 과제는 북한의 도시들이 개성 있는 매력적인 도시로 발전해야 한다는 것이다. 서울과 비슷한 평양, 인천과 비슷한 남포로서는 미래 동북아 협력과 경쟁의 구도 하에서 북한 도시들에 희망이 없다. 독특한 개성과 매력을 가진 평양과 남포, 청진과 함흥을 만들기 위한 고민이 필요하다.

분당 서울대병원의 지하 1층은 긴 통로로 1동과 2동이 연결되어 있고, 지하 식당가에서 취향대로 점심 메뉴를 고를 수 있다. 1동 지하 1층은 넓고 다양한 상점들이 모여 있다. 편의점, 빵집, 아이스크림 가게, 넓은 식당, 의료기 상점까지 있다. 2동 지하 1층에는 작지만, 개성 있는 샌드위치 가게와 작은 식당이 있다. 미래 통일 한반도의 남북한 도시들은 각각 특색이 있어서 취향대로 선택해서 살 수 있는 곳이 되면 좋을 것 같다.

베르나르 베르베르의 새 장편소설 '『문명』을 구입하면, 세 개의 렌즈가 동봉되어 있다. 빨간색, 초록색, 파란색의 렌즈를 눈에 대고 표지를 보면 색깔에 따라 서로 다른 그림이 나타난다. 빨간색 렌즈로 보면 그리스 신전이 부각되어 보이고, 초록색 렌즈로 보면 두 마리의 고양이 얼굴이 부각되어 보인다. 마지막으로 파란색 렌즈로 보면 맨눈으로는 보기 어려웠던 열기구 모습이 나타난다.

북한을 바라보는 시각도 비슷하다. 부정적인 렌즈로 보면 핵무기와 전쟁의 그림자가 보이고, 긍정적인 렌즈로 보면 통일 한반도의 밝은 미래가 그곳에 있다. 인구감소와 저성장, 기후위기 그리고 팬데믹은 북한을 바라보는 새로운 렌즈를 우리에게 제공해주고 있다. 그동안 핵문제에 가려져 왔던 북한의 가치를 재발견하는 것이 필요할 것이다. 지속가능한 생명공동체를 한반도에 실현하기 위한 단초를 지금의 북한에서 발견하는 것이 중요하다. 통일 후 북한지역 개발을 인구문제,

기후위기, 저성장문제를 극복하는 기회로 활용하는 적극적 인식 전환이 필요하다. AI시대 북한 도시개발은 실험적 도시개발방식의 창출을 위한 실험무대가 될 수도 있을 것이다.

통일시대의 북한 도시개발을 위해 우리가 준비해야 할 일이 많다. 정교한 정책수단과 제도적 대비, 그리고 인적 역량의 구축을 위해 지금부터 비용을 지불해야 한다. 통일의 길을 가는 데 공짜는 없다. 미래 통일시대에 지속가능한 도시개발을 위해서는 지금부터 비용을 치러야 한다. 지금의 지출은 통일시대를 위한 든든한 저축이 될 것이다.

04

북한도시의 지속가능 발전목표(SDGs)

임용호

지속가능한 북한 도시개발의 필요성

우리는 얼마 전까지 코로나19로 인한 사회·경제 시스템의 붕괴, 높은 인플레이션, 생활패턴의 급격한 변화 등을 목도(目睹)하였으며, 이러한 현상은 현재도 진행중이다. 도시는 편리한 생활과 경제활동의 중심지이나 보건 및 환경 위기에 대한 취약성을 여실히 드러냈고 이는 앞으로 우리가 어떤 도시의 미래상을 구상하고 무엇을 준비할 것인가에 대한 질문을 제기한다. 이것은 통일 한반도의 도시를 구상함에 있어서도 중요한 의미를 갖는 데 정치·사회적인 급격한 변화로 인한 불확실성에 대비하고 사회적 비용을 최소화할 수 있으며 시민의 안전하고 행복한 삶을 책임질 수 있는 도시가 필요하기 때문이다.

도시는 2021년 전 세계 인구의 56%가 거주하고 있고 2050년에는 68%가 거주할 것으로 예상되는 주거지이며(UN Habitat. 2022), 세계 GDP의 80%를 생산하는 반면 전 세계 에너지의 2/3를 소비하고 온실가스의 70% 이상을 배출하고 있다(World bank, 2023). 이는 도시가 현재뿐만 아니라 미래에도 인간 삶의 중심 공간이 될 것이며 도시의 경쟁력이 곧 국가의 경쟁력이 됨을 의미한다. 하지만 적절하게 관리되지 않는 도시는 기후변화를 가속시키고 재난재해, 팬데믹 등에 대한 취약성을 노출함으로써 피해를 확산시키고 삶의 질을 낮출 수 있다. 또한, 앞으로 도시 토지 면적은 선진국의 경우 인구감소로 인해 현재와 비슷하거나 축소되는 반면 저개발 국가에서는 지속적으로 증가하여 도시관리 부실로 인한 피해를 가중시킬 수 있다.

통계청에 따르면 북한의 도시화율은 2021년 기준 62.64%로 전 세계 도시화율의 평균보다 높으며 2050년에는 74.15%로 증가할 것으로 추정되었다. 도시인구의 급격한 증가는 인프라에 대한 과부화, 집중적인 자원소비로 인한 환경오염 문제를 심화시킬 수 있다. 또한, 무계획적인 도시확산 현상(urban sprawl)으로 인한 환경파괴 및 도시공간의 슬럼(slum)화로 주거환경을 악화시키는 등 사회적·환경적·경제적 피해를 줄 수 있다. 이뿐만 아니라 도시 원주민과 이주민 간 갈등으로 인한 차별과 소외 등으로 사회통합의 장애물로 작용할 수 있다.

통일 후 예상되는 북한의 도시화 문제를 해소하기 위해서는 도시 성장으로 인한 사회·환경·경제에 대한 부정적 영향을 최소화시킬 수 있는 도시계획 역량이 중요하다. 북한 도시의 확장은 정해진 미래이므로 이러한 도시확장 수요에 대해 대응할 수 있고 환경적으로도 건강하며 균형적인 발전을 가능하게 하는 도시계획이 필수적이기 때문이다. 도시는 인간의 활동과 환경 및 인프라 등이 얽혀 있는 복잡도가 높은 공간이며 각각의 요소는 서로 영향을 주고받기 때문에 유연하고 통합적인 접근이 필요하다. 이러한 도시의 특성을 고려할 수 있고 정의롭고 평등하며 친환경적인 도시계획 수립을 가능하게 하는 가장 최선의 방법은 도시계획에서 지속가능한 발전목표(Sustainable Development Goals, 이하 SDGs)를 주류화(mainstreaming)하는 것이다. SDGs는 2015년 163개 유엔 회원국이 만장일치로 채택한 사람, 번영, 환경, 평화, 파트너십을 위한 약속이며 목표, 이행수단 및 후속 조치를 위한 프레임워크를 제공하고 있어 통일 후 예상되는 북한 도시의 문제를 해결하고 지속가능한 발전을 이룰 수 있도록 할 수 있다.

본 연구는 통일 후 예상되는 북한 도시문제 해결과 지속가능한 발전을 위하여 SDGs 기반의 도시계획과 거버넌스를 제시하는데 목적이 있다. 이를 위해 북한 도시의 현황과 도시화의 문제점에 대해 검토하고 이에 대응하기 위한 SDGs를 주류화한 도시계획 방법은 무엇이 있는지를 살펴보았다. 마지막으로 이를 위한 거버넌스 방안을 제안하였다.

북한의 도시와 도시화

북한의 도시 현황

북한은 약 28개의 주요 도시가 있으며 내륙에 낭림산맥과 함경산맥 등이 있어 대부분의 도시는 서부 평야지대와 동부해안에 위치하고 있다. 북한의 인구는 2023년 기준 25,783천 명으로 인구가 많은 도시는 평양, 청진, 함흥 순이다(북한통계포털, 인구(2023)). 북한은 국토계획법 제11조 2항에서 "도시 규모를 너무 크게 하지 말아야 한다", 토지법 제14조 2항에서 "도시의 규모를 너무 크게 하지 말며 작은 도시형태로 많이 건설하도록 한다."로 명시하여 대도시보다 중소도시 형태를 선호하는 것으로 보인다. 수도인 평양이 약 3백 22만 명으로 인구가 가장 많으며 이외에 백만이 넘는 도시는 없고 30만 명이 넘는 도시도 9개에 불과하다.[1]

북한의 도농인구변화를 살펴보면 1967~1968년에 이미 도시인구수가 농촌인구수를 넘어섰다. 도농인구수 비율은 1975년 이후로는 완만하게 격차가 벌어지다가 2008년 이후로는 20% 이상 차이가 벌어

북한 주요 도시 분포와 인구수 (2023년 기준)

도시명	인구	비율
평양	3,222,000	12.32
함흥	559,056	2.14
남포	455,000	1.74
순천	437,000	1.67
흥남	346,082	1.32
개성	338,155	1.29
원산	329,207	1.26
청진	327,000	1.25
사리원	310,100	1.19
신의주	288,112	1.10

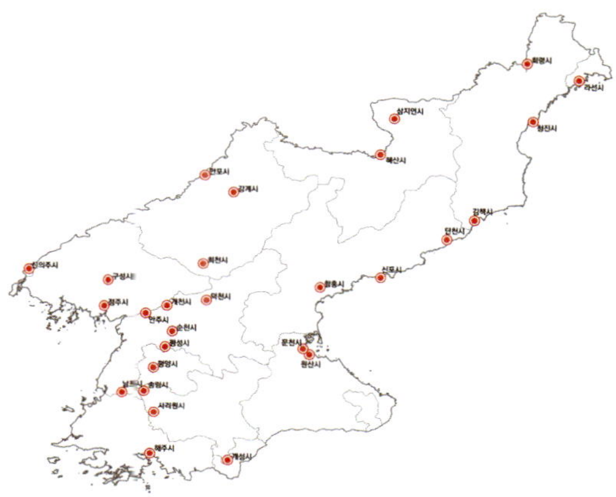

출처: 통계자료: Worldometers. 2023.

북한의 도시화에 따른 인구변화

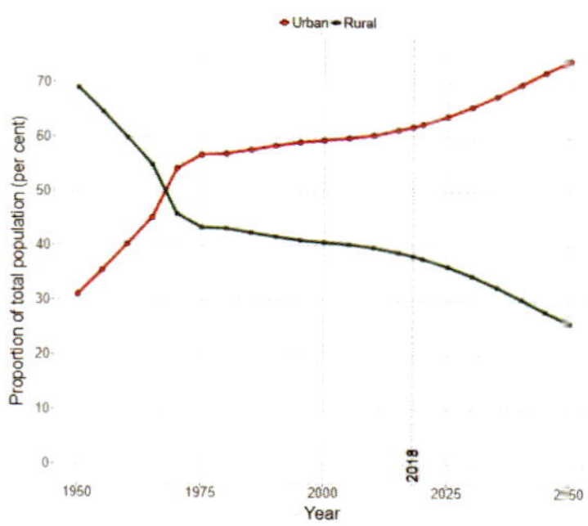

북한의 도시와 농촌의 인구 비율

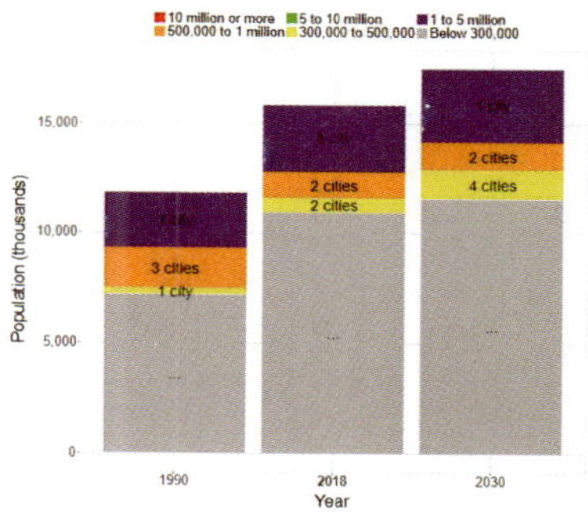

도시 규모별 인구수

출처: United Nations, Department of Economic and Social Affairs, 2018.

졌으며 2050년에는 48% 이상 차이가 날 것으로 예상됨에 따라 도시 확산현상이 심화될 것으로 판단된다. 특히 인구 만 명 이내의 소규모 도시의 수가 크게 증가될 것으로 예상되므로 이에 대한 적절한 도시계획과 관리방안 마련이 필요하다.

북한 인구의 분포를 살펴보면 2010년에는 높은 산지와 급경사면 등을 제외한 거의 모든 지역에 인구가 거주하고 있으나 2015년에는 지역의 중심도시로 인구가 집중되고 있으며 그 주변으로는 인구공동화가 나타나는 걸 볼 수 있다. 2019년에는 이러한 인구집중이 더 두드러졌으며 내륙지역은 인구가 거주하지 않는 지역이 크게 늘어났다. 지역별로 인구 증감을 파악하기 위하여 2010년과 2015년, 2015년과 2019년의 인구수 변화를 살펴보았다. 2010년과 2015년의 인구수의 변화는 북쪽 내륙의 인구감소가 눈에 띄며 특히 개마고원 일원과 마천령산맥

북한 인구분포 시계열 변화

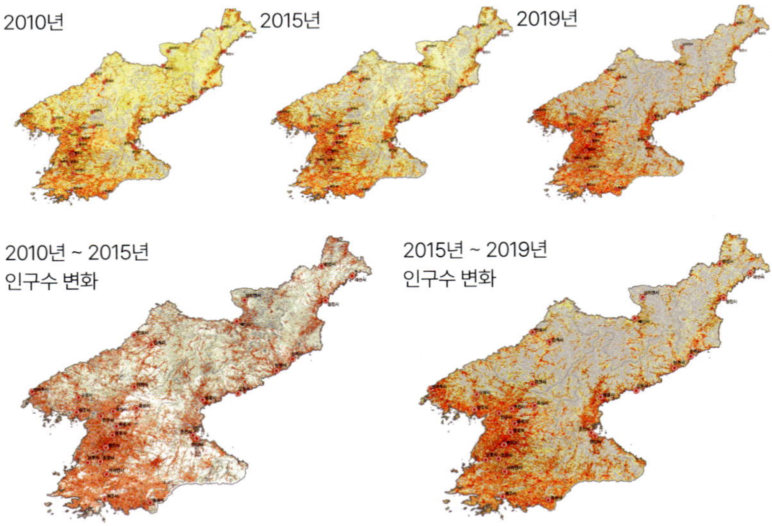

출처: 임용호 외, 2022. 수정

일원의 인구가 크게 감소하였다. 2015년과 2019년의 인구수 변화는 도시 주변부에서 도시 중심부로의 인구집중이 나타나 도시 확산보다는 도시 성장의 특징이 나타난다. 이러한 도시로의 인구집중은 인프라 부담을 가중시키는데 북한과 같이 도시 인프라가 부족한 경우에는 이를 더욱 악화시킬 수 있다. 또한, 취사 및 난방을 위한 땔감 수요 증가로 인한 벌채로 산림황폐화가 발생할 수 있고 홍수, 전염병 등 재난재해에 더 취약해질 수 있다.

북한의 도시화 관련 이슈

통일 이후 북한 도시에 대한 적정한 계획을 수립하기 위해서는 북한 도시화 과정에서 발생할 수 있는 문제를 검토하고 이에 대한 대응 방안을 마련하는 것이 중요하다. 북한의 도시화 문제는 일반적인 도시화 문제, 북한과 같은 저개발 국가에서의 도시화 문제, 남북통일을 따른 도시화 문제로 나누어 살펴보았다. 물론 이러한 분류로 도시화 문제가 명확히 나뉘는 것은 아니며 여러 문제가 복합적으로 발생하기도 한다. 하지만 남북갈등으로 인해 북한 도시에 대한 연구가 어렵고 통일이 언제 이루어질지 모르는 시점에서는 모든 도시화에서 발생하는 일반적인 문제들과 북한의 사회·경제적 특성으로 인한 도시화 문제, 마지막으로 남북통일로 인해 발생할 수 있는 도시화 문제를 조사함으로써 좀 더 구체적이고 입체적인 접근이 가능하다.

일반적인 도시화 문제로 인구과밀이 있다. 인구가 모이면 양질의 노동력을 싼 가격에 이용할 수 있어 경제발전과 부를 축적할 수 있는 원동력이 된다. 또한, 단위 인프라 당 이용률을 높여 인프라 투자의 효율성도 확보할 수 있다. 그러나 도시가 포용할 수 있는 인구 이상이 밀집하게 되면 인프라 과부화 및 부족, 주택부족 등을 유발하여 인프라의 유지보수 비용을 높이고 주택가격을 상승시킴으로써 사회적인 문제를 야기한다. 병원과 같은 필수 인프라의 부족과 적절치 않은 주거환경은 코로나19와 같은 보건위기 등에 취약할 수밖에 없다.

또한, 단위 면적 당 높은 에너지 사용은 환경의 자연정화 능력을 초과하여 환경오염을 유발하고 폐기물의 급격한 증가는 수거 및 처리의 어려움으로 인해 건강에 해로운 영향을 미칠 뿐만 아니라 대기·토양·수질 오염의 원인이 될 수 있다. 실업률로 인한 문제도 발생하는데 과잉 노동력의 공급은 노동의 가격을 하락시키고 경쟁을 심화시킴으로써 양질의 일자리 창출에 악영향을 미친다. 경쟁에서 밀려난 노동자는 더 싼 가격에 노동을 제공하거나 소득원을 잃게 됨으로써 빈민층으로 전락할 위험이 있는 등 사회 계층분화가 나타나고 심할 경우 양극화 현상도 나타날 수 있다.

저개발국 도시화의 문제점으로는 빈곤이 있다. 도시는 농촌보다 더 많은 부를 얻을 기회를 제공하지만, 기회가 경제적·사회적·공간적으로 불평등하게 주어짐에 따라 빈곤층은 지속적으로 빈곤에 재노출되는 악순환을 가져온다. 이러한 빈곤과 기회의 불평등으로 인해 빈민가(slums)가 형성되며 악순환됨에 따라 빈민가는 빈곤과 불평등을 고착화시키는 공간적 표현이라 할 수 있다(DESA, 2020). 저개발국의 급속한 성장은 무분별한 도시의 확장(urban sprawl, 이하 스프롤)을 유발함으로써 공공서비스와 인프라 공급이 따라가지 못하게 됨에 따라 도시 거주자에게 최소한의 삶의 질을 보장할 수 없게 된다.

또한, 빈민가와 스프롤의 확산은 재난재해 시 더 큰 피해를 입게 되고 비위생적 생활환경과 의료서비스에 대한 접근성이 낮아짐에 따라 도시민의 건강에 악영향을 미친다. 적절하지 않은 식수의 음용(飮用)으로 인한 문제도 있는데 하수도 시설이 갖춰져 있지 않은 지역은 생활폐수가 지하수와 하천을 오염시켜 수질을 악화시키고 콜레라, 장티푸스 등의 수인성 질병의 원인이 된다. 이러한 문제에 대응하기 위해서는 적절한 도시계획과 재정투자가 필요하나 저개발국가의 재정역량이 부족하기 때문에 국제사회와의 협력이 필요하다.

통일을 따른 도시화의 문제점은 급진적 체제변화로 인한 도시 내, 도시 간 갈등과 배척 등으로 사회 혼란이 유발될 수 있다. 특히 북한 주민의 경우 이동이 자유로워짐에 따라 급격한 인구이동이 이루어질 수 있고 이는 접경도시나 대도시에서 인구과밀로 인한 문제점을 유발할 수 있다. 인구이동 문제는 매우 중요하게 다루어질 필요가 있는데 인구가 유출되는 지역은 인구 공동화 및 지역소멸의 위험이 있고 인구가 유입되는 지역은 인구과밀에 의한 문제가 발생하기 때문이다.

남북 주민 간 구별하는 인식의 장벽 문제도 고려해야 한다. 독일은 통일된 지 30년이 넘은 현재도 Mauer im Kopf (인식의 장벽)가 진행형이다. 이는 서독 주민의 동독 주민에 대한 우월감 및 동독 주민은 2등 시민으로 인식하는 것으로 물리적 장벽으로 베를린장벽이 있었다면 인식의 장벽이 Mauer im Kopf 라 할 수 있다. Brunner & Heydemann(2021)의 연구에서는 동독인의 42%가 여전히 '2등 시민'으로 대우받는다고 인식하는 것으로 나타나 영토적 통합보다 인식적 통합에 더 긴 시간이 걸리고 어렵다는 것을 알 수 있다.

정체성의 차이로 인한 갈등도 발생할 수 있다. 남한 국민은 자유주의, 민주주의, 시장경제를 기반으로 사회화되고 정체성을 형성한 반면 북한 주민은 전체주의, 사회주의, 독재사상하에서 사회화되고 정체성을 형성함에 따라 생각과 인식에 근본적인 차이가 있다. 이러한 정체성의 차이를 좁히기 위해 노력하지 않는다면 이는 차별과 배제로 이어져 사회적 갈등의 원인이 될 수 있다. 형평성 갈등도 발생할 수 있는데

북한의 도시화에 따른 발생 가능한 문제점

구분	내용			
일반적인 도시화 문제	인구과밀	인프라 부족	주택부족	보건위기
	환경오염	폐기물	실업률	지역격차
저개발국의 도시화 문제	빈곤	스프롤 (sprawl)	빈민가 (slums)	위생/의료
	도시공해	재난재해	식수	개발비용
통일 후 도시화 문제	급진적 체제변화 (사회 혼란)	인구이동	Mauer im Kopf	정체성
	소유권 분쟁	불평등	빈부격차	형평성 갈등

출처: 저자 작성

북한 주민은 통일을 따른 남한 대비 북한경제 격차 축소 기대에 대한 불만족, 우리나라 국민은 북한지역과 남한지역 간 재정지출의 비율 등에 대한 형평성에 문제를 제기할 수 있다. 이외에도 부동산 소유권 문제와 빈부격차로 인한 문제가 있을 수 있다.

시사점 및 대응방안

통일 후 북한 도시개발을 위해 우선 고려해야 할 사항으로는 인구이동에 따른 도시의 인구과소로 인한 문제이다. 통일 이후 북한 주민의 대규모 이동이 발생한다면 도시화 문제를 악화시킬 수 있다. 통일 후 북한 주민의 이동은 필연적이라 할지라도 소규모, 단기적인 이동 후 안정화된다면 문제에 대처하기가 용이할 수 있으나 장기적인 이동이 대규모로 발생할 수 있다. 이로 인한 인구과밀 지역은 도시화 문제가,

통일 독일의 (구)동독 지역과 (구)서독지역의 인구이동

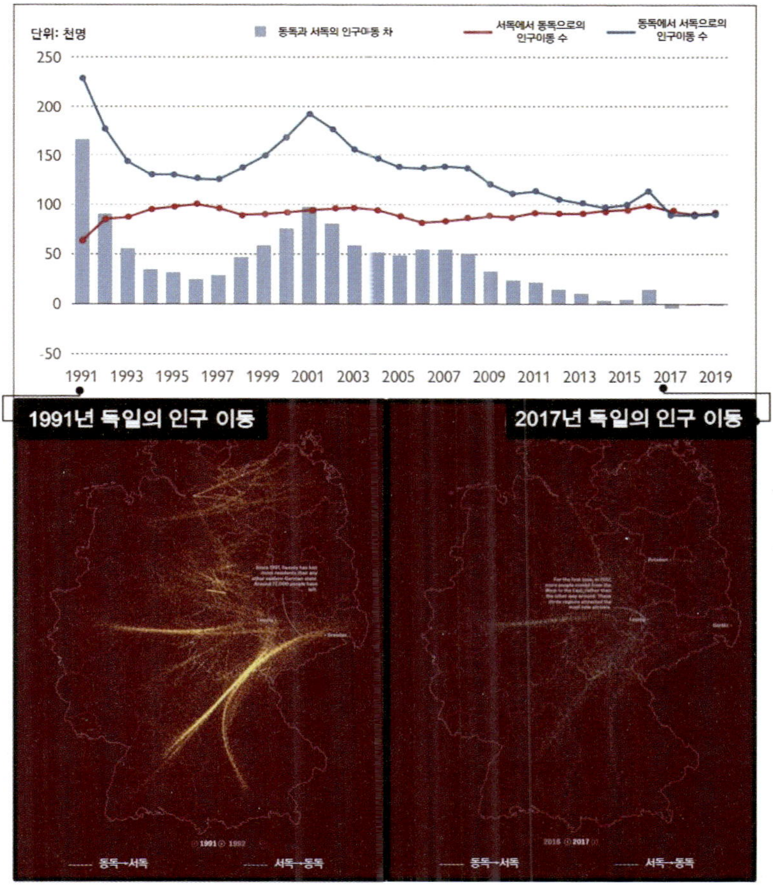

출처: 도표: Brunner&Heydemann, 2021., 지도: The Millions Who Left. https://www.zeit.de/politik/deutschland/2019-05/east-west-exodus-migration-east-germany-demography?utm_referrer=https%3A%2F%2Fwww.google.com%2F (최종검색일: 2023.9.10

인구유출 지역은 노령화와 지역소멸 문제가 대두되는 등 도시양극화가 발생할 수 있다. 이러한 문제에 대응하기 위해서는 독일 통일 과정에서 나타난 인구이동 사례를 참조할 필요가 있다.

독일의 경우 1990년에 통일된 후 2017년까지 거의 30년 가까이 (구)동독 지역에서 (구)서독 지역으로 인구유출이 지속되었다. 1991년의 인구이동을 살펴보면 서독의 대도시와 접경도시로의 인구이동이 주로 일어나며 동독으로의 인구이동은 상대적으로 적었다. 인구유출의 주원인은 일자리와 교육, 생활환경이었으며 남성보다 여성의 유출률이 더 높았다(Glorius, 2010). 젊은 층의 이주는 동독의 노동력 손실과 소비위축에 따른 산업 붕괴, 고령화 등의 원인이 되었으며 특히 가임기 여성의 유출로 출생률이 낮아져 인구감소와 경제를 위축시키는 악순환이 계속되었다. 독일 정부는 동독 주민의 이탈을 막기 위해 통일 비용 중 사회보장성 지출에 49.2%를 투입(현대경제연구원, 2010)하였음에도 불구하고 대규모 인구이동을 막을 수 없었다. 동독의 인구 유출은 2017년에 와서야 처음으로 역전이 나타났으며 라이프치이, 포츠담, 고르리츠 세 지역에 가장 많이 유입되었다. 이중 대학도시인 라이프치히로의 인구이동은 교육수요를 반영한 것이라 할 수 있다. 이상과 같이 통일 후 북한 도시개발을 위해서는 지역 일자리(산업) 제공, 필수 인프라 공급이 중요하고 특히 여성의 사회적 참여 보장과 이에 대한 지원이 필요하다. 이에 더해 북한의 대다수 도시로 예상되는 만 명 이내의 소규모 도시 특성 또한 고려할 필요가 있다.

Mauer im Kopf, 정체성 갈등 및 불평등을 해결하기 위하여 포용적(inclusive) 도시를 지향해야 한다. 이를 위해서는 빈곤과 빈부격차 해소가 중요하나 이것만으로는 인식의 장벽을 허무는 것이 어려울 수 있다. 빈곤과 빈부격차에만 집중하기보다는 차별과 배제를 조장하는 공간적·사회적·경제적 요인들에 대한 다차원적인 접근이 필요하다. UN Habitat(2022)는 도시의 포용성을 위해 토지, 주택 및 인프라에 대한 접근성을 강화하는 공간적 차원, 권리와 참여를 보장하는 사회적 차원 및 공평한 기회 제공을 통한 경제적 차원으로 다차원적인 접근의 필요성을 강조하였다. 북한의 도시 포용성을 위해 또 한 가지 고려해야 할 사항은 보편적 가치이다. 통일 후 북한 주민은 자신들의 정체성과는 상당히 이질적인 자유주의, 민주주의, 개인주의 등과 직면하게 되고 이는 가치 갈등을 동반하게 된다. 가치 갈등은 가치가 다른 집단 간에 서로를 배제하게 함으로써 협력과 화합을 어렵게 한다. 이러한 문제를 해결하기 위해서는 북한 도시개발에 관련된 다양한 이해관계자들(북한 주민, 남한 정부 및 국민, 국제사회, NGO 등)의 공통된 가치, 즉 보편적 가치를 우선하여 협력할 필요가 있다.

이상기후로 인한 가뭄과 홍수 등의 재난재해가 더 빈번하고 강력하게 발생하고 있고 코로나19 등의 보건위기도 더 자주 발생할 것이며 국제정세의 변동성으로 인한 공급망 붕괴 등의 위험도 있을 것으로 예상된다. 이러한 사회적·경제적 충격은 광범위한 영향력을 가지며 완전히 예방할 수 없으므로 충격이 발생한 이후 신속히 이전의 상태로 되돌아올 수 있는 회복력(resilience)이 중요하다. 기후변화에 영향을 줄 수 있는 모든 분야에서 책임 있는 소비와 생산의 비중을 높이고 코로나19와 같은 보건위기에 대비하여 인구밀도를 높이는 집약적인 공간개발에서 녹지와 공원 등을 적절하게 배치하는 환경친화적인 공간개발, 도시경제에서 단일 산업에 대한 의존도를 낮추고 다양한 산업육성을 통해 변동성에 의한 충격을 흡수하고 완화할 수 있도록 해야 한다. 이는 기존의 최대 효율성 또는 이윤 극대화를 추구하던 도시개발에서 벗어나 사회·경제·환경 및 제도 분야에서 최대의 회복력을 확보할 수 있는 도시개발로의 전환을 의미한다.

빈곤 해결, 인프라 공급 등을 위한 재정문제 및 실업문제 등을 해결하기 위해서는 도시의 경제성장이 중요하다. 미래의 도시경제는 스마트 기술에 의해 주도되는 지식기반산업이 될 것이므로 통일 후 북한 도시경제도 이에 대응할 수 있도록 해야 한다. 다만 이러한 기술혁신에 의한 지식기반산업은 디지털 취약계층(고령층, 농어민, 장애인 등)에 대한 사회적 불평등을 악화시킬 수 있고 개인정보 침해 등의 문제가 발생할 수 있으므로 사람 중심의 혁신(people-centered innovation)과 제도적 지원방안이 함께 추진할 필요가 있다. 또한, 북한의 도시경제에서 고려해야 할 사항으로 도시-농촌 상호연계와 비공식 경제가 있다. 도시-농촌 상호연계는 도시가 농촌의 식량 생산, 자원 등에 의존하고 있음에도 불구하고 도시화로 인해 농촌에 대한 차별과 배제가 없도록 도시와 농촌을 하나의 연속체로 간주하는 것이다. 특히 북한경제는 농업에 대한 의존도가 높고 소규모 도시의 경우 배후지의 농촌과 밀접한 관계를 맺고 있으므로 도시-농촌 상호연계는 북한 도시경제 성장에 중요한 역할을 할 수 있다. 비공식 경제는 취약계층의 경제활동과 관련성이 높은데 고용이 불안정하고 정부가 세금을 부과하지 않는 일자리를 의미한다(예: 장마당 상인, 돈주의 투자 등). 비공식 경제는 취약계층이 경제활동에 참여할 기회를 제공하고 낮은 가격에 생산과 서비스를 제공하며 공식 경제와의 연결을 통해 도시경제를 탄력적이고 회복력 있게 만드는 데 기여할 수 있다.

이상에서 살펴본 바와 같이 통일 후 북한 도시개발을 위해서는 사회·환경·경제에 대한 통합적 접근과 포용성, 보편성, 회복력 등을 기반으로 한 도시계획이 필요하다. 이를 가능하게 하고 강력한 거버넌스를 제공하는 발전 개념으로서 SDGs가 있다.

통일 후 북한 도시개발을 위한 SDGs[2]

UN SDG의 개념 및 특징

UN SDGs는 UN 163개국이 만장일치로 동의하고 약속한 지속가능발전을 위한 17개 목표이다. 지속가능발전이란, 미래세대의 필요를 충족시킬 수 있는 능력을 손상시키지 않으면서 현재 세대의 필요를 충족시키는 발전을 의미한다(UN, 1987). 지속가능발전을 위해서는 경제성장, 사회통합, 환경보호가 중요하며 상호 연결되어 있으므로 조화롭게 추진해야 한다. 이는 환경적 지속가능성을 달성하지 않으면 사회적, 경제적 지속가능성을 달성할 수 없으며 사회적, 경제적 지속가능성을 달성하지 않고는 환경적 지속가능성 또한 달성하는 것이 불가능 때문에(Kahn, 1995) 지속가능발전을 위해서는 경제·사회·환경에 대한 통합적이고 균형 있는 접근이 필요하다. SDGs의 이러한 개념은 사회·환경·경제에 대한 통합적 접근을 필요로 하는 통일 후 북한 도시개발에 적합한 발전 개념이라 할 수 있다.

SDGs는 사람, 번영, 지구환경, 평화, 파트너십을 위해 17개 목표, 이행수단, 후속조치를 위한 프레임워크를 제공한다. 개발도상국의 빈곤퇴치가 목표였던 MDGs(Millennium Development Goals)와 달리 SDGs는 모든 국가를 대상으로 사회·환경·경제에 대한 통합적 접근을 강화하고 광범위한 거버넌스를 기반으로 한다. SDGs는 Leave No One Behind 라는 보편성, 사회·환경·경제 간 통합성, 이러한 통합적 접근으로 외부의 충격을 흡수하고 이전 상태로 신속하게 돌아오는 회복탄력성 등을 특징으로 가진다. 또한, SDGs는 이행방안으로 국제규범 및 표준과의 조화, 형평성과 비차별 준수, 적극적이고 실질적인 참여 보장, 강력한 책임 메커니즘을 적용하였다(임강택, 2022). UN SDGs는 사회·환경·경제를 주요 분야로 16개 목표를 분류할 수 있고 목표 17 파트너십은 3가지 주요 분야에 공통적으로 적용되는 목표이다. SDGs의 이러한 특징은 포용성과 보편성, 회복력을 중요시하는 통일 후 북한 도시개발에 체계적이고 전략적인 접근을 가능하게 한다. UN SDGs는 전 세계적으

지속가능발전의 경제-사회-환경의 상호 연계성

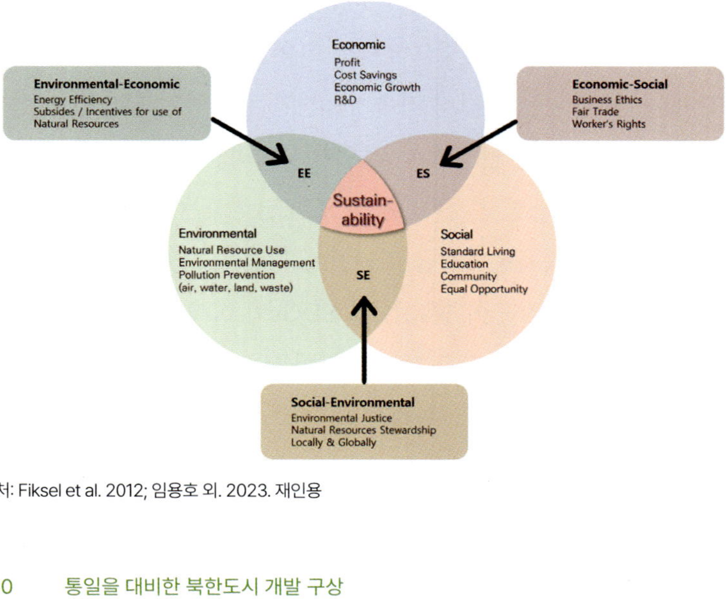

출처: Fiksel et al. 2012; 임용호 외. 2023. 재인용

UN SDGs의 세 가지 주요 분야(pillars)와 목표

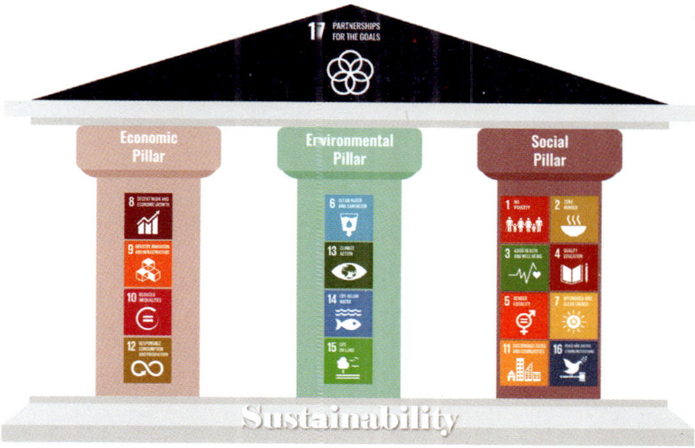

출처: 임용호 외. 2023.

로 22,508개의 사업을 추진하고 있으며 선진국(high income country), 중진국(upper middle country), 개발도상국(lower middle income country), 저개발국(low income)으로 나누었을 때 SDGs의 평가 지표가 가장 빠르게 상승하는 국가는 개발도상국(0.61%), 저개발국(0.55%), 중진국(0.42%), 선진국(0.36%) 순이다. 이는 SDGs를 기반으로 북한 도시개발을 하게 되면 사회·환경·경제에 대한 큰 폭의 이점이 있음을 의미한다.

북한 SDGs의 주요 내용 및 특징

북한은 2021년 북한의 SDGs 전체 내용을 담은 자발적국가검토보고서(VNR)를 UN 고위급정치포럼(HLPF)에 보고하였다. 북한의 SDGs는 북한에 맞게 수정·보완되어 17개 목표, 95개 세부목표, 132개의 지표로 구성되어 있다. 북한은 SDGs를 국가개발목표(National Development Goals, NDGs)와 연계하여 SDGs 이행의 연속성을 확보하고자 노력하였다. 그러나 SDGs를 주류화(mainstreaming)하여 국가계획에 통합해야 하지만 정

치적 목적을 우선하였다. 이러한 형태의 SDGs와 국가개발계획과의 연계는 정책에 미치는 영향이 미비하고 관련 정책을 마련하였다는 정도의 의미(Mahesti·Tarek, 2022, 재인용)만을 갖는다. 그럼에도 불구하고 국가 차원에서 국제사회의 가치와 협력체계를 수용했다는 점에서 의의가 있다.

북한 도시개발과 가장 연관성이 높은 SDGs는 목표 9 인프라와 산업과 목표 11 도시가 있다. 북한의 SDGs는 저개발국과 개발도상국의 발전에 중점을 둔 UN SDGs와 내용이 유사하다. UN SDGs 9.3인 소액금융 관련 내용은 빠져있으며 이는 금융서비스에 대한 북한 정부의 높은 관심에도 불구하고 경제 특성상 금융서비스가 활성화되지 못했기 때문으로 판단된다. 북한은 SDGs 전반에 걸쳐 인프라 공급과 현대화를 강조하고 있으나 재정 소요가 큰 분야인 만큼 북한 스스로 하기에는 어려움이 있음에도 불구하고 공적개발원조(ODA)관련 내용은 제외하였다. 이는 대북제재로 인프라 분야의 국제협력이 어렵다고 판단되었기 때문으로 보인다.

목표 11은 주거, 대중교통, 도시계획, 재난재해, 대기오염 및 폐기물, 도시환경에 대한 내용을 제시하였다. 목표 11도 UN SDGs와 유사하나

PRK-SDGs 목표 9. 과학 기반 국가 경제수립 및 인프라 현대화

세부목표	지표
9.1 경제 발전과 복지를 지원하기 위해 안정적이고 지속 가능하며 복원력 있는 인프라를 개발한다.	9.1.1 사계절 도로의 2km 이내 농촌 인구 비율
	9.1.2 운송 수단별 승객 및 화물 수량
9.2 경제 발전과 주민의 일상적 물질 수요를 충족시키기 위해, 국내 생산을 통하여 다면적이고 포괄적인 경제 구조를 지속적으로 개선하고 완성한다.	9.2.1 GDP 대비 제조업 부가가치 비율
9.4 2030년까지, 자원 사용 효율성을 높이고 깨끗하고 환경적으로 건전한 기술과 산업 프로세스를 더 많이 채택하여, 인프라 현대화 및 산업 개보수로 지속 가능한 산업으로 전환한다.	9.4.1 GDP당 CO2 배출량
9.5 2030년까지, 과학기술 발전 및 연구자 수 지출을 꾸준히 늘리고, 과학기술이 사회경제 발전에서 주도적인 역할 감당한다.	9.5.1 GDP 대비 연구개발비 지출 비율
	9.5.2 인구 백만 명당 연구자 수

출처: 임용호 외. 2023. 재인용

취약계층을 지원하는 내용은 빠져있고 대신 '모든 사람'이라는 보편적 접근을 하고 있다. 도시는 사회·경제·환경이 공존하는 복잡도가 높은 공간인 만큼 타 분야와의 협력이 중요하다. 예를 들어 11.5의 도시 홍수에 대응하기 위해서는 내수배제 시설(인프라)의 설치가 필요한데 북한의 전력사정을 고려하여 빗물펌프장보다는 고지배수로[3]를 통한 홍수 예방을 할 수 있다.

북한 SDGs는 북한에서 필요로 하는 도시 관련 수요를 알 수 있다. 이러한 내용은 통일 후에도 유용할 수 있어 북한 도시개발 계획에 이를 반영할 필요가 있다.

PRK-SDGs 목표11 사람들에게 보다 풍요롭고 만족스러우며 문명화된 삶을 영위할 수 있는 조건과 환경

세부목표	지표
11.1 2030년까지, 모든 사람이 적절하고, 편리하며, 위생적이고, 문명적인 주거 및 생활 환경에 접근할 수 있도록 보장한다.	11.1.1 공유주택에 거주하는 가구 비율
11.2 2030년까지, 모두에게 안전하고 접근 가능하며 지속 가능한 교통 시스템을 이용할 수 있도록 하며, 특히 대중교통을 확대하여 도로 안전을 개선한다.	11.2.1 대중교통 이용이 편리한 인구 비율
11.3 도시 기본계획을 기반으로 현대식 주택과 거리 건설을 강화하여 풍족하고 문명화된 생활조건과 환경을 제공한다.	11.3.1 인구증가율 대비 토지소비율 비율
11.4 세계문화자연유산 보호 및 보전 노력을 강화한다.	11.4.2 자연보호구역 수
	11.4.3 천연기념물 수
11.5 2030년까지, 물 관련 재난을 포함한 재해로 인한 사망자 및 영향자 수를 크게 줄이고, GDP 대비 직접적인 경제적 손실을 크게 감소시킨다.	11.5.1 인구 10만 명당 재해로 인한 사망자 및 실종자 수
	11.5.2 재해로 인한 GDP 대비 직접적 경제 손실
11.6 2030년까지, 대기질, 시군 및 기타 폐기물 관리에 각별히 주의를 기울이는 등 도시의 1인당 환경영향을 감소한다.	11.6.1 도시별, 발생한 전체 고형 폐기물 대비 정기적으로 수집되고 적절하게 최종 배출되는 폐기물의 비율
	11.6.2 도시의 연평균 미세입자 물질 수준
11.7 2030년까지, 모든 사람에게 문화 및 여가 활동을 위한 충분하고 훌륭하며 현대적인 기반을 구축한다.	11.7.1 공공용으로 개방된 도시 건축 면적의 평균 점유율
11.a 국가 및 지역 발전계획을 강화하여 도시, 주변 도시, 농촌 간의 긍정적인 경제적, 사회적, 환경적 연계를 지원한다.	11.a.1 도시 거주 인구 비율
11.b 2020년까지, 포용성, 자원 효율성, 기후변화 완화 및 적응, 재해 복원력에 대한 통합된 정책과 계획을 채택하고 실행하는 도시 수를 대폭 늘리며, 모든 수준에서 전체적인 재해위험 관리를 개발하고 이행한다.	11.b.1 국가 재해 위험 감소 전략
	11.b.2 국가 전략에 따라 채택된 지역 재해 위험 감소 계획의 비율

출처: 임용호 외. 2023. 재인용

통일 후 SDGs 기반의 북한 도시개발

통일 후 북한 도시개발 추진전략

북한 도시개발에서 SDGs의 주류화

북한 도시개발 계획에서 SDGs의 주류화란 계획과 정책 수립, 이행과 평가 전반에 걸쳐 SDGs를 우선 고려하는 것을 의미한다. SDGs는 지속가능발전을 위한 프레임워크로서 앞서 제시한 북한 도시화에 따른 문제점과 미래 북한 도시개발을 위해 필요한 주요 개념을 체계적으로 도시계획에 반영할 수 있게 한다. 또한, 정책적 일관성과 재원 및 거버넌스 등을 기반으로 효과적인 도시계획의 이행을 가능하게 하고 모니터링 및 평가 결과를 계획과 이행에 반영함으로써 선순환적인 도시개발이 가능하다.

UN은 SDGs의 주류화를 지원하기 위하여 32개의 UN 기관으로 이루어진 UN 개발그룹(United Nations Development Group, UNDG)을 구성하고 MAPS(주류화(Mainstreaming)-가속화(Acceleration)-정책 지원(Policy

SDGs 주류화 기반의 국가계획 수립 프로세스

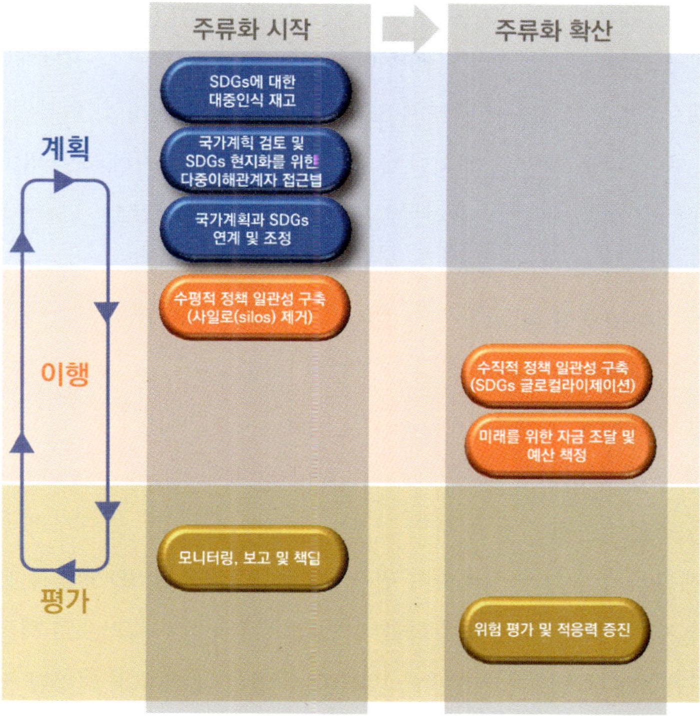

출처: UN, 2017

Support)) 접근법에 따라 국가를 지원하고 있다(UN, 2017). MAPS의 주류화는 SDGs를 개발 계획에 통합하고 예산을 반영하는 단계이다. 가속화는 주류화 과정에서 확인된 우선순위 영역에 국가 및 유엔의 자원을 집중하고 추진하는 영역 간 시너지(synergy)와 상쇄(trade off)효과를 고려한 통합적 접근을 추진하며 평가, 재원조달 및 파트너십을 지원하는 단계이다. 마지막으로 정책 지원은 유엔이 보유한 기술과 전문성을 적시에 가장 효율적으로 제공하는 단계이다. MAPS가 효과적으로 작동하기 위해서는 의회, NGO, 민간부문 등과의 파트너십 구축이 필요하며 모니터링과 평가를 통하여 추진 결과에 대한 책임감을 부여할 수 있도록 해야한다. 또한, SDGs 주류화에서 가장 기반이 되는 데이터 구축이 필요하다.

통일 후 북한 도시개발에서 SDGs의 주류화는 포용성, 회복력, 성평등과 불평등 개선을 계획단계에서부터 이행과 평가에 이르기까지 내재화할 수 있게 한다. 또한, 보편적 가치에 대한 협력을 강화함으로써 가치 갈등을 방지하거나 효과적으로 관리할 수 있다. 이는 SDGs가 MDGs 이전부터 현재에 이르기까지 국제사회에서 인증된 보편적 가치이기 때문이며 보편적 가치는 원활한 의사소통을 가능하게 하는 공유된 언어(Schwartz·Bilsky, 1987)로써의 역할을 하기 때문이다.

SDGs를 주류화할 때 주의할 점은 기존의 계획에 SDGs를 맞추려고 하거나 선택적인 수용을 하면 안 된다는 것이다. 이는 도시계획 수립 시 계획의 우수성을 강조하기 위해 피상적인 내용의 SDGs를 인용하거나 기존 계획의 목적을 강화할 수 있는 목표만을 선택적으로 적용한 계획은 SDGs의 가치와 장점을 발휘할 수 없기 때문이다. 이러한 문제를 해결하기 위해서는 개발 계획 구상 단계부터 SDGs를 기반으로 해야 하며 국가 또는 지역의 특수성을 너무 강조하기보다는 SDGs에 맞춰 최대한 수용하되 SDGs에 포함되지 않는 부분만을 추가하는 형태로 계획을 수립할 필요가 있다.

사회·환경·경제발전에 대한 통합적 접근

사회, 환경, 경제 분야는 상호불가분의 관계가 있으며 상호 성장이 없으면 발전에 한계를 나타내는 특징이 있다. 따라서 사회, 환경, 경제 분야는 어느 한 분야라도 뒤처지지 않고 균형발전을 할 수 있도록 해야 한다. 이를 위해서는 SDGs 추진 시 추진하는 목표 간의 영향력을 과학적으로 측정하고 평가하여 시너지는 확대하고 상쇄 관계는 최소화하는 방안이 필요하다.

이에 관한 연구로 Zhou & Moinuddin(2017)이 있다. 이 연구에서는 국제협력 시 SDGs 목표 간 인과관계가 있음을 제시하는 선행연구 검토와 전문가 및 이해관계자 조사를 통하여 UN SDGs 169개 세부목표 간 인과관계를 조사하였다. 인과관계 결과를 기반으로 국가 SDGs 시계열 통계데이터를 이용하여 세부목표 간 상관관계 분석을 하여 169×169 세부목표 인과관계 매트릭스를 구축하였다. 이 매트릭스를 이용하면 어떤 세부목표가 다른 세부목표에게 시너지를 주는지, 아니

PRK-SDGs의 세부목표 간 Synergy-TradeOff (169×169)

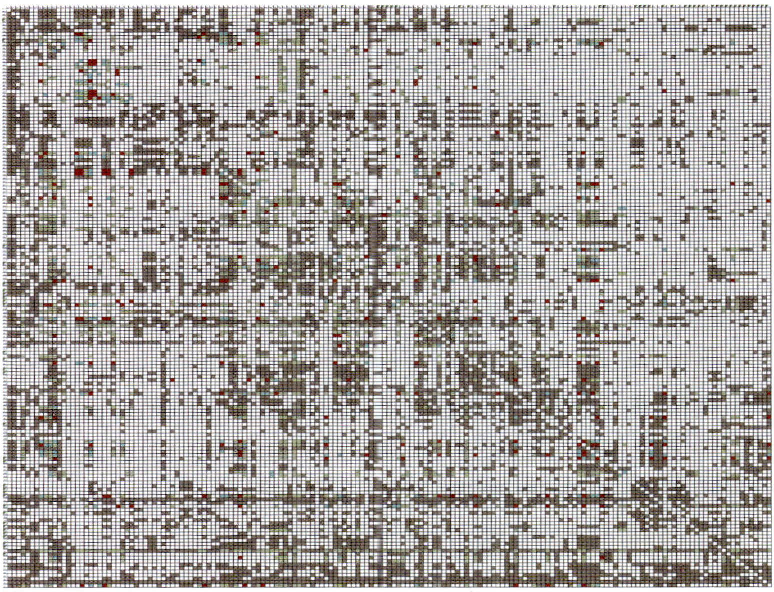

범례: [-1~0.7], (-0.7~0.7), [0.7~1] 데이터 없음

주: 상관관계 값은 [−1, 1] 사이의 값을 가지며 −1 이상 −0.7 이하는 강한 음의 상관관계, 0.7 이상 1 이하는 강한 양의 상관관계로 분류

출처: 임용호 외, 2023.

면 상쇄 관계가 있는지에 대한 정보를 쉽게 파악할 수 있다. 이러한 분석을 북한에 적용한 연구가 있다(임용호 외 2023). 이 연구에서는 가용한 북한 SDGs 지표별 통계 데이터(2000년~2022년)를 구축하고 Zhou & Moinuddin(2017)의 연구를 이용하여 북한 SDGs 세부목표 간 Synergy-TradeOff 매트릭스를 구축하였다.

SDGs 기반의 북한 도시개발 계획

통일 후 SDGs 기반의 북한 도시개발 계획은 SDGs 주류화와 통계 데이터를 이용한 북한의 SDGs 세부목표 간 영향 관계를 기반으로 중앙정부, 지역정부, NGO, 시민사회 및 지역주민 등 도시개발과 관련된 모든 이해관계자의 참여를 통해 수립하여야 한다. 도시화에 따라 발생할 수 있는 문제에 대한 다양한 의견수렴과 공정한 우선순위 분야를 선정하고 협력하여 해결해 나가야 한다. 이러한 프로세스는 이해관계자 간 이해를 높여 포용사회로의 전환을 가속시키고 이익과 피해가 특정 집단에 자의적 또는 타의적으로 집중되지 않는 '정의로운' 계획을 수립할 수 있다.

통일 후 북한 도시개발은 언제, 어떤 상태로 통일이 되느냐에 따라 상당히 다른 시나리오가 있을 수 있으며 예측하기도 어렵다. 따라서 SDGs를 주류화한 공간계획 중 북한의 도시화에 따른 문제점도 해결할 수 있는 15분 도시(15-minutes cities), Flexible Space, 인간중심의 스마트시티(People Centered Smart City)를 제시하였다.

15분 도시(15-Minutes Cities)

'15분 도시'는 Carlos Moreno 교수가 2016년에 제안한 도시계획 모델로 도보나 자전거로 15분 이상 걸리지 않는 거리에서 모든 기본적인 도시 서비스에 접근할 수 있는 인간중심의 도시를 의미한다. 여기서 기본적인 도시 서비스란 생활, 일, 상업, 의료, 교육 및 오락을 포함하며 이를 위해서는 도시가 근접성, 다양성, 최적 밀도 및 디지털화가 될 수 있도록 도시가 재구성되어야 한다고 제시하였다(Moreno et al., 2021). '15분 도시'에서 15분은 정해진 시간이 아니며 도시와 인구 규모 또는 지역 특성에 따라 달라질 수 있는 유연한 시간이다.

최적의 밀도(density)를 사용하면 시간과 에너지를 많이 소비하는 자동차 없이도 거주자가 모든 필수 요소에 접근할 수 있으며 보건위기와 재난재해에도 효과적인 대응이 가능하다. 근접성(proximity)은 방사형 도로구조를 기반으로 15분 이내에 기본 서비스에 쉽고 빠른 접근을 통해 삶의 질을 향상시킬 수 있으며 이동성과는 다른 개념임을 유

15분 도시 프레임워크

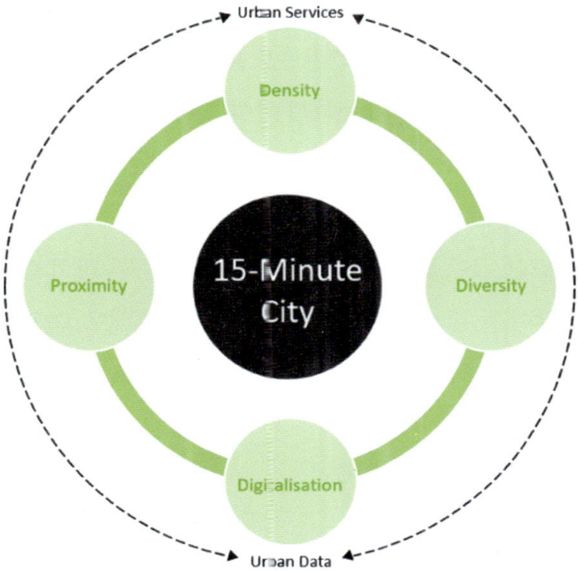

출처: Moreno et al., 2021.

의할 필요가 있다. 다양성(diversity)은 복합용도 공간을 통하여 이동의 필요성을 줄이고 다양한 문화와 사람을 수용하여 상호작용을 향상시킴으로써 도시경제 활성화 및 사회결속을 촉진할 수 있다. 디지털화(digitalization)는 다른 세 가지 구성요소의 실현을 보장하는 요소로서 도시 서비스의 신속한 전달을 가능하게 한다.

'15분 도시'는 북한 도시개발에 있어 소규모 도시계획으로 수용성이 높다. 북한은 인구 1만 명 이상의 도시가 대부분일 것으로 예상되므로 기존 도시에 큰 변화 없이 필수 인프라에 대한 접근성만 강화한다면 통일 후 북한 도시개발을 위한 최적의 공간계획이 될 수 있다. 또한, 15분 도시의 도보 및 자전거를 이용한 이동은 대기오염을 줄이고 대면접촉을 강화함으로써 도시 커뮤니티의 유대감을 강화하고 지역경제를 활성화시킴으로써 사회·환경·경제 전반에 걸쳐 균형적인 발전을 가능하게 할 수 있다. 특히 대면접촉 증대로 인한 도시민 간 유대감 강화는 상호 이해력을 높여 포용적 도시를 조성하는데도 이점이 있다. 또한, 도시의 다양성 강화는 공간활용도를 높여줄 뿐만 아니라 외부 충격에 대한 유연한 대응을 가능하게 하여 회복력을 높일 수 있다. 디지털화도 중요한데 많은 소규모 도시에서 발생하는 데이터와 서비스 요구를 인력으로 해결하는 데는 한계가 있으므로 자동화가 필수적이기 때문이다. 또한, 소규모 도시에 필수 인프라를 구축하고 운영하는 것은 비용이 많이 들 수 있는데 신규 서비스를 자동 배포, 운영 및 관리함으로써 비용을 낮출 수 있고 신규 도시 조성 시에도 복제할 수 있는 장점이 있다.

Flexible Spaces

Flexible Spaces란, 특정 기간에 콘텐츠와 사용자의 필요에 따라 변화하고 적응하는 유연한 도시 공간을 의미한다. 공간의 사용을 영구적으로 엄격하게 구분하는 것이 아니라 인구감소, 경제적 쇠퇴 또는 일회성 요인(계절, 계약 등), 코로나19와 같은 보건 등의 이유로 빈공간이 발생하였을 때 적절한 활용을 통하여 공간에 활기를 불어넣는 공간이용 행위이다. Flexible Space는 자연재해, 경제위기, 인구감소 등으로 인한 빈공간을 효과적으로 활용하여 지역을 활성화하기 위해 지역 커뮤니티를 중심으로 시작하였다. 영구적인 공간이용을 제한하기보다는 빈공간이 발생하였을 때 적절한 활용을 통해 공간활용도를 높일 필요가 있으며 특히 장소의 공공성(공원, 녹지, 쉼터 등)을 높일 필요가 있다. Flexible Space는 도심 밀집 지역에서도 공간의 복합적 활용과 더 신속한 재개발 주기를 촉진함으로써 친환경 건축물 자재 활용 등을 통해 지속가능성목표 달성에도 이점이 있다.(Blinge et al., 2018)

Flexible Spaces의 사례로 호주의 Newcastle이 있다. 뉴캐슬의 경제는 1980년대 후반까지 철강 생산과 석탄 채굴에 크게 의존했는데, 이후 두 산업 모두 급격히 쇠퇴했다. 일자리가 사라지고 주민들은 다른 도시로 떠났고, 뉴캐슬에는 빈 상점과 사무실이 증가했다. 2000년대 내내 자산 가치 하락에 직면한 지역사회와 부동산 소유자의 요구에도 불구하고 투자 부족, 부동산 투기 제약으로 인해 도시의 침체는 계속되었다. 이러한 문제를 해결하기 위하여 미래의 장기 활동이 발생할 때까지 단기적 활동을 생성하기 위해 뉴캐슬 도심의 빈 부동산에 대한 단기 및 중기 용도 창출을 촉진하는 프로젝트인 Renew Newcastle를 시작하였다. 이 프로젝트는 지역주민에 의해 시작되었으며, 공간은 필요하지만, 비즈니스의 위험은 감소하고자 하는 소규모 지역 기업가 및 개인을 유치하는 데 중점을 두었다. 이 프로젝트에 의해 일부 임시 임대에서 장기 상업용 임대로 전환되어 해당 지역에 대한 새로운 비즈니

스가 유치되었다.(Westbury, 2010)

Flexible Spaces가 통일 후 북한 도시개발에서 중요한 이유는 통일이 되면 어떤 규모로든 인구이동은 발생할 것이고 이에 따라 빈공간도 발생할 수밖에 없다. 인구유출로 인한 빈공간의 활용을 어떻게 할 것인가에 따라 지역경제의 회복력에 영향을 미칠것으로 판단된다. 빈공간 문제는 제도적으로 접근할 필요가 있는데 인구유출이 일정 비율을 초과하는 지역은 건물과 토지의 용도를 유연하게 변화시킬 수 있게 함으로써 빈공간에 대한 활용성을 재고할 수 있도록 해야 한다. 또한, 빈공간을 오랫동안 방치하면 벌금을 물린다거나 도시 정원과 같이 공공용도로 활용하도록 개방하는 경우에는 세금을 일정 부분 감면해 주는 형태도 있을 수 있다.

사람 중심의 스마트시티(People Centered Smart City)

기술 중심 또는 도시문제 해결(사후적)을 위한 스마트시티는 지역사회 붕괴나 미래에 발생할 수 있는 새로운 문제에 대한 적절한 대응

북한 도시개발을 위한 사람 중심 스마트시티의 구성요소

출처: 저자 작성

에 한계가 있을 수 있다. 사람 중심의 스마트시티는 도시의 지속가능성, 포용성, 번영 및 인권을 브장하기 위해 기술과 혁신을 보장하는 도시이다.[4] 이를 위해서는 중앙 및 지방정부가 디지털 전환(digital transformation)을 할 수 있도록 기술혁신과 역량개발을 지원하고 취약계층에 대한 디지털 격차를 최소화하도록 저렴한 인터넷 공급 및 기기 지원 등의 정의로운 전환(Just Transition)을 가능하게 해준다.

사람 중심의 스마트시티는 시민의 수요에 적절하게 대응하는 기술과 서비스를 제공할 수 있으며 시민의 수요 파악과 모니터링을 자동화함으로써 신속한 데이터 구축 및 서비스가 가능하다. 또한, 스마트시티의 특성상 도시 기본 서비스 관련 기술은 복제 및 이식이 가능하므로 도시건설 비용을 절약하는데도 기여할 수 있어 '15분 도시'의 디지털화와도 연관성이 높다. 사람 중심의 스마트시티는 환경을 위한 순환경제 및 미래 도시의 핵심 산업인 지식경제를 포함해야 한다.

북한지역 도시개발 거버넌스:
(남)대도시-(북)대도시-(북)중소도시의 삼각협력

UN SDGs 17.9에서는 지속가능발전목표 이행을 위한 국가계획을 하기 위해 삼각협력을 강조하고 있다. 삼각협력은 세 개 이상의 국가가 협력하는 형태로 국가, 국제기구, 시민사회 등 다양한 행위자가 지식과 기술을 공유하며 상호학습을 통해 상호이익을 추구하는 국제협력이다(OECD, 2019). 삼각협력은 촉진 파트너(facilitating partner)-핵심 파트너(pivotal partner)-수혜 파트너(beneficiary partner)로 구성되는데 촉진 파트너는 핵심 파트너와 수혜 파트너를 지원하고 협력을 조율하는 역할을 수행한다. 핵심 파트너는 수혜 파트너가 해결하기 원하는 문제에 대한 지식, 기술, 경험을 가지고 있어 직접 수혜 파트너와 협력을 수행한다. 수혜 파트너는 문제를 해결하고자 하는 파트너이다. 삼각협력에 참여한 국가들은 사회·경제적 발전경로에서 유사한 위치나 경험이 있는 국가들로서 문제에 대한 이해도가 높고 문제 해결을 위한 지식, 기술 등을 갖추고 있어 더 효과적이고 신속한 해결이 가능하다.

이러한 국제협력인 삼각협력의 장점을 지역협력에 대입하여 통일 후 북한지역 도시개발 거버넌스로 구축할 필요가 있다. 통일 후 북한지역 도시개발 거버넌스로의 삼각협력은 도시 기능 또는 도시 수요에 따라 남한의 대도시를 촉진 파트너로, 북한지역의 대도시를 핵심 파트너로, 북한지역의 소도시를 수혜 파트너로 하여 협력하는 것이다. 촉진 파트너와 핵심 파트너는 선진국과 후진국과 같이 이분법적으로 생각해선 안되며 핵심 파트너도 경제성장과 지식·경험·기술의 축적 정도에 따라 향후 촉진 파트너의 역할을 수행할 수 있다. 예를 들어, 조선소 관련 협력을 추진한다면 촉진 파트너로서 남한지역의 거제시(남한 3대 조선사 중 2개의 회사가 입지)와 핵심 파트너로서 북한지역의 남포시(북한지역

통일 후 북한지역 도시개발을 위한 삼각협력(해양도시 산업: 조선소) **예시**

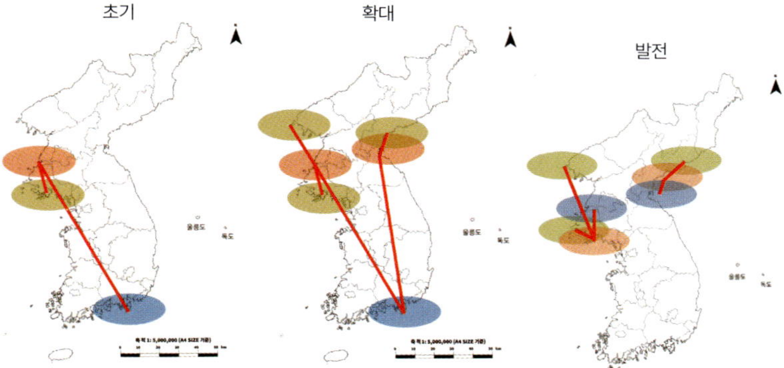

주: ● 촉진 파트너, ● 핵심 파트너, ● 수혜 파트너, - 협력관계

출처: 저자 작성

8대 조선소 중 하나인 남포 조선소 입지) 그리고 수혜 파트너로서 북한지역의 해주시(소형 조선소인 해주조선소 입지)를 삼각협력으로 묶을 수 있다. 거제시가 해주시를 직접 지원할 수도 있으나 두 도시의 격차가 크기 때문에 효과적인 지원이 어려울 수 있다. 이에 거제시는 남포시를 핵심 파트너로 선정하여 남포시가 해주시를 직접 지원할 수 있도록 하되 남포시에게는 인센티브를 제공하는 협력 거버넌스를 구축할 수 있다.

통일 후 북한지역 도시개발 거버넌스로서의 삼각협력은 도시 규모나 기능에 맞게 적절한 파트너 간 협력으로 협력의 효율성을 높일 수 있다는 장점이 있다. 또한, 대도시 중심의 불균형한 개발에서 벗어나 중소도시도 도시개발의 흐름에 참여하게 함으로써 균형발전을 추구할 수 있다. 특히 북한지역과 같이 인구 만 명 이하의 소도시가 많을 것으로 예상되는 북한지역 도시개발에서 삼각협력의 적용은 유용할 것으로 판단된다.

SDGs의 주류화

본 연구는 통일 후 북한지역 도시개발을 위하여 SDGs를 기반으로 한 도시계획과 거버넌스를 제시하였다. 북한지역은 빠르게 도시화되고 있어 인프라 부족과 환경오염 등 다양한 문제가 발생할 수 있다. 이를 미래 북한지역 도시문제의 연장 선상으로 간주하고 일반적인 도시화 문제, 저개발국의 도시화 문제, 통일 후 도시화 문제로 구분하여 검토하였다. 대응 방안으로는 통일 후 대규모 인구이동을 막기 위하여 북한지역 도시에 양질의 일자리와 필수 인프라 공급이 필요하며 특히 가임기 여성의 이탈을 막기 위한 사회참여 보장 및 지원이 필요하다. 정체성 갈등과 가치 갈등에 대응하기 위하여 사회·환경·경제에 대한 통합적 접근을 통한 포용적 도시 조성이 필요하며 초기에는 보편적 가치에 기반한 도시개발이 필요하다. 또한, 기존의 최고 효율성과 이윤에 초점을 맞춘 도시개발에서 벗어나 최대의 회복력을 확보하는 도시개발로 전환돼야 한다. 도시경제는 미래 국가의 경쟁력을 가늠할 수 있는 중요한 분야로 사람 중심의 혁신, 도시-농촌 상호연계와 비공식

경제를 고려해야 함을 제시하였다.

이와 같은 통일 후 북한지역 도시개발에 필요한 주요 요소들을 만족시킬 수 있는 발전 개념으로서 SDGs를 살펴보고 SDGs 기반으로 북한지역의 도시개발을 하게 되면 사회·환경·경제적으로 실질적인 발전이 있을 수 있음을 시계열 통계데이터를 이용하여 분석하였다. 북한 SDGs 중 도시와 연계성이 높은 목표 9 인프라와 산업 및 목표 11 도시를 검토하였다. 이를 통해 북한지역 도시개발에 대한 수요를 파악하였고 국가 차원에서 국제사회의 가치와 협력을 수용했다는 의의가 있으나 정치적 목적으로 인한 SDGs에 대한 선택적 수용은 한계로 나타났다.

통일 후 북한지역 도시개발 추진전략을 SDGs의 주류화와 사회·환경·경제발전에 대한 통합적 접근으로 제시하고 SDGs 주류화의 의미와 이를 위한 프로세스를 제시하였다. 또한, 사회·환경·경제발전에 대한 통합적 접근방법으로서 Synergy-Trade Off 매트릭스 사례로 제시하였다. SDGs를 주류화한 도시개발 계획 방법으로 15분 도시, Flexible Spaces, 인간중심의 스마트시티의 개념과 북한지역 도시개발에 적용하였을 때 예상되는 효과를 분석하였다. 마지막으로 북한지역 도시개발을 위한 거버넌스로 삼각협력을 제안하였다.

통일 후 북한지역 도시의 미래상을 구체적으로 그려보기 위해서는 북한지역 정부 및 전문가, 지역주민의 참여를 통해 수요를 파악하고 미래 도시공간 구조와 디자인을 도출할 필요가 있으나 남북 갈등으로 개념적인 접근만 이루어진 한계가 있다. 향후 제시한 통일 후 북한지역 도시개발에 필요한 요소와 방법론을 정교화하고 실질적으로 북한지역 도시개발에 적용해 볼 수 있기를 기대한다.

05

북한 스마트시티 개발

민경태

도시에서 시작하는 미래 한반도의 꿈

미래 한반도의 통일을 준비하기 위해 가장 효과적인 방안은 무엇일까? 4차 산업혁명 시대를 맞아 물리적 환경과 인공지능의 융합이 가속화되는 상황에서, 한반도의 미래성장을 위해 남북한 경제통합을 가장 효율적으로 추진하는 전략을 모색할 필요가 있다. 만약 남북한 대립과 갈등이 해소되고 정치·군사적 문제가 해결된다고 가정하면, 경제통합을 성공적으로 진행하기 위한 방법 중 하나는 도시 공간을 서로 연결하는 것이다. 즉, 서울과 평양, 두 도시를 결합하는 인프라와 인공지능 네트워크를 구축하는 것에서부터 한반도의 미래가 시작될 수 있다.

오늘날, 지리적 연결성과 공급망 네트워크는 국가 경쟁력을 좌우하는 핵심 요소가 되었다. 영토에 대한 지배나 군사력의 우위와 같은 전통적인 지정학적 경쟁력을 넘어, 이제는 '커넥토그래피(Connectography)'에 대한 경쟁이 중요해졌다.[1] 따라서 공급망·에너지·산업 및 금융·기술·지식·인재를 확보하기 위해 지리적 연결성을 강화하고 핵심 요소와 공급망에 대한 지배력을 유지하는 것이 무엇보다도 중요해졌다. 도시는 이러한 변화의 중심에 있다. 도시는 인류 문명의 집약체로서 창의성과 생산성을 증진시키는 공간적 무대를 제공한다. 도시에서 벌어지는 지식과 정보 교류는 창의적이고 생산적인 활동을 촉진하고 학습과 발명의 확산 속도를 높이는데 기여한다.[2] 이와 같이 도시 공간이 제공하는 인접성은 혁신을 가능하게 해주기 때문에 도시를 신성장 동력의 플랫폼으로 만들어 준다.

만약 도시 중심의 성장 전략이 지리적 연결성과 결합된다면 큰 시너지 효과를 기대할 수 있을 것이다. 따라서 서울과 평양을 연결하는 인공지능 네트워크 구축은 단순한 물리적 연결을 넘어 경제적, 문화적, 사회적 통합의 기반을 마련하고 남북 간 핵심 경쟁력을 서로 공유할 수 있게 해준다. 남북을 연결하는 인공지능 네트워크를 가장 효율적으로 만드는 방안은 서울의 첨단 인프라를 평양까지 확장해 광역경제권을 구축하는 것이며, 이렇게 만들어진 서울-평양 스마트시티는 남북 경제협력의 중심 공간으로 기능하게 될 것이다.[3] 두 도시를 연결하는 물리적 인프라는 업무, 생활, 문화, 제조 공간을 통합적으로 운영하게 하며, 한반도가 미래지향적이고 경쟁력 있는 공간으로 변모할 수 있게 해 줄 것이다. 이러한 미래 구상을 바탕으로 통일 한반도의 새로운 비전을 꿈꾸는 여정을 시작해 보자.

[시나리오] 2040년, 통일 한반도의 서울-평양 스마트시티

서울과 평양, 두 도시를 잇는 인공지능 네트워크가 형성되면서 한반도에는 이제까지 겪어보지 못했던 변화가 일어나고 있습니다. 서울-평양 인공지능 네트워크는 에너지, 정보, 물류, 교통까지 포괄하는 복합적인 스마트그리드로서 통일 한반도의 생활을 큰 폭으로 바꾸고 있습니다.

서울에서 평양으로 출근: 서울에 사는 김미영 씨는 평양의 사무실에 가기 위해 인공지능 어시스턴트에게 오늘의 일정을 확인한 후, 이미 자택 앞에 대

서울-평양 스마트시티의 미래 풍경

출처: OpenAI의 LLM(Large language model) 인공지능인 GPT-4 및 DALL·E를 활용해 필자가 생성.

기하고 있던 자율주행 차량에 탑승합니다. 서울역에 도착한 차량은 별도 지하 통로를 통해 고속철도 플랫폼까지 승객을 안내합니다. 열차 이동 중에는 좌석마다 설치된 스마트데스크를 통해 회의 자료를 검토할 수 있습니다. 열차가 출발한 지 약 30분 후 평양역에 도착하면, 대기하고 있던 업무용 자율주행 셔틀버스로 갈아타고 사무실에 도착합니다. 모든 이동 과정은 인공지능의 제어로 대기시간 없이 물 흐르듯 진행되어 서울의 자택을 출발한 지 한 시간 만에 평양 사무실에서 업무회의를 시작할 수 있습니다.

물류 혁신과 자율주행 도로: 한편, 서울의 R&D센터에서는 남포의 공장으로 부품을 신속하게 이동시키기 위해 배송 로봇을 활용합니다. 이 로봇은 부품을 포장하고 전자태그를 부착한 후, 물류 전용 지하터널을 통해 남포 물류터미널까지 물류를 이동시킵니다. 서울-평양 광역경제권의 지하에는 24시간 운송 서비스를 지원하는 물류 네트워크가 형성되어 있습니다. 지상 공간에서는 화물 운송 차량이 사라졌으며, 여객용 자율주행 전용도로가 인공지능 시스템에 의해 최적화되었습니다. 줄어든 도로 공간을 대신해 녹지공간과 노천카페 등 도심지 여가시설이 확장되었습니다.

에너지와 정보의 스마트그리드: 서울과 평양 사이의 에너지 교환은 수요와 공급의 패턴을 분석하여 가장 최적화된 상태를 유지하고 있습니다. 두 도시는 자체적으로 신재생 에너지를 생산하고 필요에 따라 에너지를 공유하는 스마트그리드 시스템을 갖추었습니다. 인공지능에 의해 관리되는 에너지 그리드는 업무시설과 생산시설의 운용 시간대를 예측하여 시스템의 과부하를 방지하고 에너지의 효율적인 분배와 사용을 가능하게 합니다. 이를 통해 한반도의 에너지 자립성을 높이고 남북한의 경제발전에 필수적인 자원을 효과적으로 관리할 수 있습니다.

4차 산업혁명 시대, 통일 한반도의 발전 방향

제조업 산업단지 위주의 경제특구 개념에서 탈피

그동안 경제특구라는 개념은 주로 제조업 위주의 산업단지 개발에 초점이 맞춰져 있었다. 기존 산업단지는 철강, 조선, 화학, 자동차 등 중화학공업으로부터 경공업과 ICT 산업에 이르는 다양한 제조업을 육성하는데 기여했다. 하지만 이제 우리는 4차 산업혁명 시대에 진입하고 있다. 인공지능, 사물인터넷, 빅데이터 등 차세대 기술의 중요성이 더욱 부각되면서 산업의 패러다임 자체가 전환되고 있는 상황이다.

이러한 변화에 선제적으로 대응하고 미래 한반도의 지속가능한 경쟁력을 확보하기 위해서는 새로운 방식의 경제특구 설계가 필요하다. 즉, 기존 제조업 중심이 아닌 미래지향적 산업을 육성하고, 지식생태계의 플랫폼으로서 기능하는 스마트시티 구축을 검토해야 한다. 스마트시티 개념은 단순히 기술을 도시에 적용하는 것을 넘어 산업구조 자체를 변화시킬 수 있는 잠재력이 있다. 기존의 산업단지에서는 볼 수 없었던 새로운 비즈니스 모델과 서비스를 창출함으로써 도시 자체를 하나의 거대한 혁신 플랫폼으로 만들 수 있기 때문이다.

미래 한반도의 도시는 단순히 산업을 수용하는 공간이 아니라 산업과 지식, 기술을 직접 생성하고 발전시키는 핵심적 공간으로 개발되어야 한다. 따라서 4차 산업혁명 시대에 적합한 통일 한반도의 발전 방향을 제시하기 위해서는 제조업 위주의 산업단지 개발을 중심으로 하는 과거 경제특구 개념에서 탈피해야 한다. 그 대안으로 스마트시티를 바탕으로 미래지향적 산업과 지식생태계를 육성하는 방향을 모색할 필요가 있다.

미래지향적 지식생태계 육성과 스마트시티 개발

첨단 기술을 활용해 혁신적 도시 기능을 갖추도록 설계된 스마트시티에서는 과거와는 다른 새로운 방식의 경제발전을 이끌어낼 수 있다. 도시가 제공하는 다양한 기능과 서비스를 향상시키면 산업의 변화와 새로운 비즈니스 모델의 창출이 가능해진다. 이를 통해 도시는 자체적인 혁신 성장 엔진을 구축할 수 있다. 예를 들어, 스마트그리드, 지능형 교통 시스템, 디지털 공공서비스 등을 도입하게 되면, 지역사회 주민들은 향상된 서비스를 누릴 수 있고 기업은 변화된 환경에 적합한 새로운 비즈니스를 시도해 볼 수 있다.

통일 한반도에서 스마트시티를 구축하는 것은 기술혁신을 촉진하며, 국내외 투자를 유치하고, 고부가가치의 일자리를 창출하는 등 다양한 효과를 기대할 수 있다. 특히, 낙후된 북한지역의 스마트시티 개발을 통해 제조업 기반 경제구조를 개선하고 새로운 성장동력을 창출할 수 있다. 스마트시티를 중심으로 지식기반 산업과 첨단 서비스산업을 육성함으로써 경제와 사회 발전을 가속화 시키는 것이다. 하지만,

북한지역에 스마트시티를 신규로 건설하고 이를 효과적으로 운용하는데 까지는 매우 오랜 시간이 소요될 수 있다. 기본적인 도시 인프라조차 미비한 상태에서 첨단 기술을 적용한 스마트시티가 제대로 기능하도록 만드는 것은 단기간에 실현되기 어렵기 때문이다.

이 문제를 해결할 수 있는 방안은 없을까. 통일 한반도의 경쟁력을 빠르게 향상시키기 위해서는 남북한 경제통합을 성공적으로 이루면서 북한의 경쟁력을 남한의 수준으로 최단기간에 끌어올리는 혁신적인 방안을 구상할 필요가 있다. 이 글에서는 서울과 평양을 연결하는 광역경제권 구축을 제안하고자 한다. 특히 스마트시티의 특성은 도시 간의 연결성을 강화하고 남북한 지역의 경제통합을 촉진하는 데 매우 유리하게 작용할 수 있다. 남북을 연결하는 스마트시티 광역경제권이 구축된다면 한반도 전체의 경제통합을 가장 효율적으로 추진하는 공간적인 플랫폼으로서 중추적 역할을 담당하게 될 것이다.

남북한 도시 연결을 통한 한반도의 경제통합 추진

남북한의 도시 공간을 서로 연결해 미래 한반도의 경쟁력을 확보하고 지속가능한 성장을 추진하기 위해서는 단계별 접근이 필요하다. 우선, 도시 공간 연결의 첫 단계로 물리적인 인프라 구축이 선행되어야 한다. 여기에는 도로·철도·항만·공항 등 교통 시스템과 통신 시스템, 에너지 공급망 구축 등이 포함된다. 물류·교통망이 안정적으로 운용되고 정보·통신·에너지망이 연결되어 남북한 도시 네트워크가 제대로 작동하기 시작하면 두 지역 간의 상호보완적인 경제활동을 촉진함으로써 경제적 통합의 기반이 된다.

이와 같은 물리적 연결과 병행해서 제도적인 장치도 함께 마련해야 한다. 예를 들어, 통신, 물류, 데이터 보호 등을 규제하는 법률 및 정책이 뒷받침되어야 도시 간 연결을 통해 안전하고 효율적으로 협력할 수 있는 환경이 조성될 수 있다. 이를 바탕으로 도시들은 각자 고유한 경쟁력을 강화하는 방향에서 특화된 산업, 첨단 기술, 효율적인 도시 서비스, 교육 및 연구 등을 발전시킬 수 있다. 즉, 각 도시들은 특성화된 경쟁력을 바탕으로 상호보완적 협력이 가능하도록 물리적 시스템과 제도적 시스템을 함께 구축할 필요가 있다.

다음 단계에서는 본격적으로 경제통합 과정을 진행하게 된다. 남북한 도시를 중심으로 가장 효율적인 방향으로 산업 재편과 산업 구조조정을 추진함으로써 결국 한반도 전체 경제 시스템의 경쟁력을 높이는 방향으로 공간적 재구성을 시도하는 것이다. 즉, 남북한 지역을 하나의 연결된 경제 체계로 통합하고, 두 지역 간에 상호 의존적이고 협력적인 관계를 구축하는 과정이 진행될 것이다. 이를 통해 4차 산업혁명과 인공지능 시대의 새로운 환경에 효과적으로 대응할 수 있도록 남북한 도시의 특성을 최대한 활용하면서 한반도 경제 시스템의 재편을 추진할 필요가 있다.

지리적 연결을 통한 국가 경쟁력 확보

공급망을 지배하는 것이 군사력보다 더 중요하다

오늘날 전 세계적으로 지정학적 갈등이 고조되면서 경제안보의 중요성이 더욱 증대되고 있다. 특히 미·중 전략경쟁 상황에서 공급망 분리를 통한 경제 블록화가 추진되고 있는 현실에 비추어 보면 지리적 연결을 통해 주도권을 확보하려는 전략이 매우 설득력 있게 느껴진다. 지난 수백 년 동안 지정학은 이웃에 있는 경쟁국가에 대한 지배와 같은 영토의 정복을 의미하는 것이었지만 오늘날의 지정학은 '경쟁력 있는 연결'이라고 말할 수 있다. 즉, 가장 많이 연결된 국가가 승리한다는 것을 의미한다. 공급망에 대한 주도권이 지정학적 지위를 결정하는 시대가 되었기 때문에 이제 공급망을 지배하는 것이 군사적 우위보다 더 중요할 수 있다. 공급망에 대한 통제는 전쟁을 통해 영토를 점령하는 것보다 훨씬 효용 가치가 높기 때문이다.[4]

이와 같이 21세기의 지정학적 경쟁에서는 전통적인 군사력보다 공급망을 통한 연결성에 더욱 의존하는 시대로 전환되고 있다. 공급망의 지배는 국가의 경제적 번영과 안정성, 그리고 국제 지위를 결정하는 데 결정적인 역할을 한다. 공급망은 경제활동의 핵심적 기능으로서 공급망의 효율성이 국가의 경제성장과 번영에 큰 영향을 미친다. 또한, 공급망은 경제의 안정성을 유지하는 데 있어서도 중요한 역할을 한다. 안정적인 공급망은 자연재해, 경제위기, 국제 분쟁 등 예기치 못한 위험 요소에 대한 내구성을 강화하고 경제적 피해를 최소화할 수 있다.

공급망의 중요성은 경제 영역을 넘어서 지정학적 지위에까지 영향을 미친다. 공급망의 지배는 국가 간 교역 및 협력관계를 결정하며, 이는 국가의 국제적인 영향력과 지위를 높이는 데 결정적인 역할을 한다. 예를 들어, 세계의 주요 항구와 물류 허브를 통제하는 나라는 국제 무역의 주요 통로를 통제함으로써 그 나라가 국제 정치 및 경제 사안에 대한 중요한 의결권을 가질 수 있게 해준다. 그러므로 훌륭한 세계 전략은 교역, 금융, 에너지, 군사, 정부 등을 모두 포함하는 다차원적인 전략이어야 한다.[5] 글로벌 주도권 전쟁이 과거에는 자본주의 대 공산주의 같은 정치체제 전쟁이었지만 이제는 집단 공급체계 내부의 전쟁으로 바뀌고 있다, 따라서 오늘날의 전쟁은 군사적 정책이 아니라 경제적 전략으로 승리해야 하는 전쟁으로 변화하고 있는 것이다. 이와 같이 새로운 환경에 대응하는 미래 전략 구상을 위해서는 지리학, 경제학, 사회학, 과학기술 등 다양한 분야가 포함된 통합적 사고가 필수적이다.

지정학적 경쟁의 주도권을 위한 기반시설 연결

도시 간 네트워크 연결의 중요성은 여러 학자가 주장해 왔는데, 이미 많은 국가가 글로벌 경쟁에서 우위를 차지하기 위해 기반시설 네트워크 구축에 힘쓰고 있다. 과거의 지정학적 경쟁이 영토를 확보하는 전쟁에 치중했다면, 이제는 주요자원에 대한 연결 능력과 주도권 확보를 위한 전쟁으로 진화하고 있다는 것이다. 연결을 위한 경쟁은 글로벌 공급망, 에너지 시장, 산업 생산 등 주요 분야를 포함해 금융, 기술, 지식, 인재에 대한 주도권 전쟁의 양상으로 전개되고 있다.[6]

이와 같은 주요 경쟁 분야의 특성에 따라 통일 한반도 차원에서 전략적 주안점을 살펴보면 다음과 같다.

공급망 통합과 최적화: 남북한의 분리된 경제 시스템을 통합하여 공급망의 효율성과 안정성을 극대화하는 것이 중요하다. 이는 상품, 서비스, 정보, 자본, 인력의 효과적인 이동과 교환을 촉진하여 한반도의 경제적 번영을 이끈다.

에너지 전략의 재정립: 산업 발전의 기반인 안정적인 에너지 공급 체계의 확립과 신재생 에너지 개발이 필수적이다. 이는 경제성장을 촉진하고, 에너지 자원에 대한 지속 가능한 접근을 제공한다.

산업과 금융의 융합: 산업 발전을 지원하는 금융 시스템의 강화는 남북 경제통합을 촉진하고, 한국 정부의 재정적 부담을 경감시키며, 국제 투자를 유치하는 데 기여한다.

기술과 지식의 확산: 4차 산업혁명의 핵심 요소인 기술과 지식을 활용하여 북한지역의 기술적, 지식적 수준을 신속하게 향상시키는 것이 필요하다. 이는 미래 지향적 산업 및 서비스 개발의 기반이 될 것이다.

인재 개발과 교류의 촉진: 국가 경쟁력의 핵심인 인재 육성에 집중하고, 남북한 지역 간의 인적 교류를 확대하는 것이 중요하다. 인재의 창의성과 혁신성은 한반도의 국제적 경쟁력을 좌우하는 요소가 될 것이다.

인공지능 네트워크를 통한 통일 한반도 발전 전략

통일 한반도의 미래 발전을 위해서는 기반시설 네트워크를 확장하고 최적화함으로써 지리적 연결을 추진하는 것이 중요하다. 기반시설 네트워크가 단절되어 있다면 경제적 효율성과 시너지가 제한될 수밖에 없기 때문이다. 특히 핵심 거점을 연결하는 기반시설 네트워크를 구축하고 이에 대한 주도권을 확보하는 것이 지정학적 경쟁의 승패를 좌우할 수 있다. 즉, 도시·지역·국가 간의 연결성이 경제적 발전과 경쟁력을 결정할 수 있다는 것이다. 따라서 한반도 전체를 연결하는 기반시설 네트워크를 통합함으로써 글로벌 경쟁력을 높여야 한다. 대륙과 해양의 중심에 놓여 있는 한반도가 동북아시아의 중추적 물류 허브로서 기능하게 되면 물류·정보·에너지의 흐름을 효율적으로 통제하고 지정학적 주도권을 확보할 수 있을 것이다.

중요 자원들에 대한 주도권을 확보하는 것은 지리적 연결을 통해 이루어질 수 있다. 4차 산업혁명 기술을 활용하면 지리적 연결을 위한 네트워크를 효과적으로 관리할 수 있기 때문에 기반시설의 통합과 최적화를 이루는데 유리하게 작용할 수 있다. 이것이 바로 남북한의 도시를 연결하는 인공지능 네트워크가 필요한 이유이다. 통일 한반도는 서울-평양 인공지능 네트워크를 통해 국제 경쟁력을 향상시키고, 이를 동북아시아 지역의 중추적인 물류 허브로 성장시키는 전략을 모색해야 한다. 지정학적 경쟁에서 승리하기 위해서는 미래지향적 도시 네트워크와 효율적인 공급망을 구축함으로써 글로벌 경쟁력을 확보해야 한다. 따라서 통일 한반도의 미래 발전전략을 구상하는 데 있어서 인공지능 네트워크를 핵심 전략으로 검토할 필요가 있다.

도시의 경쟁력을 활용하는 성장 전략

인접성의 극대화를 통한 창의적·생산적 활동 촉진

도시는 인류 문명의 집약체로서 사회·문화·경제적 활동의 중심적 공간이다. 이러한 도시의 기능과 역할을 가능하게 하는 핵심 요소 중 하나는 바로 '인접성'이다. 인접한 지역 또는 동일한 공간 내에서 서로 다른 사람들, 기업들, 기관들이 가깝게 위치해 있으면 상호 교류와 협력이 활성화됨으로써 창의적이고 생산적인 활동을 촉진하기 때문이다. 즉, 도시의 인접성은 정보의 교환을 용이하게 하고 효율적인 학습을 가능하게 한다. 이를 통해 사람들이 다양한 아이디어와 전문 지식을 공유하고 새로운 해결책을 발견하는데 도움을 준다.

또한, 도시의 인접성은 경제활동의 효율성을 높여준다. 물리적 거리가 가까울수록 물류와 공급망의 운영이 용이하고 기업은 필요한 자원과 서비스에 쉽게 접근할 수 있다. 그러나 도시가 제공하는 인접성은 단순한 거리의 단축이나 경제적 효율성 이상의 의미를 담고 있다. 도시는 사람들이 생각을 교환하고, 협력하고, 창조적으로 문제를 해결하는 공동체를 구성할 수 있는 공간적 무대가 되어주기 때문이다. 이러한 공동체 형성은 창의적이고 생산적인 활동을 촉진함으로써 더욱 많은 사람을 도시로 유인하고 도시의 경쟁력을 높여주는 선순환 효과를 유발할 수 있다.

이와 같은 기능을 통해 도시는 지식기반 경제성장을 주도하고, 기술혁신을 촉진하며, 사회적 발전을 가속화하는 역할을 수행한다. 따라서 도시는 인접성을 제공하는 물리적 공간임과 동시에 인류 문명의 성장과 발전을 주도하는 플랫폼으로 인식해야 한다. 통일 한반도의 성장 전략을 구상하는 데 있어서도 도시 네트워크 구축을 통해 얻어지는 효과를 어떻게 잘 활용할 것인지 검토할 필요가 있다.

정보·지식·경험의 공유를 통한 발명과 혁신의 가속화

그렇다면 과연 도시에서 벌어지는 어떤 일들이 혁신을 가능하게 할까? 창의적 활동은 도시 생활의 복잡성과 다양성에서 비롯되는데, 도시의 인접성이 높아질수록 학습과 발명의 확산을 가속화할 수 있다. 도시는 다양한 문화, 경험, 지식, 아이디어가 집약된 곳이기 때문에 새로운 발견과 혁신의 가능성이 극대화 될 수 있기 때문이다.

도시가 제공하는 기능 중 학습과 지식 교류는 주로 학교, 연구소, 기업, 기관 등 교육 및 연구 시설에서 이루어진다. 하지만 그 외에도 도시의 공공 공간, 공동체 활동, 문화 행사 등에서 학습 경험과 지식을 교류하는 활동이 이어질 수 있다. 이를 통해 사람들의 창의력을 자극하고 새로운 아이디어 개발과 혁신을 유도하게 된다. 이와 같이 도시는 정보와 지식의 공유를 촉진함으로써 새로운 발명과 기술 확산의 속도를 높여준다. 특히 디지털 기술, 인공지능, 사물인터넷, 빅데이터 등 4차 산업혁명 기술의 적용과 확산을 위해서는 스마트시티가 보유하는 첨단 인프라와 혁신적 서비스가 매우 중요한 역할을 할 수 있다.

또한, 도시는 사람들이 다양한 경험과 시행착오를 통해 학습하고 성장하는 실험장으로서 기능한다. 새로운 비즈니스 모델, 기술, 서비스, 제품 등의 개발과 테스트를 통해 사회적 문제를 해결하고 지속가능한 발전을 도모할 수 있다. 이것이 가능한 것은 사람들 간의 관계를 구축하고 유지하는데 필요한 사회적 연결망을 도시가 제공하기 때문이다. 이러한 연결망은 사람들의 협력과 공동 작업을 가능하게 하며, 새로운 아이디어의 생성과 확산을 촉진한다. 따라서 도시는 사람들이 새로운 혁신의 결과를 서로 공유함으로써 이를 다시 학습하고 전파하는 데 중요한 역할을 한다.

인류 문명의 집약체인 도시를 중심으로 한 성장전략 구상

인류 문명의 집약체인 도시는 경제적, 사회적, 문화적 발전을 주도하는 핵심적 기능을 담당하고 있다. 도시는 매우 다양하고 복잡한 시스템을 가지고 있기 때문에 혁신과 변화의 중심적 역할을 수행한다. 따라서 도시를 중심으로 신성장 동력을 모색하는 것은 통일 한반도의 성장과 발전을 효과적으로 추진하는데 있어 매우 중요한 전략적 방향이 될 수 있다. 서울과 평양을 인공지능 네트워크로 연결하여 하나의 광역경제권으로 묶는 것은 결국 남북한의 핵심적인 경쟁력을 서로 연결하고 통합하는 것이기 때문이다.

도시의 경제적 활동은 국가총생산(GDP)의 대부분을 차지하며 기업과 일자리를 창출하는 엔진으로서 작용한다. 도시는 새로운 산업과 비즈니스 모델, 기술, 서비스를 개발하고 이를 시범 운용하는 테스트베드로서 기능하기 때문에, 도시를 중심으로 하는 발전전략은 새로운 경제적 기회와 신성장 동력을 창출할 수 있는 잠재력이 있다. 또한, 도시는 미래의 지속가능성을 검토하고 기후변화와 같은 새로운 과제에 대응하기 위해 필요한 역량과 자원을 제공할 수 있다. 따라서 통일 한반도의 미래를 구상하는데 있어서 도시를 중심으로 한 성장 전략을 적극적으로 모색할 필요가 있다.

서울과 평양을 융합하는 광역경제권 구축

서울 첨단 인프라의 평양 확장

통일 한반도에서 서울과 평양의 융합은 국가 경제의 중요한 동력으로 작용할 수 있다. 두 도시를 연결하는 첨단 인프라 구축은 남북 간 경제협력을 촉진하고 국가 발전을 가속화하는데 기여할 것이다. 도시 네트워크의 경쟁력을 극대화할 수 있는 가장 효과적인 융합을 위해서는 서울과 평양의 평균적인 수준에서 통합을 추진해서는 안 된다. 대신에 서울의 첨단 인프라를 평양까지 확장해서 연결하는 것을 목표로 할 필요가 있다. 이와 같이 서울의 첨단 인프라 수준에 맞춰서 평양까지 하나의 광역경제권을 구축하게 되면 북한지역의 경제발전을 가장 빨리 달성할 수 있는 환경을 조성할 수 있다.

서울은 이미 다방면에서 글로벌 경쟁력을 갖춘 도시이다. 서울의 경제적·사회적·문화적 역량을 평양에 이식함으로써 북한경제를 근본적으로 개선할 수 있을 것이다. 서울과 평양이 효과적으로 융합되기 위해서는 인프라 네트워크가 긴밀하게 연결된 상태로 만들어야 한다. 서울과 평양을 연결하는 첨단 인프라는 경제적 연결뿐만 아니라, 사회적·문화적 연결성을 강화하는 플랫폼으로 작용할 것이다. 공동의 연구개발, 교육 프로그램, 문화 교류 등을 통해 남북한 지역 간 사회적 통합을 촉진하며, 사람들 간의 상호 이해를 통해 문화적 동질성을 회복하는데 기여할 것이다. 아울러, 서울-평양 광역경제권에 구축된 도시 네트워크는 물리적인 거리를 극복하고 정보 및 자원의 공유를 가능하게 함으로써 물류·운송·통신 등 다양한 분야에서 경제활동을 촉진하게 될 것이다.

두 도시를 긴밀하게 연결하는 혈관과 신경망

서울과 평양을 하나로 묶는 인공지능 네트워크의 핵심은 통합된 물류와 교통 시스템이다. 생명체의 혈관처럼 두 도시를 연결하는 자동화된 고속 물류·교통망을 구축함으로써, 마치 24시간 작동하는 거대한 컨베이어 벨트를 만드는 것과 같다. 이 시스템의 대동맥 역할을 하는 자율주행차와 고속철도는 중심 물류센터를 연결하고, 모세혈관과 같은 역할을 하는 배송로봇이 물류센터와 출발지, 목적지를 연결하게 된다.[7]

인천공항의 지하에는 체크인 카운터와 게이트, 수화물 수취장 간을 연결하는 물류 자동화 시스템이 구축되어 있는데, 화물의 바코드를 자동으로 읽어서 해당 게이트 또는 수취장으로 이동시키는 여러 개의 컨베이어 벨트가 고속으로 가동되고 있다. 마치 이러한 공항의 물류 자동화 시스템이 서울-평양 광역경제권 차원에서 거대하게 구축되어 있는 모습을 상상해 볼 수 있다.

주요 도시와 거점 물류센터 사이를 빠르게 이동하는 자율주행차 및 고속철도는 생명체의 대동맥과도 같다. 인공지능에 의해 제어되는 물류 운송 시스템은 교통상황, 날씨, 긴급상황 등 실시간으로 수집된 다양한 데이터를 분석하여 최적화된 운행속도와 경로를 결정한다. 이를 통해 물류 운송망의 효율성을 최대로 유지하고 공간과 자원의 낭비를 최소화할 수 있다. 아울러 거점 물류센터와 발송지 또는 도착지 사이를 연결하는 모세혈관의 역할은 고속으로 이동하는 배송로봇이 담당한다. 소형 배송로봇은 도심의 복잡한 거리를 자유롭게 이동하면서 주문에 따라 물류를 특정 장소로 신속하게 배송한다.

이러한 시스템은 서울과 평양을 24시간 연결함으로써 물류 흐름을 지속적으로 유지할 수 있다. 마치 생명체에서 심장이 쉬지 않고 박동함으로써 혈액이 정체되지 않고 혈관을 이동하는 것에 비유해 볼 수 있다. 이러한 긴밀한 연결을 통해 두 도시 간의 물류 효율성을 극대화하고 연결성을 강화함으로써 남북한 지역이 하나의 통합된 경제 시스템으로 작동하도록 만드는 것이다. 이를 통해 서울-평양 물류·교통 네트워크는 두 도시의 경제적·사회적·문화적 교류를 촉진함으로써 통일 한반도의 번영을 더욱 촉진하는 역할을 하게 될 것이다.

물류 전용 이동 시스템과 인공지능 제어 교통망

물류 네트워크를 보다 효율적으로 가동하기 위해서는 기존 도로가 아닌 별도의 물류 전용 통로 또는 지하 터널을 활용하는 방안을 고려해 볼 수 있다. 도로·철도와 같은 기존 교통 인프라는 대중교통과 개인 차량이 많이 사용하고 있기 때문에 공간적 제약과 교통 혼잡이 빈번하게 발생한다. 따라서 기존 교통 인프라를 이용한 물류 이동은 효율성을 저하시키고 시간과 비용을 증가시킬 수 있다.

물류 전용 통로를 구축하는 방안 중 하나는 지하 터널을 활용하는 것이다. 지하 터널은 도시의 지상 공간을 절약하고 교통 혼잡을 피할 수 있다는 장점이 있다. 다른 방안은 별도의 물류 전용 도로나 철도를 구축하는 것이다. 이 방안은 대규모 투자가 필요하지만 장기적으로 보면 물류의 효율성과 속도를 크게 향상시킬 수 있다.

물류 전용 이동 시스템이 구축된 다음에는 운송방식을 최적화하는 것이 중요하다. 발송지와 도착지 정보가 코드화되어 부착된 물류를 초고속으로 이동시키기 위해 여러 가지 기술적 대안을 활용할 수 있다. 바코드 또는 QR코드를 이미지 센서로 읽어 들이는 기존의 방식을 좀 더 효율화할 수도 있지만, RFID 또는 NFC 등의 기술을 적용한 초고속 물류 이동방식도 검토할 필요가 있다. 물류의 흐름을 실시간으로 모니터링하고, 운송 경로를 최적화하며, 필요한 경우 물류의 우선순위를 조정하는 데 있어서 어떤 기술이 가장 유리한지에 따라 결정될 수 있다.

아울러 인공지능으로 교통망을 제어하고 최적화하면 물류 이동의 효율을 증가시킬 수 있다. 미래의 교통수단은 철도·차량·드론·로봇 등 다양한 모빌리티가 등장할 것으로 예상되는 데, 이러한 다중 교통망을 물 흐르듯 연계하는 기술이 중요하게 부각될 것이다. 인공지능이 출발지와 목적지를 연결하는 최적의 경로를 제어하고, 다양한 교통수단 간의 환승을 자율적으로 안내하는 서비스가 도입될 수 있다. 이와 같이 인공지능 기술을 활용해 최적화된 제어를 가능케 하는 물류시스템과 다중교통망이 구축된다면 서울과 평양 간의 출퇴근이 일상화된 미래의 모습을 상상해 볼 수 있다.[8]

에너지+정보+물류+교통 복합 스마트그리드 구축

물류·교통 시스템에 에너지와 정보망을 통합해서 구축하는 복합 스마트그리드 구축도 고려해볼 수 있다. 에너지 부문에서는 재생 에너지를 활용해 친환경적이고 지속가능한 에너지 공급체계를 구축하며, 스마트그리드를 통해 에너지 수요와 공급을 실시간으로 조절하여 효율성을 극대화할 수 있다. 복합 스마트그리드가 구축되면 광역경제권 내에서 에너지의 생산·저장·공유를 효율적으로 운용할 수 있게 됨으로써, 두 도시의 에너지 수요 변화에 보다 능동적으로 대응할 수 있다.

도시 운영을 관장하는 정보 시스템에서는 빅데이터와 인공지능 기술을 활용하여 다양한 정보를 수집, 분석하고 예측한다. 이를 통해 도시 기반시설의 관리와 운영을 최적화하고, 시민들에게 맞춤형 서비스를 제공하는 것이 가능해진다. 물류 시스템에서는 효율적인 물류 네트워크를 구축함으로써 물류 이동의 속도와 효율성을 극대화함으로써 두 도시의 경제적 연결성을 강화한다. 교통 시스템에서는 자율주행차, 고속철도 등 첨단 교통수단을 도입하여 도시 간 이동을 효율적이고 빠르게 하며 도시의 교통 혼잡을 해소하고 이동 시간을 단축시키는데 기여한다.

이와 같은 물리적 인프라의 연결과 인공지능 네트워크 구축을 통해 서울과 평양을 통합한 하나의 광역경제권이 형성된다면 두 도시의 업무·생활·문화·제조 공간이 통합적으로 운영될 수 있다. 예를 들어, 어디에서든 동일한 환경을 제공하는 공유 업무 플랫폼을 활용해 서울의 R&D센터와 평양의 마케팅 부서 그리고 남포의 제조시설이 실시간으로 소통하게 된다. 이러한 과정을 통해 남북한의 경제통합을 촉진하고 한반도의 성장을 가속화할 수 있을 것이다.[9]

스마트시티 광역경제권의 미래 시나리오

서울-평양 스마트시티 모델의 한반도 전역 확산

서울-평양 광역경제권 구축이 성공적으로 진행된 후 통일 한반도의 공간 구상은 기타 지역의 남북한 도시들을 서로 연결하는 네트워크 구축으로 확대할 필요가 있다. 서울-평양 스마트시티 모델을 한반도 전역으로 확산함으로써 남북한 지역 간 교류를 확대하고 새로운 미래성장동력을 창출하기 위한 바탕을 마련할 수 있다. 서울과 평양이 중심이 되어 각 도시의 경제적 역량을 공유하고 상호보완적인 방향으로 발전할 수 있도록 도시 네트워크를 구축하는 것이다. 특히 남한의 첨단기술 역량과 경제 시스템을 북한에 효과적으로 전수하는데 이러한 도시 네트워크가 중요한 통로로 작용할 수 있다.

이 네트워크 구축은 한반도의 도시들을 서로 연결하여 지리적 경쟁력을 극대화한다. 서울-평양 광역경제권은 동북아시아 중심의 전략적 위치를 활용하여 교통 및 무역의 글로벌 허브 역할을 할 것이다. 유라시아 대륙과 태평양 해양을 연결하는 교통망은 한반도를 경제적 교두보로 변모시킬 것이며, 국제 무역의 효율성을 크게 향상시킬 수 있을 것이다. 서울-평양 스마트시티 모델을 중심으로 구축된 네트워크가 다른 지역까지 확장됨으로써 한반도는 글로벌 경쟁력을 갖춘 경제권으로 거듭날 것이다. 이 네트워크는 한반도 전역의 경제적 번영과 글로벌 시장과의 연결성을 강화하고 남북 경제통합을 효과적으로 추진하는 중추적인 역할을 할 것이다.

한반도 8대 광역경제권 구상

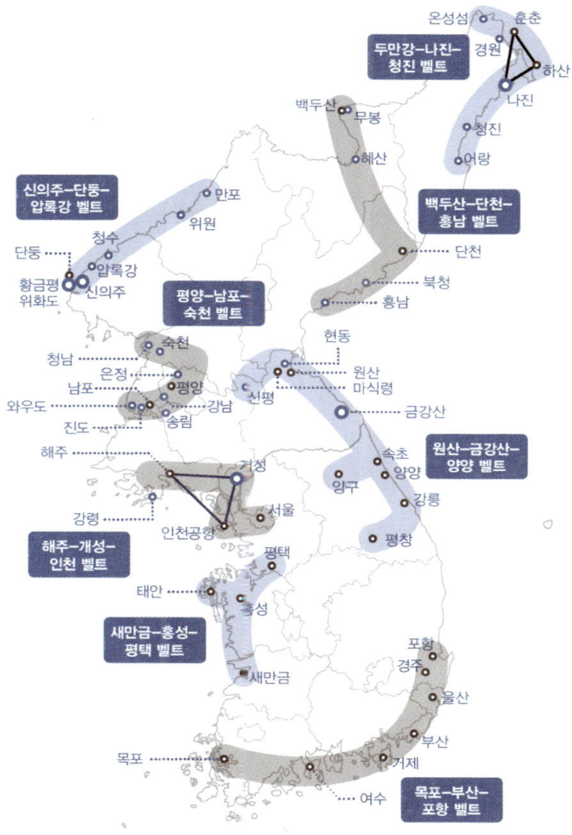

출처: 민경태, 『서울 평양 스마트시티』 (미래의창, 2018), p. 213.

[시나리오] 신의주-단둥-압록강 광역경제권

2040년대, 신의주-단둥-압록강 광역경제권은 한반도와 중국 동북부를 잇는 전략적 요충지로서 동북아 경제의 새로운 중심지로 부상했다. 이 지역은 중국과의 경계인 압록강을 끼고 있는 지리적 이점을 활용하여 국제 무역과 물류의 허브로 성장했다. 신의주는 첨단 기술 산업단지를 중심으로 경제활동을 담당하고 단둥은 국제무역과 문화교류의 거점으로 기능하고 있으며, 압록강 일대의 여러 경제개발구들까지 포함하는 광역경제권이 한반도와 중국을 상호보완적으로 연결하는 교량 역할을 하고 있다.

신의주 지역에 조성된 복합물류 허브와 초고속 국제철도는 유라시아 대륙과 한반도를 연결하는 중심 역할을 하며 동북아 전역을 일일생활권으로 변화시켰다. 한반도로부터 동북아를 넘어 중앙아시아, 유럽까지 연결되는 유라시아 대륙철도가 널리 활용됨으로써 신의주는 국제 교통과 무역의 거점으로 자리 잡았다.

이와 같은 지리경제학적 변화로 인해 신의주-단둥-압록강 광역경제권은 국경을 초월한 네트워크의 중심지이자 다양한 첨단 산업의 중심지로 성장할 수 있게 되었다. 첨단 제조업, 디지털 기술, 바이오테크놀로지 등이 주요산업으로 부상했으며 자율주행 차량, 드론 배송 서비스, AI 기반 에너지 관리 시스템 등을 통해 도시 운영의 효율성을 극대화하는 스마트시티가 구축되었다.

신의주-단둥-압록강 광역경제권에서 활동하는 젊은 프로젝트 매니저인 김민지 씨의 일상은 어떻게 4차 산업혁명 기술과 스마트 네트워크를 활용해 한반도의 생활환경이 변화하고 있는지를 보여준다.

김민지의 하루는 AI 어시스턴트의 부드러운 목소리로 시작합니다. 스마

신의주-단둥-압록강 광역경제권의 미래 풍경

출처: OpenAI의 LLM(Large language model) 인공지능인 GPT-4 및 DALL·E를 활용해 필자가 생성.

트 홈 시스템은 이미 그녀의 일정을 최적화해 조명, 온도, 아침 식사 메뉴까지 조절해 두었습니다. 신의주의 혁신적인 스마트 아파트는 개인화된 경험을 제공하며, 그녀의 생활을 편리하고 효율적으로 지원합니다. 출근을 위해 자율주행 차량을 호출합니다. 이 차량은 도시 전체를 관통하는 자율주행 네트워크를 통해 신속하고 안전하게 그녀를 중심가로 이동시킵니다. 차량 내에서 오늘의 미팅 자료를 미리 살펴보며, 교통상황에 대한 걱정 없이 효율적으로 시간을 활용합니다.

그녀의 사무실은 신의주와 단둥 사이의 경제협력을 주도하는 기업에 있습니다. 중국 파트너와의 새로운 협력 프로젝트를 논의하기 위해 화상회의를 진행합니다. VR 컨퍼런스 시스템의 실시간 번역 기능은 언어 장벽을 없애고 원활한 의사소통을 가능하게 합니다. 오후에는 신의주 경제특구의 첨단 ICT 부품산업 단지를 방문합니다. 여기서 다양한 글로벌 기업들이 공동으로 참여하는 혁신적인 프로젝트에 참여합니다. 이 단지는 AI와 로봇 기술을 활용한 자동화 라인을 갖추고 있어, 지역 산업 발전에 큰 기여를 하고 있습니다.

하루 일과를 마친 후에는 압록강변을 산책합니다. 이곳에서는 대륙철도를 통해 교류하는 유라시아 국가들의 다양한 문화 행사와 공연이 개최되고 예술 작품이 전시되고 있습니다. 저녁에는 압록강의 섬 위에 지어진 신의주 콘서트홀에서 한반도의 평화와 번영을 기념하는 음악회 공연을 감상합니다.

[시나리오] 두만강-나진-청진 광역경제권

2040년, 두만강-나진-청진 광역경제권은 동북아시아의 전략적 허브로 부상하며 러시아, 중국, 한반도를 연결하는 국제적 중심지역으로 성장했다. 동북아시아의 물류 및 교역 중심지로 발전하게 되면서 국제항만과 철도 네트워크, 첨단 산업 단지가 구축되었다. 특히 러시아의 자원, 중국의 제조생산 시설, 한반도의 첨단 기술이 상호보완적으로 융합되어 경제적 시너지를 창출하고 있다.

나진은 지구 온난화로 인한 북극항로 활용이 증대됨에 따라 수혜를 받고 있다. 과거 싱가포르와 홍콩이 아시아와 유럽을 연결하는 해상항로의 거점으로서 주목받았다면, 이제 나진이 그 역할을 이어받아 북극항로로 향하는 항만과 유라시아 대륙철도가 교차하는 복합물류 중심지로서 성장하고 있다. 청진은 첨단 에너지 기술과 중공업의 중심지로

두만강-나진-청진 광역경제권의 미래 풍경

출처: OpenAI의 LLM(Large language model) 인공지능인 GPT-4 및 DALL·E를 활용해 필자가 생성.

함께 발전하고 있으며, 두만강 유역의 경제개발구들은 친환경 에너지 생산과 국제 무역의 전진기지로 성장했다. 이 광역경제권이 보유한 동해안의 수려한 자연환경을 살려 해양 무역과 더불어 친환경 관광산업도 적극 육성되고 있다.

나진과 청진의 항만 시설은 첨단 기술을 기반으로 한 스마트 항만으로 운영되며, 인공지능 관리시스템, 자율주행 선박, 스마트그리드, IoT 인프라가 효율성을 증대시킨다. 나진은 중국과 러시아, 한반도의 문화를 모두 포함하는 매우 독특한 문화적 특성을 지닌 관광 및 레저 중심지로 성장했다. 이 지역은 환경보호와 재생 가능 에너지 사용을 확대하고 있으며, 국제협력 프로젝트와 포럼을 통해 기후변화 대응과 지속가능한 산업 발전을 위한 국제기구들이 자리 잡았다.

나진항의 물류 기획자로 근무하는 이준혁 씨의 일상을 살펴보면 두만강-나진-청진 광역경제권이 어떻게 한반도, 중국, 러시아 간의 협력과 교류를 바탕으로 경제적 번영과 문화적 다양성을 이루어가고 있는지 그 변화된 모습을 확인할 수 있다.

이준혁의 하루는 나진항의 최신 정보를 스마트폰 앱으로 확인하며 시작됩니다. 여기서 그는 물류 동향, 배송 스케줄, 청진과 하산으로 향하는 화물 상태를 실시간으로 모니터링합니다. 온성섬 경제개발구에 위치한 자택에서 출발해 자율주행 전기차를 타고 고속도로와 철도가 만나는 환승 허브로 이동하며, 복합 교통망을 이용합니다. 나진-하산 인공지능 물류·교통망 프로젝트의 가동과 동해선 및 경원선 고속철의 완성으로 나진항은 한반도 전역과 러시아를 잇는 교통 네트워크의 중심지가 되었습니다.

그는 나진항에서 중국과 러시아의 무역 파트너들과 만나 새로운 물류 프로젝트를 논의합니다. 나진항은 북극항로의 핵심 지점으로 유럽과 아시아를 잇는 중요한 무역 루트의 일부가 되었으며, 그는 이 지역의 국제 무역 및 물류 활동을 관리하며 다국적 무역 네트워크의 원활한 운영을 책임집니다. 이를 통해 두만강-나진-청진 광역경제권과 동북아 여러 국제도시를 연결하는 물류 네트워크를 효율적으로 관리합니다.

오후에는 두만강 국제도시 개발 프로젝트에 참여하며, 이 프로젝트에서 지속가능한 도시 개발과 친환경 에너지 네트워크 구축 분야의 한국 대표 파트장으로 활동합니다. 퇴근 후에는 온성섬에서 다양한 문화적 배경을 가진 사람들과의 교류를 통해 경험과 활력을 얻으며, 동북아의 역사적, 문화적 중심지로 발전한 이 지역의 문화 행사와 전시를 감상합니다.

[시나리오] 백두산-단천-흥남 광역경제권

2040년대, 백두산-단천-흥남 광역경제권은 한반도 북부에서 혁신과 변화의 중심지로 부상했다. 백두산의 자연환경과 문화유산, 단천 및 흥남의 첨단 산업 역량이 융합되어 한반도의 경제성장을 촉진하고

백두산-단천-흥남 광역경제권의 미래 풍경

출처: OpenAI의 LLM(Large language model) 인공지능인 GPT-4 및 DALL·E를 활용해 필자가 생성.

문화적 정체성을 새롭게 정립하는 핵심 지역이 되었다. 백두산 인근은 청정한 자연환경을 바탕으로 지속가능발전에 초점을 맞춘 생태 관광지로 변모했으며, 단천과 홍남 지역은 자원개발 부품 소재 클러스터와 첨단 제조업 및 연구개발 단지를 연계 발전시켰다.

백두산은 수려한 자연환경을 배경으로 인공지능이 제어하는 편리한 휴양시설을 건설하여 세계적인 생태관광 명소가 되었다. 첨단 기술을 활용한 환경보호 시스템이 가동되고 있으며 관광객들에게 특별한 체험을 제공하는 스마트관광 인프라를 갖추고 있다. 아울러 단천 지역의 자원개발 산업과 백두산 및 동해안을 연계한 휴양관광 산업의 성공적인 결합은 미래지향적인 지속가능발전 모델로서 전 세계의 주목을 받고 있다.

백두산-단천-홍남 광역경제권에서의 일상은 이 지역의 독특한 문화적 유산과 첨단 기술의 융합이라는 특성을 반영하고 있다. 30대 중반의 공학자인 박준호 씨의 일상을 통해 이 광역경제권의 발전된 모습을 살펴볼 수 있다.

박준호는 단천의 스마트 아파트에서 아침을 맞이합니다. 그의 아파트는 AI에 의해 운영되는 에너지 관리 시스템을 갖추고 광역경제권 전체를 연결하는 인공지능 스마트그리드 네트워크에 연결되어 있습니다. 공간의 내부에는 자동조명 시스템, 스마트 가전제품, 그리고 공기청정 관리시스템 등이 포함되어 항상 최적의 온도와 공기질, 적절한 조명을 유지할 수 있습니다. 그는 AI 주방 도우미의 도움으로 맞춤형 아침 식사를 준비하면서 하루의 일정을 확인합니다.

그는 홍남에 위치한 첨단 로보틱스 연구소에서 근무합니다. 그곳에서는 로봇 기술과 AI의 결합을 통한 제조공정 시스템을 향상시키는 프로젝트가 진행되고 있습니다. 연구소는 최신 센서 기술을 활용해 효율적이고 친환경

적인 제조방식을 설계하고, 이를 단천과 흥남의 자원개발 부품소재 산업단지에 우선 적용하고 있습니다.

그는 여가시간을 활용해 백두산으로 여행을 떠납니다. 백두산의 스마트 생태관광은 자연을 보존하면서도 방문객들에게 교육적이고 흥미로운 체험을 제공합니다. 스마트 관광가이드 시스템을 통해 백두산의 역사와 생태에 대해 알아보고 아름다운 자연경관을 감상하며 휴식을 취합니다.

[시나리오] 원산-금강산-양양 광역경제권

2040년대, 원산-금강산-양양 광역경제권은 한반도 동해안을 따라 남북한 강원도를 아우르는 지역으로서 동북아에서 대표적인 관광과 문화의 중심지로 변모했다. 원산은 첨단 해양산업 육성과 물류 허브 기능 확대를 통해 국제 무역과 해양기술 연구의 중심지로 성장했으며, 금강산은 친환경적 관광 개발을 통해 세계적인 명소가 되었다. 양양은 해양 스포츠 및 문화 행사의 중심지로 발전하며, 첨단 해양기술과 연안 관리시스템을 구축했다.

원산과 양양의 도시 인프라는 AI, IoT, 그리고 자율주행 기술을 통합하여 효율적인 도시관리와 서비스를 제공한다. 금강산은 첨단 기술을 활용한 자연보호 및 관광서비스를 갖추고, 전통문화와 현대예술이 어우러진 독특한 문화적 경험을 제공한다. 이러한 스마트 기술의 도입은 원산, 금강산, 양양 등 광역경제권의 여러 지역을 연계하여 교통, 물류, 날씨, 음식, 전시, 공연, 문화 등 다양한 정보를 공유하면서 상호보완적으로 작동하고 있다.

이 광역경제권은 남북한 지역을 연결하는 관광 개발 프로젝트의 성공사례로 꼽히며, 동북아 주변 국가들과의 문화적, 경제적 교류를 통해 많은 해외 관광객과 사업가들이 방문하는 컨벤션 산업이 발전했다.

원산항은 이제 제2의 싱가포르로 불리며, 동북아시아의 관광 및 물류 허브로 자리 잡았다. 원산, 금강산, 양양 지역은 친환경 생태관광의 대표적 명소가 되었으며, 첨단 기술을 활용한 지속가능한 관광 개발 프로젝트가 가동되고 있다.

서울에서 원산으로 이주한 IT 전문가인 김지은 씨는 원산항 스마트 물류시스템 개발에 중추적인 역할을 담당하고 있다. 그녀의 일상은 원산-금강산-양양 광역경제권에서의 변화된 생활상을 반영한다.

원산-금강산-양양 광역경제권의 미래 풍경

출처: OpenAI의 LLM(Large language model) 인공지능인 GPT-4 및 DALL·E를 활용해 필자가 생성.

김지은의 하루는 금강산의 아름다운 일출을 바라보며 시작합니다. 그녀의 집은 최신 스마트홈 기술로 완비되어 있어 간편하게 음성 명령으로 조명, 온도, 음악 등을 조절할 수 있습니다. 그녀는 발코니에서 요가와 명상을 하며 하루를 시작합니다. 스마트 주방에서 자동으로 준비되는 맞춤형 건강 아침 식사는 그녀의 건강 상태와 영양 필요에 맞춰 제공됩니다.

그녀는 자율주행 전기차를 이용해 원산항으로 출근합니다. 차량 내부는 편안하고 효율적인 작업 공간으로 구성되어 이동 중에도 가상현실(VR) 회의를 진행할 수 있습니다. 차량은 인공지능 도시 운영 시스템으로부터 최적화된 경로를 전달받아 원산 도심을 신속하게 통과해서 목적지에 도착합니다.

그녀는 원산항의 스마트 물류시스템 최적화 작업을 진행합니다. 이 시스템은 에너지 효율성과 환경보호에 초점을 맞춰 개발되었으며, 국제물류의 중심지로서 원산항의 운영 효율성을 극대화합니다. 유라시아 대륙을 통과하는 초고속 국제철도망이 개통됨에 따라 중국횡단철도(TCR) 및 시베리아횡단철도(TSR)가 원산까지 닿을 수 있게 되었고, 이제 원산항은 동북아의 해양 네트워크와 육상 네트워크가 교차하는 거대한 물류의 중심지로서 여객과 물류 운송량이 급증하고 있습니다.

[시나리오] 해주-개성-인천 광역경제권

2040년대, 한반도 서부에 위치한 해주-개성-인천 광역경제권은 남북한 지역을 아우르는 경제협력의 핵심공간으로서, 과거의 역사 및 문화적 전통과 미래의 조화를 추구하는 경제적, 문화적, 기술적 중심지로 부상했다. 개성은 역사적 가치와 현대 기술의 결합으로 새로운 형태의 문화산업을 창출하고, 해주는 지속 가능한 농업과 친환경 식품 생산의 중심지로 성장했다. 인천은 국제 무역 및 물류 허브로서 역할을 강화하며, 광역경제권 내의 모든 도시가 스마트시티 기술로 연계되는 혁신적인 도시 인프라를 구축했다.

이 광역경제권은 통일 한반도의 경제적 번영을 상징하는 곳으로서 글로벌 경제협력, 신산업 육성 및 고용 창출을 통해 지속가능한 성장과 국제 경쟁력 강화에 기여하고 있다. 이 지역은 문화적 교류와 상호 이해 증진, 교육 및 연구기회 확대, 지역사회 및 환경 개선을 통해 더욱 매력적인 곳으로 발전하고 있으며 우수한 해외 인력이 계속 유입되고 있다.

해주-개성-인천 광역경제권에서 활동하는 젊은 사업가 최현수 씨의

해주-개성-인천 광역경제권의 미래 풍경

출처: OpenAI의 LLM(Large language model) 인공지능인 GPT-4 및 DALL·E를 활용해 필자가 생성.

일상은 이 지역의 혁신적인 변화와 성장을 보여준다. 그는 친환경 농업과 첨단 기술의 융합을 선도하는 스타트업의 CEO로, 그의 하루를 통해 이 광역경제권의 매력을 간접 체험해 볼 수 있다.

최현수는 해주시 인근 강령군에 위치한 스마트팜에서 하루를 시작합니다. 이 스마트팜은 인공지능(AI)과 빅데이터를 활용하여 친환경 농산물을 효율적으로 생산합니다. 그는 농장의 상태를 AI 시스템을 통해 실시간으로 모니터링하며, 지역의 전문가들과 협력하여 최적의 농업 환경을 유지하고 있습니다. 그는 AI가 제공하는 데이터를 분석하여 농작물의 성장 조건을 최적화하고 지속가능한 농업에 대해서 연구합니다.

오전에는 신경의선 고속철도를 이용해 개성으로 이동합니다. 이 고속철도는 남북한 지역을 연결하는 주요 교통망으로, 해주-개성-인천 광역경제권의 연결성을 강화합니다. 개성에서 그는 혁신적인 남북한 지역 공동 프로젝트에 참여하여, 두 지역 간의 경제적 협력과 새로운 비즈니스 기회를 모색합니다. 그는 개성의 전통적 가치와 현대 기술의 결합을 탐구하는 한편, 남북한 지역 간의 상호보완적 경제 관계를 강화하는 데 중점을 둡니다.

오후에는 다시 인천으로 돌아와 국제 비즈니스 파트너들과 만납니다. 인천은 국제 경제의 중심지로 발전하며, 첨단 기술과 물류시설이 집중된 글로벌 비즈니스 허브로 자리 잡았습니다. 그는 이곳에서 해주-개성-인천 광역경제권의 발전이 어떻게 동북아의 새로운 글로벌 비즈니스 기회를 제공하는지 설명하고, 이 지역의 잠재력을 국내외 투자자들에게 소개합니다.

[시나리오] 평양-남포-숙천 광역경제권

2045년, 평양-남포-숙천 광역경제권은 한반도의 미래상을 보여주는 중심축으로 자리 잡으며 첨단 기술과 지속가능한 개발사례를 통해 국제적 위상을 높이고 있다. 평양은 과거의 이미지를 벗어나 현대적인 도시로 변모했으며, 첨단 기술 연구소와 대학들이 미래성장의 기반이 되는 창의적 혁신에 참여하고 있다. 남포는 첨단 제조업과 자동화된 물류 시스템의 중심으로 성장했으며, 남포항은 지속가능한 해양 무역의 모범적인 사례가 되었다. 숙천은 농업과 생명공학이 결합된 혁신적인 농업기술의 선도 지역으로 고부가가치의 농식품 및 농생명 제품을 전 세계로 수출하고 있다.

평양-남포-숙천 광역경제권의 미래 풍경

출처: OpenAI의 LLM(Large language model) 인공지능인 GPT-4 및 DALL·E를 활용해 필자가 생성.

평양-남포-숙천 광역경제권은 인공지능으로 관리되는 도시 네트워크를 통해 연결되어있는데, 이를 통해 교통, 에너지, 통신 등의 인프라를 통합적으로 관리함으로써 주민들에게 맞춤형 서비스를 제공한다. 남포는 해양 무역항으로서 한반도 서부 지역의 물류 허브로 발전하면서 주변 지역에 다양한 첨단 산업 수출가공구가 개발되었으며, 숙천은 농업과 생명공학이 결합된 혁신적인 농업기술의 선도 지역이 되었다.

김은수 씨는 평양이과대학 출신으로서 첨단 과학기술 분야에서 혁신적인 연구개발의 선두주자로 활약하고 있는 젊은 연구원이다. 평양-남포-숙천 광역경제권에서 그의 일상은 세계적인 수준의 연구와 혁신을 통해 통일 한반도의 미래를 구현하는 데 기여하고 있다.

김은수의 아침은 조용한 연구실에서 시작됩니다. 그는 최신 컴퓨터와 실험 장비가 갖춰진 연구실에서 남북한 연구진과 함께 국제적인 공동 프로젝트에 몰두합니다. 그의 주요 연구 분야는 인공지능 기반 데이터 분석 시스템으로, 이 시스템은 평양-남포-숙천 광역경제권의 여러 산업에 혁신적인 변화를 가져오고 있습니다.

낮 시간은 대체로 실험과 데이터 분석에 할애됩니다. 그는 남한의 기업과 연구소와 협력하여 개발한 새로운 알고리즘을 시험하고, 이를 통해 산업 공정 최적화, 에너지 관리, 도시계획 등에 응용할 방안을 모색합니다. 그의 연구는 통일 한반도의 성장기반이 되는 산업 인프라 혁신을 추구합니다.

오후에는 국제 학술 대회나 워크숍에 참여하거나, 남북한 연구진과의 온라인 미팅으로 이어집니다. 그는 자신의 연구결과를 발표하고, 다른 연구자들의 피드백을 받으며 지속적으로 연구를 개선해 나갑니다. 저녁 시간에는 종종 심야 연구를 진행합니다. 그는 동료 연구원들과 함께 연구실에 남아 혁신적인 아이디어와 솔루션을 모색합니다.

한반도의 미래에 대한 상상과 그 실현

미래 서울-평양 광역경제권은 한반도 경제성장의 핵심 역할을 하며 전 세계 다른 광역경제권들과 경쟁할 것이다. 이에 따라 국가 균형발전의 개념도 새로운 시각에서 재해석해 볼 필요가 있다. 한반도 내 지방 도시들은 서울-평양 광역경제권과의 경쟁보다는 이와의 효과적인 연결 방안에 집중해야 한다. 현재 인공지능과 네트워크의 빠른 발전을 보면, 마치 전 세계적인 거대한 전자뇌가 형성되는 듯하다. 이 과정에서 이미 한국어로 정리된 정보를 활용한 지능화 구축이 진행 중이다. 이 거대한 전자뇌에 북한지역을 추가로 연결하는 것이 남북통합을 빠르고 효율적으로 추진하는 방법이 될 수 있다.

서울-평양 광역경제권의 인프라와 네트워크를 구축함으로써, 북한지역은 남한의 역량을 효과적으로 공유할 수 있게 될 것이다. 따라서 통일 한반도의 남북 경제협력 패러다임은 도시 연결을 기반으로 한 인공지능 네트워크를 구축하는 방향으로 설정하고 추진할 필요가 있다. 서울-평양 광역경제권은 남한의 첨단 기술과 경험을 북한에 전달하는 것을 목표로 삼는다. 두 지역의 혁신을 서로 연결함으로써 북한지역에서도 남한지역이 이미 보유하고 있는 경쟁력을 매우 용이하게 활용할 수 있도록 하는 것이다. 서울과 평양을 연결하는 광역경제권은 남북한의 경제통합을 최적화하는 동시에, 북한 주민들이 남한의 노하우와 경험을 가장 효과적으로 빠른 시일 내에 습득할 수 있는 기회를 제공할 수 있다.

이제까지 서울과 평양, 이 두 도시가 첨단 인공지능 네트워크로 연결되어 하나의 광역경제권이 된다면, 그리고 서로 긴밀하게 반응하는 메가시티리전으로서 기능할 수 있다면 어떠한 한반도의 미래가 펼쳐질 수 있을지 살펴보았다. 인류 문명이 집약된 도시 네트워크는 남북한 간의 경제협력을 촉진하며, 북한이 남한의 경제 시스템에 빠르게 적응하고 경제성장을 이루는 데 도움을 줄 것이다. 또한, 24시간 작동하는 인공지능 물류 네트워크는 두 도시를 더욱 밀접하게 연결하고, 경제적 이익을 극대화하는데 큰 역할을 할 수 있다. 생명체의 혈관과 같이 도시를 연결하는 자동화된 고속 물류망은 북한지역의 주민들이 남한지역의 선진적인 경제 시스템에 빠르게 적응하도록 돕는 동시에, 북한지역의 경제성장을 촉진하고 한반도 전체의 공동 이익을 추구하는 토대를 마련하게 될 수 있다.

오늘날에는 기술발전과 혁신에 의해 사회와 문화, 경제 시스템이 전반적으로 재구성되고 있는 상황이다. 서울-평양 광역경제권과 같은 구상이 실현되려면 끊임없이 변화하는 세상에 맞춰 우리의 사고와 전략을 적극적으로 진화시켜야 한다. 환경 변화 속에서 남북한 지역을 연결하는 새로운 도시 네트워크를 구축하고, 그것을 통해 한반도의 통일을 실현하는 데 필요한 미래 전략을 모색할 필요가 있다. "통일 한반도의 미래를 어떻게 상상하고 실현할 수 있을 것인가?" 라는 질문에 대해, 이 글에서 제시된 '스마트시티 광역경제권' 구상은 가능성과 잠재력을 가진 수많은 대안 중 하나일 뿐이다. 앞으로의 미래는 우리 모두의 상상력과 창의력, 그리고 우리의 결정과 노력에 달려 있다. 그렇기에 한반도의 미래는 우리가 만들어가는 것이며, 그 과정은 바로 지금부터 시작되어야 한다.

06

북한 도시주택 진출 구상

이종석

북한 건축의 이해

북한의 건축정책

북한은 6.25전쟁의 정전협정 이후 전후복구에 전념했다. 전쟁으로 폐허가 된 도시와 건축물을 재건하는 한편, 주체사상이 확대되어가는 시기 북한의 건축물은 '주체건축'이란 이름으로 건설되었다. 북한의 국가 주도 사업으로 펼쳐진 북한 '주체건축'은 인민에게 안전과 편의성 등 건축의 본질성을 제공하기보다는 사회주의 체제의 선전과 존속을 위한 수단으로 활용된 측면이 있는 것 또한 사실이다. 주체건축은 주체사상 등의 이념이 인민들의 생활공간에도 영향을 미침과 동시에 건축이 인민의 사상을 지배하고 통제할 수 있다고 판단했기 때문이다. 다시 말하면 주체사상의 핵심요소를 건축적 표현을 통해, 보다 효과적으로 인민에게 사회주의 교양을 할 수 있었던 것으로 보인다. 그 결과 오늘날 평양의 모습은 김정일이 권력을 강화하는 과정에서 주체건축을 이용한 노력의 결과로 평가될 수 있다.

김정일은 「건축예술론」[1]을 통해 "위대한 령도자 김정일동지께서

1991년 5월 21일에 발표하신 로작. 조선로동당출판사에서 단행본으로 출판하였다"[2]로 시작하여 그 내용은《1.건축과 사회》,《2.건축과 창작》,《3.건축과 형성》,《4.건축과 지도》의 순서로 구성되어 있다.

북한 건축의 이념화에 기여했던 김정일의 건축예술론 내용 중 일부를 발췌해 보면, "우리의 건축가, 건설자들이 지난 기간 위대한 수령 김일성동지의 원대한 건축 구상을 높이 받들고 당의 건축방침을 관철하기 위하여 높은 충성심과 창작적 지혜를 남김없이 발휘함으로써 새롭고 독창적이며 혁명적인 우리 식의 주체건축을 훌륭히 창조하였으며 조국의 면모를 일신시키고 주체조선의 위용을 온 누리에 과시하였다"[3]고 배경을 설명하였다.

이러한 건축이론에 앞선 선전구호들과 북한건축은 체제 중심의 건설과정에서 건축물의 형식에 많은 영향을 주었다.

건축예술론에서 주체건축의 이론 중 가장 핵심이 되는 몇 가지 내용을 들면 "주체건축의 내용은 사회주의적인 것이며 형식은 민족적인 것이다."[4] "건축에서 민족적 형식에 사회주의적 내용을 부여한다는 것은 그것을 서로 밀접히 결합시켜 자기 민족이 좋아하고 자기 민족의 감정과 구미에 맞는 형식에 혁명적인 내용, 사회주의적 내용을 담는다는 것을 의미한다."[5] "주체건축은 영생불멸의 주체사상을 구현한 인민대중중심의 건축이다."[6] "주체건축은 위대한 수령 김일성동지께서 력사상 처음으로 창시하시고 위대한 령도자 김정일동지께서 발전완성시키신 주체사상을 지도적 지침으로 하여 창조한 건축으로서 인민대중이 력사의 주인으로 등장한 력사적시대의 요구에 맞는 우리 식의 건축이다."[7]고 한 내용을 들 수 있다.

김정일의 '건축예술론'은 북한 건축의 모든 것이 국가통제 하에 체계적으로 관리되고 있음을 보여주고 있으며, 이들 이론을 바탕으로 사회주의 건축의 이념화 과정을 이해할 수 있다.

특히 "형식은 민족적"이라고 정의한데 대해, "민족적"은 주체사상의 핵심으로 건물의 외관이 민족 전통성을 갖도록 함으로써 제국주의적 이미지와 차별성을 갖도록 하는 등 주체사상이 인민들의 정신과 소통할 수 있게 한 것이다. 인민대학습당, 평양대극장, 옥류관과 같이 전통건축의 형태를 취하고 있는 건축물이 대표적인 사례이긴 하지만 남한에서 지향하는 전통건축과 구분되어야 하는 것은 그 출발점이 서로 다르기 때문이다.

김정은은 2012년 마식령 스키장 개발계획을 발표하면서 평양에 물놀이장, 승마장, 보육 시설 등과 같이 인민들의 피부에 와 닿는 시설들을 건설하기 시작했다. 이른바 '인민대중제일주의'에 입각한 인민중심의 시설을 건설하는 등 건축을 통한 정치에도 눈을 뜬 것이다.

그러나 김정은은 집권 초기부터 강력한 리더십에 목말라 했었다. 2013년부터는 공포정치를 통해 그전과 다른 강한 지도자의 이미지를 나타내기도 했다.

그의 강력한 지도자상은 대형 건설사업에서도 나타나기 시작했다. 2017년 4월 13일 북한은 외신기자들까지 초청해가며 려명거리의 완공을 선전했다. 이처럼 평양의 고층건물은 김정은 시대에 들어 눈에 띄게 늘어나기 시작했다. 창전거리를 시작으로 은하과학자거리, 미래과학자거리, 려명거리 등에 고층 주거건축물을 공들여 짓기 시작했다. 김일성이나 김정일 시대에는 류경호텔이나 주체사상탑과 같이 기념비적인 건축물에 공들인 반면, 김정은 시대에는 주거용 고층 건축물에 많은 투자가 이루어지고 있다. 이것은 김정일 시대까지는 사회주의국가 성장시대의 체제완성을 위한 건축행위였던 반면, 김정은 시대에는 체제 유지를 위한 기반조성의 수단으로 활용하는 모습이다. 특히 건설

현장에서 거대한 건축물을 뒤로한 채 현지 지도하는 그의 모습은 강력한 리더십을 가진 통치자로 비쳤을 것이다.[8]

북한 건축정책의 함정

2019년 2월 하노이에서 열렸던 북미회담의 실패는 김정은에게 건축이 보다 공세적인 수단으로 활용되는 계기가 되었다. 2020년 코로나 팬데믹 사태는 국경폐쇄라는 극단적 처방을 내리게 되면서, 북에서 들려오는 '자력갱생'의 구호는 더욱 커지기만 했다. 이 시기에 김정은 위원장은 2020년 3월 평양종합병원을 건립하기 위한 기공식을 거행하였다. 그렇지만 그가 원했던 대로 그해 10월 개원은 실패했다. 그 후 수년이 흐른 지금도 개원했다는 소식은 들리지 않고 있다. 그렇지만 강력한 대북 경제제재가 장기화되면서 김정은은 관광사업에 막대한 자원을 투입하기 시작했다. 이중 대표적인 것은 원산갈마해안관광지구일 것이다. 그의 구상이 현실화되는 듯 했지만, 현실은 그를 따라주지 못한 채 지금은 방치된 상태에서 사업 마무리를 기다리고 있다.

또한, 2021년에 들어와서는 평양에 대규모의 살림집 건설사업을 펼치기 시작했다. 언뜻 북한 주민들의 부족한 주거난을 해소하기 위한 정책으로 이해할 수 있지만, 평양의 주택 건설의 공급대상은 일반 주민보다는 특수층에게 돌아간다는 것이다. 조선중앙TV는 2022년 4월 15일 태양절을 맞아 평양 보통강변에 건설된 다락식 아파트에 김정은 위원장의 측근으로 알려진 리춘희 아나운서가 입주하는 모습을 보도했다.

이러한 북한 최고지도자의 건축정책이 그 본질성을 벗어날 경우 자칫 함정에 빠질 수 있음을 보여주는 사례이다.

통일 준비를 위한 시나리오

시나리오의 정의

시나리오 기법은 미래학에서 다양한 연구를 진행하면서 미래를 예측할 수 있는 한 방법으로 사용하고 있는 중요한 도구이다. 특히 예측 가능한 미래보다는 예측하기 어려운 불확실한 미래를 영화 시나리오처럼 제시한다고 해서 시나리오 기법이라고 한다.

최근 시나리오 기법은 사회과학은 물론 경제학, 경영학, 공학 등 다양한 분야에서 활용되고 있다.

한반도 통일 시나리오

한반도 통일 관련 시나리오 연구는 1990년대 중반과 2000년대 후반에 많이 이루어졌으며, 특히 김일성 주석의 사망과 대규모 식량난, 에너지난, 김정일 국방위원장의 건강 이상설과 사망, 김정은 3대 세습 등 북한의 큰 변화가 예측되는 시기에 활발한 연구가 진행되었다.[9]

통일의 유형

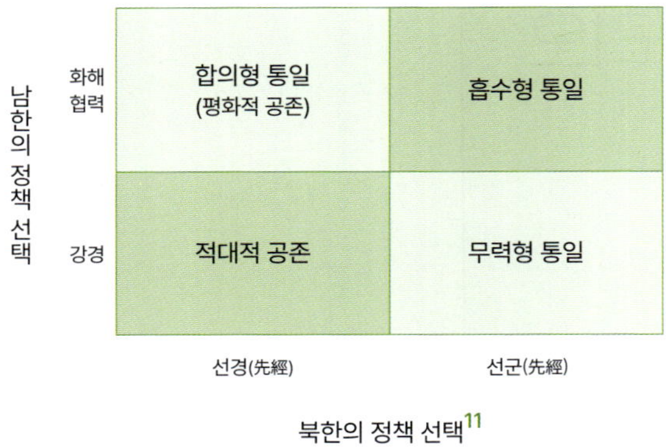

여러 시나리오 이론 중에서 현재의 한반도 상황에서 건축정책으로 대응할 수 있는 시나리오를 제시하고자 한다. 고경민(2015)[10]은 통일 시나리오의 분석을 위한 변수로 국제적 수준, 남북관계 수준, 북한 국내 수준, 남한 국내수준 등 크게 네 가지로 범주화하여 통일을 영향을 미치는 핵심 변수를 설정하였다. 핵심 변수는 '남한의 정책 선택'과 '북한의 정책 선택'이며, 전자는 대북 화해 협력정책과 대북 강경정책으로, 후자는 선경(先經)정책과 선군(先軍)정책으로 나눌 수 있어 네 가지 통일 유형의 분류가 가능하다. 통일의 유형으로 합의형 통일, 흡수형 통일, 적대적 공존, 무력형 통일의 네 가지의 통일 방식을 도출·정리하였다.

통일 시나리오에 따른 대북정책

지구상의 어떤 지역도 지금의 한반도 상황만큼이나 불확실성에 둘러싸인 곳을 찾아보기는 어렵다. 그것은 한반도에 서로 다른 두 체제가 전쟁 이후 종전이 아닌 휴전상태에서 대립 관계에 있으며, 수많은 분쟁이 끊임없이 이어져 오는 가운데 긴장감이 해소되지 않기 때문이다.

특히 북한은 이미 변화된 주변국과는 달리 기존 사회주의 체제를 유지하기 위한 정책을 고수해 왔으며, 이는 지정학적으로 고립될 수밖에 없는 상황을 재촉한 결과로 이어졌다.. 그뿐만 아니라 북한은 남한과의 체제경쟁에서 경제적으로 패배감을 갖기에 충분했으며, 대미 관계에서도 적대적 관계에서의 불안감에 포위의식마저 팽배해 있다. 이런 가운데 북한은 자신의 핵과 장거리 미사일 개발에 대한 정당성을 주장하고 있으며 이에 따른 남한과의 군사적 긴장감은 더욱 높아진 상태에 있다.

우리의 통일정책은 2014년 박근혜 정부의 '통일대박론', '통일준비위원회' 등의 이슈에 따른 흡수통일론으로 남북관계가 소강상태에 머물게 되었다. 그러나 문재인 정부의 '평화체제'를 앞세운 대북정책을 통해 남북 간 관계는 대화와 소통국면에 접어들었다.

더욱이 2018년 평창동계올림픽과 남북정상회담, 북미정상회담의 기대와는 달리 2019년 2월 하노이에서 개최된 북미회담이 실패하면서 한반도의 불확실성이 더욱 높아지기 시작했다. 또한, 계속되는 북핵 개발과 위협적인 대남 도발은 윤석열정부에 들어 대북 강경정책과 함께 향후 한반도의 정세를 예상하는 일이 더욱 어렵게 되었다.

이러한 한반도의 상황에 대해 다각적이고 폭넓게 분석한 미래예측 시나리오 기법을 적용할 경우 어떠한 상황변화에도 신속한 대처를 할 수 있도록 도울 수 있다. 특히 통일 시나리오는 한반도 통일을 지향하는 국가 목표에 부합하며, 각각의 상황에 따른 변수를 중심으로 올바른 정책의 선택과 통일을 이르는 장기적인 계획을 제시할 수 있다.

통일의 유형과 시나리오

통일의 유형

통일의 유형은 소요 시간에 따라 크게 점진적 통일과 급진적 통일로

점진적 통일상황의 대북정책 및 관련 사업

남북 변화상황		대북정책	연관사업
통일전 · 통일 과정	남북 경제교류	- 경제협력 확대 - 경제특구 투자협력 - 산업용 에너지 협력 - 개성공단 재가동 및 확대	- 유통·물류인프라 구축 - 개성공단 확대 - 산업단지 조성 - 배후도시 건설 - 지하자원 개발
	경제개혁 (시장개방·체제전환)	- 경제 인프라 확대 - 국제금융(개발금융) 지원 - 민간투자(협력) 확대	- 유통·물류인프라 구축 - 항만, 교통시설의 현대화 - 북한내 관광지 개발사업 - 산업전시장 건설
	인도적 지원	- 취약계층 지원 - 생활용 에너지 지원 - 주거환경 개선	- 주거환경 개선사 - 에너지 등 주거성능 확보
	인구이동 발생 (북한내)	- 농어촌 인구 유지 - 지역발전 및 지역사회 안정화 정책지원	- 주거환경 개선사업 - 지역 의료, 문화, 복지시설 확대
통일 이후	도시개발	- 시장경제체제에 따른 도시구조 확보 - 일자리 창출을 위한 건설시장 확대	- 취약지구 개발 - 대규모 도시개발 및 리모델링 - 사회주의역사 및 문화보전 - 사회주의 도시의 관광자원화 - 중소도시 재건사업 - 대규모 건설인력 육성 프로그램
	토지사유화	- 토지의 획지에 따른 도시구조 변화 - 농지 사유화	- 토지 사유화에 따른 대규모 이주사업 - 농어촌 주택모델 개발
	주거환경 개선	- 중소도시의 낙후지역 개발 - 생활환경 및 편의성 개선 - 농촌 주거공간구조 개선	- 기존주거시설의 리모델링 - 산업화에 의한 배후도시 개발 - 지역 의료, 문화, 복지시설 확대 - 농촌 사회주의 주거시설의 개선
	인구이동 (북한→남한)	- 탈북민 지원 - 일자리 확보 지원	- 임시 주거시설 지원 - 남한내 산업단지 연계 - 직업교육 프로그램 - 의료, 문화, 복지시설 지원

출처: 대한건축학회[12]

구분된다. 네 개의 통일유형 가운데 합의형 통일(평화적 공존)의 경우 점진적 통일유형에 속할 수 있으며, 흡수형 통일이나 무력형 통일 및 적대적 공존상태에서 이루어지는 통일은 급진적 통일 성격을 가진다.

점진적 통일 시나리오: 점진적 통일은 복잡한 과정과 다양한 변수에 의해 작용할 경우 상당히 긴 시간이 소요될 수 있다. 합의형 통일의 경우 남북 간의 노력 여부에 따라 합의에 의한 평화체제를 구축하고, 더 나아가 교류협력단계를 이어간다면 궁극적으로 통일단계에 이를 수 있다. 이 과정에서 북핵 문제라는 큰 걸림돌이 제거되어야 하는 현실에서는 상당히 불확실성에 둘러싸인 듯 하지만 어느 단계에서는 상당한 속도로 진전을 이룰 수도 있다. 단지, 통일을 이미 이룬 독일의 사례에서 본 바와 같이 오랜 시간 동안 상황을 변화시키려고 끈질긴 시도와 노력을 기울인 점은 통일을 지향하는 한반도가 받아들여야 할 교훈이다. 이러한 노력 끝에 남북의 협력체계가 이루어질 경우를 대비해서 미래 상황을 예측하고 실용성 있는 건축 관련 정책과 사업을 예상해 볼 수 있다.

급진적 통일 시나리오: 급진적 통일은 한반도의 군사적 긴장 상태가 지속이 되는 적대적 공존상태에서 남북 간에 불의의 사고 또는 예상 밖의 사태에 따라 가정할 수 있는 통일유형이다. 또한, 급진적 통일은 남한의 변수보다는 북한 내의 불확실성 또는 남한을 포함한 주변국과의 갈등으로 인한 충돌로 인해 급변사태가 발생할 경우, 북한 정권의 붕괴로 이어질 수 있는 통일 시나리오이다

급진적 통일은 남한 사회에 경제적, 정치적, 사회적인 충격이 매우 크게 작용하며, 특히 북한 주민의 대규모 탈북사태 등 위험 요소를 안

급진적 통일상황의 대북정책 및 관련 사업

납북 변화상황		대북정책	연관사업
통일전 · 통일 과정	대북제재 및 경제난 가속	- 인도주의적 지원 (보건, 식량, 비료, 에너지 등)	- 물류, 교통인프라 구축 - 각종 구호물자 공급 - 취약지역 주거환경 개선사업
	북한 내 혼란, 권력층 균열 (쿠데타 등 급변사태)	- 주변국의 군사적 개입 - 국방부 개념계획 대응	- 각종 복구사업 지원
	대규모 난민 발생 (북한→남한)	- 난민수용 및 지원 - 인구이동 통제	- 임시주거시설 지원 - 남한내 산업단지 연계 - 직업교육 프로그램 가동 - 의료, 문화, 복지시설 지원
통일 이후	도시개발	- 시장경제체제에 따른 도시구조 확보 - 일자리 창출을 위한 건설시장 확대	- 취약지구 개발 - 대규모 도시개발 및 리모델링 - 사회주의역사 및 문화보전 - 사회주의 도시의 관광자원화 - 중소도시 재건사업 - 대규모 건설인력 육성 프로그램
	토지사유화	- 토지의 획지에 따른 도시구조 변화 - 농지 사유화	- 토지 사유화에 따른 대규모 이주사업 - 농어촌 주택모델 개발
	주거 환경개선	- 중소도시의 낙후지역 개발 - 생활환경 및 편의성 개선 - 농촌 주거공간구조 개선	- 기존주거시설의 리모델링 - 산업화에 의한 배후도시 개발 - 지역 의료, 문화, 복지시설 확대 - 농촌 사회주의 주거시설의 개선
	북한내 경제난 및 대량실업	- 북한 경제재건 - 북한지역의 산업화 - 노동시장 확대	- 민간투자사업 확대 - 산업단지 건설 - 대규모 주택건설 - 북한지역내 건설사업 - 건설인력 육성 프로그램
	인구이동 (북한→남한)	- 탈북민 지원 - 일자리 확보 지원	- 주거시설 지원 - 남한내 산업단지 연계 - 직업교육 프로그램 - 의료, 문화, 복지시설 지원

출처: 대한건축학회[13]

고 있으므로 대응방안이 필요하다. 급진적 통일 시나리오는 한반도의 긴장 상태가 고조될수록 그 가능성이 커질 수 있으며, 특히 북한의 핵 개발과 대륙 간 장거리 미사일 발사시험 등에 따른 북미 간의 갈등으로 한반도는 위기 상황을 여러 차례 겪었던 경험이 있다.

시나리오 설정의 전제

본 연구에서는 다양한 상황 변수에 의한 시나리오의 검토와 대응방안의 도출 중 현 상황에서 우선적으로 대응해야 할 시나리오를 중점적으로 다루고자 한다.

현재의 한반도는 북한과 러시아, 중국의 삼각관계가 강화되고 있는 상황이며, 이에 대응한 한국, 미국, 일본의 협력관계는 어느 시기보다 강력하게 밀착되고 있다. 따라서 북핵 문제의 해결이 선행되지 않는 한 과거와 같은 평화기반의 시나리오와 남북교류와 협력관계를 전제로 대응방안을 구상하기보다는 지금과 같은 남북 강대강 대치상황에 따른 대응 시나리오를 우선 검토하고자 한다.

북핵타결 시나리오(적대적 공존형 통일): 한반도에 대립과 긴장 상태가 유지되는 가운데 북미 간의 북핵 문제 타결의 시나리오를 가정할 수 있다. (한미동맹 관계가 지속이 되는 한 미국이 북한의 통미봉남 정책에 동의하고 북핵 문제를 해결할 확률은 매우 낮다) 만일 이러한 일이 발생한다 해도 남북 간의 갈등이 지속될 경우 적대적 공존상태에 머물 수 있다.

북핵문제 미타결 시나리오(흡수형 통일/무력형 통일): 한반도의 군사적 대립과 긴장 상태가 유지되는 가운데 북미 간의 북핵 문제가 남아있는 채로 대북제재가 지속이 되면 북한의 외교적 고립과 경제난은 더욱 가중되어 궁극적으로 북한체제가 유지의 한계점에 도달하여 흡수형 통일을 이르거나 북미 간 혹은 남북 간의 군사적 행동으로 인한 무력형 통일 시나리오를 가정할 수 있다. 또 한 가지는 남북 간 군사적 대립이 지속이 되는 한 통일로 이어지지 않을 경우, 적대적 공존상태를 유지할 수 있다.

적대적 공존형 통일유형의 시나리오

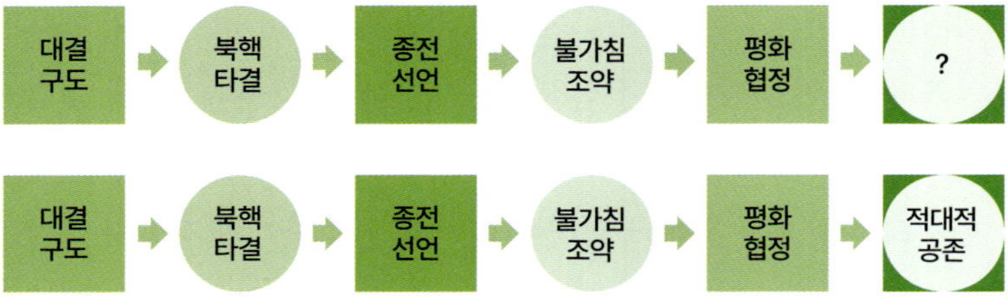

흡수형 통일유형의 시나리오

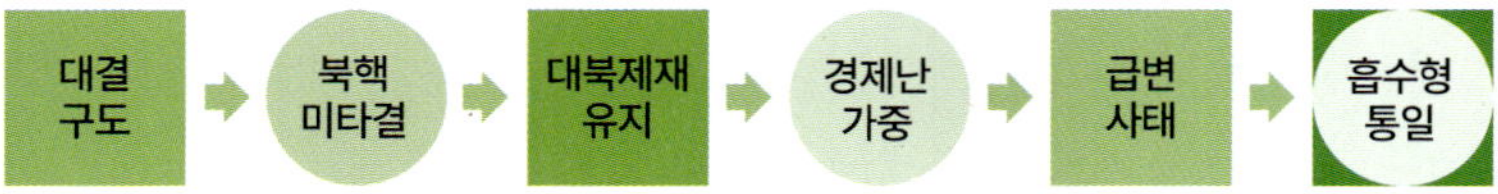

무력형 통일유형의 시나리오

한반도 통일 리스크(인구이동)

급진적 통일 시나리오에 따른 인구이동

급진적 통일 시나리오에서는 북한의 사회적 혼란과 정치적 위협에 따른 주민들의 불안요소가 급증하여 생명의 위협으로부터 탈출하고자 하는 북한 주민들의 인구이동이 발생할 가능성이 크다. 이때 다양한 경로를 통해 남한으로의 탈출하려는 북한 주민을 남한 정부는 적극적으로 이들을 보호하기 위한 정책을 펼쳐야 하며, 이에 필요한 생활

공간의 확보는 무엇보다 중요하다. 경우에 따라서는 기존 재해·재난에 대비하여 임시 주거 또는 학교나 체육관 등 공공시설을 임시거주 시설로 활용한 것과 마찬가지로 한반도 변화 시기에 북한 주민에게 주거시설과 생활 시설로도 제공이 가능할 수 있다. 그러나 긴박한 시기에는 한순간 많은 인구의 이동에 대비해 빠른 시공이 가능한 공법과 자재를 활용하여 접경지역이나 해안가 등 사전 준비된 입지에 임시거주 시설 공사를 시행할 수도 있어야 한다. 임시거주 시설 및 생활 시설에서는 거주의 기능 이외에도 각종 교육과 적응훈련을 시행하고, 장기적으로는 남한 정착을 위해 점진적으로 임시주거시설이 아닌 영구 주거단지로도 사용할 수 있도록 하여야 한다.

궁극적으로 남한으로 대피한 북한 주민들의 북한지역 복귀가 가능한 계획도 반영되어야 한다. 이를 위해서는 장기적 계획에서 한반도 위기상황 이후 북한 내 산업 특구와 같은 특정 입지부터 주거환경 개선사업을 진행해야 하며, 도로나 수도, 전기, 통신, 가스와 같은 필수 인프라 시설을 함께 공급할 수 있어야 한다.

급진적 통일시 인구이동 규모

급진적 통일과정에서의 인구이동 규모에 대한 일부 분석에 따르면 통일 이후 북한 주민의 대규모 남하는 최소 140만 명에서 최대 600만 명에 이를 것으로 추정되고 있다.[14] 또한, 미국 외교관계협의회(CFR)의 한 보고서에 따르면 북한 급변사태 시 약 100만 명의 탈북난민이 발생할 수 있으며, 이 중에서 50만 명은 중국으로, 30만 명은 한국으로, 그리고 나머지 20만 명은 러시아와 일본으로 향할 것으로 추측했다.[15] 이밖에도 급진적 통일시 북한 주민의 인구이동에 대해 연구자마다 서로 다른 예측을 하고 있다. 황나미 외(2011)는 북한의 급변사태에 따른 유혈사태 발생 시 최소 359만 명, 무혈사태 발생 시 최소 241만 명의 규모로 예측하였다. 한국경영자총협회(2012)는 161만~365만 명, 정경영 외(2014)는 약 70만 명의 북한 주민이 북한의 급변사태 시 중국과 한국으로 이동할 것을 예측하였다.

통일 후
주거공급 정책 및 전략

북한의 주택수요

북한 주택 수요추정을 통해 주거입지, 주택 소유 형태, 주거수준의 형태를 분석하고 예측하는 것은 적절한 주택 공급계획을 수립하는 데 필수적이다.[16] 특히 국가 주도의 계획경제 체제로 운영되는 사회에서 다른 재화와는 다르게 주택공급은 정부 주택정책에 많은 영향을 받는다고 할 수 있다. 북한이라는 사회에서는 주택 수요에 따른 공급이 아니라 정부 정책에 의하여 공급이 이루어진다는 특징을 갖는다.

북한의 주택수요 예측으로 2030년의 북한 주택 총 수요변화는 가구 증가분 124만 가구와 개인 수요 증가분 112만을 합하여 236만 호의 증가가 예상되며, 총 주택 수요는 825만 호로 추산되었다. 2040년 총 수요변화는 가구 증가분 149만 가구와 개인 수요 증가분 182만을 합하여 331만 호의 증가가 예상된다. 따라서 총 주택 수요는 920만 호로 추산되며 목표연도별 주택수요는 다음과 같이 예측할 수 있다.[17]

북한은 사회주의국가 초기부터 공동주택을 중심으로 건설되었던

목표연도별 주택수요 변화예측

구분	목표년도	
	2030년	2040년
총 주택수요	8,253,773	9,205,511
주택 총수요변화	2,366,302	3,318,040
개인수요 증가분	1,118,619	1,825,116
가구 증가분	1,247,683	1,492,924
목표연도 가구수	7,135,154	7,380,395
주택멸실분	4,297,853	4,921,925

출처: LH 토지주택연구[18]

점을 고려하여 향후 공동주택의 비율을 60% 이상 반영하였다. 기존의 도시와는 달리 새로 개발되는 경제특구 및 거점지역에 대해서는 가구 구성원을 1~2인 가구 등의 소규모 가구원의 입주를 예상하고 계획을 수립하여야 한다. 주거공급계획 수립 시 고려해야 할 요인은 아래 표와 같다.

주거공급계획 수립 시 고려요인

신규개발과 개보수 비중	공급유형	지역별 특성 고려
∘ 멸실주택 20% 개보수 ∘ 멸실 30% 재건축 ∘ 재건축시 기존 재고 2배 증가로 가정	∘ 2008년 북한 공동주택 65.9% ∘ 재건축 및 신규주택으로 공급되는 주택유형 현재 지역별 비중유지 - 재건축 공동주택 100%공급 가정 - 평양시 공동:단독 (80:20) - 특구 공동 75 : 단독 25	∘ 2030년까지 19개 경제개발구 및 3개 특구개발가정 ∘ 젊은층 2인 가구(부부) 고려, 가구수 설정

출처: LH 토지주택연구[19]

북한 주택 공급현황

북한의 주택정책

북한은 정전협정이 체결된 다음 날 정전협정을 경축하는 군중대회를 개최하였고, 8월 5일 김일성은 조선로동당 중앙위원회 제6차 전원회의에서 '모든 것을 전후 인민 경제 복구발전을 위하여'라는 제목으로 보고하였다. 이것은 정전 이후 가장 긴급한 것이 전후복구였음을 의미한다.

북한의 주택은 1958년 사회주의제도 수립 이전에 있던 주택만 개인소유로 인정되고 그 이후부터 건설된 집은 국가 및 공장, 기업소, 협동단체 소유로 되어있다. 그러나 1990년 중반 '고난의 행군' 시기부터 살림집을 마음대로 팔고 사는 행위가 사회에 보편화 되자 이를 막기 위한 대책으로 2009년 살림집 법을 제정하고 이기적 목적이나 부당한 목적으로 국가주택을 불법 거래하는 행위를 할 수 없다고 규정하였다.[20]

북한은 1949~1993년까지는 사회주의 계획경제에 따라 국가가 건설하고 무상 배분하는 체계로 운영되었으며, 1957년부터 1976년까지는 전후복구기를 거쳐 비교적 빠른 경제성장과 미래에 대한 낙관적인 전망을 바탕으로 주민들의 주택 수요를 만족시키고자 노력한 시기이다. 이 시기는 중앙집권적 주택정책으로 국가건설주택의 공급이 최고 절정기에 달한 시기라고 할 수 있다.[21]

1977년 이후 1980년대 말까지는 기본적인 주택정책 이념이 퇴색되고, 경제성장률의 둔화로 국가의 신규공급주택이 역시 둔화하는 시점으로 하강국면에 접어드는 시기이다. 1980년 말 이후 1990년대는 지속적인 마이너스 경제성장에 따른 경제난으로 인해 신규주택 공급 여력은 거의 없었으며, 자조 주택의 건설, 불법적인 주택거래 등 사회주의 주택정책에 일탈하는 현상들이 나타나기 시작한 시점으로 평양을 제외한 지역의 주택통제가 이완되는 시기[22]이다.

1993년 고난의 행군 이후 경제위기를 극복하는 과정에서 시장이 형성되고, 이때부터 국가에 의한 무상배분이 제한적으로 이루어지기 시작하였다. 헌법개정을 통하여 주거와 이동의 자유를 보장한다는 조항을 신규 삽입하였고, 북한의 헌법이 사후 추인적인 성격을 가지는 특성상 이미 주거와 인구이동에 대한 통제가 불가능한 상황[23]이라고 볼 수 있다. 2000년 중반 이후 시장에 의한 공급과 배분체계가 확산하는 것으로 파악되고 있다.

북한 주택정책 시기 구분

<table>
<tr><th>시장형성 관점
(홍성원 외)</th><th>경제산업 정책과 연계
(박용석 외)</th><th>체제전환 및 경제성장률 기준
(이성우 외)</th></tr>
<tr><td rowspan="5">1993년 까지</td><td></td><td>제1기: 민간주택 국유화 및 재분배 과정(45~56)</td></tr>
<tr><td>제1기: 제1차 7개년계획(61~70)</td><td rowspan="2">제2기: 중앙집권적 주택정책 및 국가 주도공급 (57~76)</td></tr>
<tr><td>제2기: 6개년계획(71~76)</td></tr>
<tr><td>제3기: 제2차 7개년계획(78~84)</td><td>제3기: 경제성장률 둔화 및 신규주택 감소기(77~89)</td></tr>
<tr><td>제4기: 제3차 7개년계획(87~93)</td><td rowspan="2">제4기: 김일성 사망 전후 체재 불안정 및 자조 주택 (90~98)</td></tr>
<tr><td rowspan="2">1994년 이후</td><td>제5기: 고난의 시기(94~2000)</td></tr>
<tr><td>제6기: 2000년~현재</td><td>제5기: 주택시장경제 틀 마련 (99년 이후)</td></tr>
</table>

출처: 토지주택연구원[24]

북한의 주택 수요 및 공급현황

북한의 주거수준을 인지하는 것은 통일 시나리오에서 매우 중요하다. 독일의 통일과정에서 동독인의 주거환경에 대한 불만이 대규모 인구이동으로 이어졌다는 사례를 확인할 수 있다. 따라서 북한지역의 주거수준 역시 북한 주민의 비대칭적 주거 만족도와 연계된 인구이동의 요인이 될 수 있으며, 이로 인해 통일 시나리오를 통한 인구이동 억제 정책의 검토가 필요하다.

2008년 통계청의 인구-센서스 결과에 의하면, 북한의 일반 가구는 588.7만 가구로 1993년 센서스의 일반 가구 480.2만 가구보다 100만 가구 이상이 증가하였다. 이는 북한 전체가 고난의 행군을 경험하고 식량 배급제도의 기능이 상실되는 어려움에도 불구하고 가구 분열(household fission)이 빠른 속도로 진행되고 있으며, 북한지역의 도시화 과정에서 나타나는 핵가족 가구의 증가 현상으로 남한 사회의 현상과 유사하다고 볼 수 있다. 평양의 경우 핵가족 가구가 일반 가구의 36.9%를 차지하여 핵가족의 비율이 높았으며, 강원도(28.8%), 함경북도(29.1%), 평안남도(29.6%)는 낮았다.[25]

북한 주민들은 전체 가구의 43.9%인 2,584천 가구가 연립주택에 거주하고 있으나, 농촌지역은 단독주택의 거주 비율이 연립주택 35.1%보다 24.3%가 높은 59.4%를 차지하고, 도시지역은 연립주택의 비율이 49.5%로 분석되었다.[26] 반면 남한의 경우 2005년 단독주택의 비율이 44.5%로 가장 높으나 아파트 거주 비율이 41.7%로 북한보다 약 2배 높은 것으로 나타났다.[27]

북한의 주거 형태와 분포를 보면[28] 50%에 가까운 주민들이 연립형태의 비교적 열악한 주거환경에서 생활하고 있음을 알 수 있다.

북한 주민들의 주택보급은 북한의 경제여건에 많은 영향을 받아온 것으로 파악된다. 정권별 계획목표 대비 실적을 살펴보면, 김일성 정권기에는 약 50% 내외 실적을 달성한 것으로 보도되고 있으나 김정일과 김정은 정권 시기에는 선전용 살림집 건설사업 이외에 전국단위의

주택의 형태별 가구 수

구분			단독주택	연립주택	아파트	기타
북한	전체	5,887,471 (100)	1,988,415 (33.8)	2,584,435 (43.9)	1,261,709 (21.4)	52,912 (0.9)
	도시	3,579,626 (100)	616,955 (17.2)	1,773,414 (49.5)	1,164,767 (32.5)	24,490 (0.7)
	농촌	2,307,845 (100)	1,371,460 (59.4)	811,021 (35.1)	96,942 (4.2)	28,422 (1.2)
남한 (2005년)		15,887,128 (100)	7,064,128 (44.5)	1,695,429 (10.7)	6,628,993 (41.7)	498,578 (3.1)

주 : 북한은 '단독주택, 연립주택, 아파트, 기타'로 구분되고, 남한은 '단독주택, 연립주택, 다세대주택, 아파트, 기타'로 구분되어 이번 분석에서 남한의 다세대주택은 연립주택 항목에 포함함

출처: 통계청[29]

계획목표 수립은 별도로 이루어지지 않은 것으로 파악되고 있다. 이는 고난의 행군 시기를 거치면서, 살림집 건설보다는 식량 확보가 우선적으로 고려되어야 할 현안으로 중요했을 것으로 판단되며 이로 인해 주택건설을 위한 당국의 투자 우선순위가 낮아진 것으로 해석될 수 있다.[30]

2002년 7.1 경제관리 개선조치(시장경제요소 도입)에 따라 주택 부문에서는 국가가 부담해 온 주택임대료를 주민이 직접 지불하도록 함으로써 이 시기를 기점으로 주택매매가 본격화되었고 주택 신축업자가 등장하였다. 주택건설 자재 및 자금이 부족하여 공급량이 수요에 미치지 못하면서 주민들은 스스로가 주택문제를 해결해야 하는 상황이 되었다.[31]

북한의 주택공급에 따른 북한의 주택보급률을 2008년 가구 수 기준으로 분석해 보면, 언론 보도자료를 기준으로 할 경우는 58.5%이며, 조선중앙연감의 연도별 실적 자료를 기준으로 할 경우는 약 80~90%로 파악된다. 그러나 조선중앙연감에서 주요 사업실적으로 제시한 평양 10만 호와 2003년에 주력사업인 농촌새마을 살림집의 실제 건설

실적은 파악되지 않고 있고, 가그당 가구원 수 추정기준을 미 분가 세대를 포함하고 있는지에 따라 실제 주택보급률은 더 낮을 것으로 보인

조선중앙연감 및 언론매체를 통한 북한주택 공급실적(1)

계획기간	조선중앙연감	북한 언론 보도자료 확인 가능 물량
2개년계획(1949~1950)		
3개년계획(1954~1956)	60만 세대	
5개년계획(1957~1961년)		
1차7개년계획(1961~1967년)	80만 호	
6개년계획(1971~1976년)	도시 41만 4000세대 농촌 47만 2,000세대	
2차7개년계획(1978~1984)	70~105만 호	
3차7개년계획(1987~1993년)	160만 세대	
1994~1999년	7.2만 세대	
2000년~2005년	46만 세대	29,692
2006년~2010년	평양 10만 호 공급계획 발표	4,417
2010년~2014년	3천 세대	5,754

출처: 토지주택연구원, 북한 주택 현황조사·분석 연구[32]

조선중앙연감 및 언론매체를 통한 북한주택 공급실적(2)

구분	주택도시연구원	북한경제포럼	국토연구원	건설산업연구원
가구원 수	4.8명 (1999년)	4.13명 (2002년)	4.3명 (2006년)	4.08명 (2008년)
가구 수	485만 호 (1995년)	480만 호	537만 호 (2006년)	588만 호 (2008년)
주택 수	588만 호 (2008년)	288~384만 호	412~447만 호 (2006년)	447~482만 호 (2013년 기준)
보급률	55~63%	70% 내외	77~83%	74~80%

출처: 토지주택연구원, 북한 주택 현황조사·분석 연구

다. 국내 주요 연구기관도 자체분석한 주택보급률을 보여주고 있으나 거주환경의 질적인 부문에 대한 검토가 필요하다.

북한 주택공급 방안

북한 주택사업 추진을 위해서는 중장기적인 수요추정 및 공급계획에 따른 양적 확대도 중요하지만, 단계별 공급계획 실현을 위한 건설산업 인프라 구축, 도시개발과의 연계 추진, 그리고 현재 시장화 과정에서 소외된 계층을 위한 주거 빈곤 문제 해소와 기존주택 성능개선을 동시에 추진해야 한다.[33]

공급계획 구상에 따라 단기적으로 2030년까지 약 243만 호 신규공급이 필요하며, 이중 기존 건물 재건축 50%, 개보수 17%, 신축 33%로 공급이 필요하다. 그러나 현재 당국의 분담 비중이 공식적인 보도자료를 통해 분석한 결과 가구 증가분의 20% 내외이고, 돈주 및 합영합작의 참여는 증가하고 있으나 시장의 기여도를 객관적으로 확인하기 어렵다. 공급목표 달성을 위해서는 국가(당국) 및 시장의 역할분담이 필요하며, 새로운 주체의 참여와 사업방식이 전환이 불가피하다. 적정주택의 적시공급을 위해서는 현재 비제도적으로 운영되는 소유권 제도의 개선이 필요하며, 공급체계도 다양한 주체가 참여할 수 있도록 개편되어야 한다. 또한, 산업기반을 육성하기 위한 주택건설과 합영합작 투자를 유도하기 위한 토지이용 방식과 기준, 기반시설정비와 공공의 지원방안도 마련되어야 한다.[34]

중장기 공급목표를 달성하기 위해서는 다양한 주체가 참여하는 사업추진과 지원 프로그램이 마련되어야 하나, 북한이 관심을 두고 있는 경제개발구를 중심으로 한 조성사업과 주택공급은 한국의 근대화 및 산업화 과정에서 추진되었던 공영개발 방식이 대안으로 활용될 수 있을 것이다.[35]

향후 북한주택 사업은 '주거기본권 보장을 위한 지원사업'과 '경제기반 지원형 주택사업'의 Two-Track 방식으로 추진하고, 기반시설 정비 및 의료·복지 농업·교육 분야와 패키지 방식으로 추진되어야 한다. 첫째는 주거기본권 차원의 민생 지원형 주택사업과 함께 주택 산업 육성지원과 마을 단위 자립을 지원, 의료복지 등 프로그램과 연계하여 추진해야 한다. 둘째는 산업 경제기반 지원을 위한 주택을 건설하고 이 과정에서 전력, 상하수도, 난방 등 생활 인프라 개선과 연계사업을 추진해야 한다. UN이 제안한 적절한 주거를 공급하기 위해서는 주택의 소유 및 임차권리 보장, 가격의 안정성 등 제도적인 측면에서도 고려가 되어야 하지만, 본 연구에서는 공급목표 달성을 위한 사업추진 방식 위주로 제안하고자 한다. 사업실행을 위한 주택 소유, 분양, 토지 이용 등 제도 정비는 추후 연구가 필요하다.[36]

급진적 통일 시나리오 기반 주거공급 정책

주거공급 정책방향 및 시나리오 단계별 공급전략

본 연구에서는 북한의 쿠데타, 내전, 대규모 재난, 식량난, 전쟁 등 급변상황에 의해 전개될 수 있는 급진적 시나리오에 대비하여 준비단계에서부터 통일이 실현될 통합단계까지의 단계별 주거공급 정책을 수립하고자 한다. 급진적(Rapid) 통일 시나리오에서 주거공급은 준비, 주의, 비상, 급변, 평화, 통합단계 여섯 단계로 구분할 수 있다.

급진적 통일 시나리오는 상대적으로 진행 속도가 빠르므로 사전준비 기간에 많은 시간적 투자가 필요하다. 특히 이 시기에는 많은 인구 이동에 대해 대비해야 하며, 거주 시설로서의 적정성과 이에 필요한 인프라를 공급할 수 있어야 한다.

급진적 통일 시나리오

사전준비 기간: 입지선정, 인프라공급

▼

북한내 상황 발생(주의단계): 북한 주민들의 인구이동 시작

▼

비상상황 : 급진 이동인구(난민) 수용	
남한 내 유휴공간 활용	단기 거주시설 공사

▼

급변상황 : 임시 거주시설 입주		
남한 내부 인구분산	북한 내부 인구분산	임시주거단지 정착
임시주거단지 축소		임시주거단지 확장

▼

통합단계: 국토 인구 분산배치, 노후주택 리모델링	
주거단지 안정화	주거환경 개선사업

준비단계(R-R) 주거공급 전략: 준비단계(R-R)에는 현재 정부에서 운영하는 하나원 또는 민간 협력단체를 통해 소규모 탈북민 관리와 함께 프로그램 운영을 위한 남한 내 임시거주 시설 공급방안을 검토해야 한다. 단기간 체류가 가능한 시설로서 이를 위한 적절한 입지선정 및 사전 인프라 공급방안을 검토한다. 임시주거시설 공급을 위한 체크리스트를 작성하여 입지선정과 공급이 가능한 단지 규모, 공법을 사전 검토하여 필요한 에너지, 용수 등의 인프라 공급계획을 수립할 수 있도록 한다. 이 시기에 고려해야 할 점은 북한의 상황변화에 따른 발생 가능한 탈북민의 규모를 예측해야 하며, 대규모 인구이동에 대한 대응 방안과 함께 고려해야 한다.

주의단계(R-C) 주거공급 전략: 주의단계(R-C)는 북한에 심각한 변화가 감지될 수 있는 시기이다. 북한 당국이 적극적으로 상황 수습과 통제에 나설 경우, 급변사태가 발생하더라도 인구이동 규모가 제한적일 수 있다. 그러나 북한 내 상황변화가 심각하여 분쟁의 규모가 확대될 경우 상황변화에 신속하게 대응할 수 있어야 한다. 내전 등의 양상에 대해 민간인의 피해가 불가피하며, 이 경우 다양한 탈출 경로를 통한 대규모 탈북사태로 이어질 수 있다. 이에 대응하기 위해서는 탈출경로를 예측하여 해안지역 또는 지방 거점도시에 하나원 추가분원 등의 임시 수용시설의 설치를 고려한다. 이때 빠른 시공과 대량공급이 가능한 공법과 시스템을 적용하여 준비기에 입지선정 된 지역에 임시주거단지 건설을 신속하게 진행하도록 한다.

비상단계(R-E) **주거공급 전략:** 비상단계(R-E)에는 북한의 상황이 실제 악화가 되어 내전 발생이나 이로 인한 무정부 상태 등의 상황이 될 수 있는 시기로서 북한 주민의 생존형 인구이동이 본격적으로 발생할 수 있다. 이 상황의 남한지역은 사실상 재난·재해 상황으로 보아야 한다. 그 이유는 북한에서 남한으로의 대규모 인구이동이 이루어질 경우, 남한 사회의 혼란과 이를 수습하기 위해 투입되는 비용이 천문학적으로 소요되기 때문이다. 기존의 재해재난 대비 임시 시설은 물론 학교나 교회, 체육관 등의 대형 실내공간과 무엇보다도 많은 인원을 수용하기 위해서는 임시거주 시설을 본격적으로 공급해야 한다. 이때 거주목적의 시설 이외에도 그들이 중장기적 체류에 따른 교육, 의료, 문화 등의 시설도 함께 고려되어야 한다.

급변상황(R-A) **주거공급 전략:** 급변상황(R-A)에는 궁극적으로 북한 정권이 붕괴하는 상황을 가정한 것으로 북한 주민의 인구이동 규모 또한 증가하여, 대규모 주거단지의 조성과 인프라의 제공이 필요한 시기이다. 특히 이와 같은 상황은 많은 북한 주민이 남한으로의 영구적인 이주를 결심하고 탈북한 경우를 가정해야 한다. 또한, 탈북민들에게 인접한 산업단지와 연계하여 일자리를 제공할 경우 정부의 경제적 부담을 완화시킬 수 있으며, 지역 사회의 발전에도 기여함으로써 남한 사회에 자연스럽게 통합되는 과정을 경험할 수 있다.

이에 따라 일시적으로는 임시 주거의 공급을 통해 혼란을 최소화할 수 있지만, 궁극적으로는 영구 주거단지 조성을 추진하기 위해 기존의 임시주거시설을 영구 주거단지로 전환하거나 주거환경 개선사업을 병행 추진해야 한다.

평화단계(R-P) **주거공급 전략:** 평화단계(R-P)에는 단일국가 체제로 전환되어 한반도 통일을 이루는 시기로 한반도 내에서 2차 대규모 인구이동이 발생할 수 있다. 이는 북한 내 열악한 주거환경과 식량, 에너지 공급의 문제로 인해 북한 주민의 경제형 인구이동이 추가로 발생할 수 있으며, 더 나아가 점진적 통일 시나리오에서 예측한 바 있는 북한지역의 산업구조 변화에 의한 지역 간의 인구이동이 예상되는 시기이다. 이에 대응과 억제를 위해서는 개성공단과 같은 접경지역을 거점 지역으로 개발할 수 있는 방안을 검토할 수 있다.

통합단계(R-C) **주거공급 전략:** 통합단계(R-C)는 점진적 통일 시나리오에서의 교류, 발전, 통합단계의 주거공급 정책을 시행 함으로써 통일국가로의 체제 안정과 한반도 국토종합발전을 통한 사회통합을 이루게 된다.

급진적 통일 시나리오 단계별 주거정책 및 전략

단계	주요 정책 및 전략	구조형식
R-R. 준비기	1. 하나원 대응 2. 임시주거 5만세대 준비	- 임시 주거시설 공급 이전 긴급 재난 대피주거 시설 공급 - 텐트/막구조/컨테이너 주택 - 기존 재난대피시설
R-C. 주의단계	1. 하나원 대응 2. 하나원 추가분원 설치 3. 임시주거 5만세대 공급	- 복합구조(막구조(지붕)+경량철골조(구조)) 주택 - 3층 이하의 조립식패널 및 모듈러 주택
R-E. 비상상황	1. 임시주거 5만세대 공급 2. 임시주거 5만세대 추가 공급	- 3층 이하의 조립식패널 및 모듈러 주택 - 5층 이하의 확장형 강관구조 주택 (콘크리트충전강관구조 주택이되 콘크리트 충전은 추후 진행)
R-A. 급변상황	1. 인접 산업단지와 연계한 임시 주거단지 안정화 2. 탈북민 이주, 정착을 고려한 임시주거단지의 확장, 축소	- 모듈러 주택 리모델링(수직 및 수평증축): 5층 이하 - 확장형 강관구조 리모델링 (콘크리트 충전 및 증축)을 통한 복합구조 10층 이상
R-P. 평화 단계	정부에서 대응가능한 수준에서 북한 환서해, 남북 접경지역 주거 공급	- 모듈러 주택 및 확장형 강관구조 주택 리모델링을 통한 증축 - RC 라멘조 공동주택 - 북한 주택 구조 리모델링
R-C. 통합 단계	1. 한반도 주요 거점도시 개발 2. 주거환경 개선 및 주거지 재생	- 모듈러 주택 및 확장형 강관구조 주택 리모델링을 통한 증축 - RC 라멘조 공동주택 - 북한 주택 구조 리모델링

출처: 대한건축학회[37]

임시주거 공급 방안

북한의 급작스러운 변화는 사전에 준비되지 않은 상태에서 남한에 큰 피해를 줄 수 있다. 시나리오에 의해 상황별로 대처하는 수준으로는 감당하기 어려운 측면이 많다. 그 이유는 사전 준비해야 할 시간이 많이 소요되기 때문에 급진적 통일 시나리오는 점진적 통일 시나리오와 달리 체계적이고 구체적인 전략이 필요하다. 특히 남북 간의 교류를 통한 남북공동의 준비가 이루어질 수 없는 상황에서 남한의 단독 준비단계는 매우 큰 어려움이 존재한다.

급진적 통일 시나리오의 전개는 짧은 기간 동안 이루어지는 측면이 있기 때문에 이 시기의 주거공급은 임시 주거단지 조성에서 출발할 수밖에 없다. 그러나 궁극적으로 많은 수의 북한 주민을 위한 주거공간을 공급한다는 측면에서는 장기적인 계획 또한 필요하다. 즉, 단기적으로는 임시 주거의 형식으로 제공될 수 있으나 중장기적으로는 영구주거의 형식으로 전환되어야 하기 때문이다.

지역을 설정함에 있어 발생 초기에는 접경지역을 우선적으로 고려할 수 있으나 북한의 불안한 상황이 장기화하거나 심각한 수준에 이르렀을 때는 대량 인구이동에 대한 대비로써 접경지역은 물론 해안지역이나 북한 주민의 생활 유지를 위해 산업단지와 연계될 수 있는 내륙도시지역을 고려할 수 있다. 또한, 각 지역별 주거단지의 규모는 지방자치단체에서 운영프로그램을 통해 관리가 가능한 단위를 설정하여 지나치게 큰 규모의 계획은 지양토록 한다.

임시거주시스템이 갖추어야 할 성능과 기능에 대해서는 일반적으로 적용해 온 재해재난용 임시거주시스템과 구별되어야 한다.

따라서 경제성과 더불어 대량의 주거시스템을 짧은 시간에 공급해야 하는 상황에서는 무엇보다도 효율성이 우선시 되어야 한다. 즉 효율성이란 사용 목적에 부합하는 다양한 성능을 가진 것을 말한다. 재래식 공법과 달리 시간과 노동력, 비용이 적게 들어가면서 최적의 주거성능을 발휘할 수 있는 시스템이어야 한다. 임시 주거시스템에 요구되는 기본 성능을 갖추기 위해서는 신속성, 이동성, 경제성 및 유지관리성, 다양성 등을 검토할 필요가 있다.

신속성: 전통적인 주택건설 방식은 주로 목재, 콘크리트, 철골과 같은 구조재를 현장에서 인력을 통한 시공방식으로 많은 노동력을 동원해야 하는 특성을 가지고 있다. 이로 인한 시공에 필요한 기간은 최소 수개월이 소요되는 것이 일반적이다. 그러나 다량의 인구이동에 대응하거나 갑작스러운 사태에 대응하기 위한 임시 주거시스템은 신속하게 자재를 운반해서 짧은 시간 동안 간단하게 조립할 수 있는 시스템이어야 한다.

이동성: 임시 주거시스템의 기동성에 기반한 성격을 갖추어야 한다. 즉, 일정 기간동안 사용하고 해체하거나 다른 목적에 사용하기 위해 이동할 수 있는 성능을 가져야 한다. 특히 대규모 탈북자를 위한 임시 시설은 장기적 목적으로 영구 건축물로 대체되어야 한다. 따라서 간단한 해체와 조립을 할 수 있는 시스템화 된 구조가 적합할 수 있다. 또한, 운반 시에도 기존 도로 이외에 임시도로 개설과 같은 상황에서도 운반할 수 있도록 도로의 구조와 그 조건에 따른 치수 계획이 반영되어야 한다.

경제성 및 유지관리성: 일시에 대량의 주택을 공급하기 위해서는 많은 예산과 시간이 필요하다. 이 경우 기존의 건축방식에 비해 월등히 많은 비용이 들어가는 방식일 경우 설득력이 없다. 임시 주거의 설치까지 소요되는 비용은 물론, 시설의 유지관리 비용에 있어서도 높은 효율과 기능이 요구된다. 에너지 성능을 극대화하여 사용 에너지양을 최소화하고, 자재의 규격화 및 표준화를 통해 유지관리의 효율성과 경제성이 확보되어야 한다.

다양성: 북한의 급작스러운 변화에 따라 인구이동이 발생할 경우, 이들에게 공급될 임시 주거시스템의 성능이 모두 일정할 수는 없다. 그 이유는 설치되는 지역에 따라 기후적, 지형적 특성에 맞는 자재와 성능 또는 시스템을 적용해야 하기 때문이다. 또한, 지역 차에 따라 해당 지역에서 공급 가능한 인프라의 정도 차이가 발생한다면 이에 맞는 규모와 시스템의 구성을 고려해야 한다.[38]

남한지역에 설치되는 임시 주거시스템의 경우 전기나 가스, 경유 등 공급되는 에너지원이 다양하고 풍부한 편이지만, 북한지역의 경우 남한과 같은 에너지원을 충분히 확보할 수 없다. 경우에 따라서는 나무나 석탄과 같은 기존 북한지역에서 주로 사용하는 난방 연료를 이용할 수 있는 시스템을 고려해야 한다.

또한, 단기간의 생활이 아닌 중장기적으로 체류해야 할 상황에서는 사용자의 편의성과 그들의 욕구를 충족할 수 있는 다양성이 확보되어야 한다. 사용자의 가족원 수에 따른 거주공간의 다양성은 효율면에서 매우 중요하며, 농촌 및 도시지역의 거주형식에 있어서는 서로 다른 생활방식을 어느 정도 고려하여야 할 점이다.

통일과정의 합리적 근거 확보

본 연구는 주택 관련 대북정책이 향후 남북관계에서 반드시 검토해야 할 중요한 정책이라는 점과 정책 추진과정에서 시나리오에 입각한 남북관계 및 통일과정에서의 합리적 근거를 확보해야 한다는 점을 제시하고자 한다.

남북관계에서 북한에 대한 주택정책을 추진하는 그 의미는 다양하게 해석될 수 있지만, 북한 주민의 주거환경이 남한에 비해 상대적으로 열악함을 벗어나기 힘든 구조적 문제를 안고 있다는 것은 대북정책에 반영되어야 할 중요한 이유이다.

한반도의 불확실한 미래를 예측할 수 없는 상황에서 대북 건축정책을 수립할 수 있는 근거를 마련하기는 어렵다. 특히 정치적인 판단은 더욱 혼란스러운 논쟁거리가 될 수 있다. 그러함에도 불구하고 남북간의 교류와 협력이 가능한 시기에 대북 건축정책은 매우 큰 비중을 차지할 수 있다. 그러나 현재와 같은 강대 강의 불확실한 상황에서는 시나리오 기반의 예측에 따른 정책의 수립이 가장 설득력 있는 방안이 될 수 있다.

본 연구는 급진적 통일 상황이 발생했을 경우에 대한 시나리오를 중심으로 주택 관련 대북정책을 수립하고 실행하기 위한 단계별 대응방안을 모색하였다.

따라서 본 연구에서는 시나리오 개발, 시나리오 리스크 분석, 급진적 통일 상황에 대비한 대북 주택정책, 대규모 인구이동에 따른 주거공급 방안 등을 제안함으로써 향후 한반도가 긴박한 상황에 처했을 경우 대응할 수 있는 정책 방향과 전략을 제시한 것이다.

특히 현재 한반도가 처한 상황은 여러 가지 예상 시나리오 중 적대적 공존, 무력형 통일, 흡수형 통일을 예상할 만큼 비교적 큰 리스크를 안고 있다. 이것은 급진적 통일 형태로 진행된다는 것을 의미하는 것이다. 따라서 이에 따른 대응방식 역시 교류협력에 의한 점진적 개발 형식보다는 인구이동과 같은 단기간 대응방안과 남한 사회에 미칠 영향을 최소화할 수 있는 대응정책을 우선 검토해야 한다.

우리 건축업계가 위의 상황변화에 준비할 수 있는 방안으로 한순간에 북한이 천지개벽할 수 있는 플랜으로 제시할 수는 없다. 시기적, 단계적으로 구상함에 있어 통일 시기 이후 북한이 경제발전을 이루는 과정에 따라 정책과 구상이 이루어져야 한다. 통일 시나리오에 따른 방안으로 첫째, 대규모 인구이동에 대비한 효율적 임시 주거 공급방안이 필요할 수 있다. 이미 지역적 고려사항을 제시했지만 빠르고 대량 공급할 수 있는 공법에 대한 연구와 함께 준비되어야 한다. 둘째, 평양을 제외한 낙후지역에 대해 부족한 주거시설의 공급방안도 중요하지만, 우선 지금 사용하고 있는 주거시설의 성능개선방안에 대해 집중적인 연구가 필요하다. 에너지성능, 구조성능, 내구성 개선 등에 대한 개선방안을 준비해야 한다. 셋째, 북한지역에 주거 관련 정책을 제시하기 위해서는 광범위한 현황을 파악하고, 관련 데이터를 누적, 분석할 수 있도록 관리체계를 구성해야 한다. 마지막으로 공학적인 접근방식에 있어 북한에 적용할 수 있는 기술과 공법은 남한의 건축계가 지향하는 하이테크보다는 적정기술개발을 통해 적용해야한다는 현실을 충분히 숙지해야 한다.

PART 3

통일을 대비한 건설산업의 준비

07

건설산업의 전략과제

권오경

북한의 정치 및 경제현황

2011년 11월 27일, 김정은은 김정일의 급작스런 사망으로 세계 최연소 국가 최고지도자 자리에 올랐다. 미약한 지지기반으로 인한 초기의 우려에도 불구하고 현재는 최고지도자로서 권력을 확고히 구축했다는 평가를 받고 있다. 김정은 정권은 장성택 처형, 화폐개혁 실패 책임을 물어 예산위원장인 박남기를 총살형 하는 등 독재정권 초기의 공포정치도 있었지만, 한국의 '5.24 조치' 및 미국과 UN 안보리의 강력한 제재에도 불구하고 '우리식경제관리방법'과 '사회주의책임관리제' 등 경제개혁 조치 시행, 27개의 경제개발구 지정을 통한 무역과 외국인 투자 활성화, 평양의 고층아파트 및 다양한 놀이시설 건설 등을 추진하였다. 2016년 5월 개최된 제7차 당대회에서 '국가경제발전 5개년 전략(2016~20)'을 발표하면서 경제강국 건설을 모색하였으나 2021년 제8차당대회에서 전략이 실패했다고 발표하는 파격적인 모습을 보이기도 하였다. 2019년, 북·미정상이 만난 '하노이회담'결렬에 따른 지속적인 제재와 코로나로 인한 국경봉쇄에도 불구하고 자력갱생과 자급자족을 강조하며 경제적 어려움을 극복하고 있다. 특히, 근래에는 러시아 무기 수출을 계기로 곡물 시장이 안정화되고 수입이 증가하는 등 변화가 일어나고 있다.[1]

국방 및 외교적인 면에서 '경제·핵 병진노선'을 선언하며 강경한 자세를 고수하고 있다. 정권을 잡은 이후 4차례의 핵실험을 실시하였으며, ICBM, 위성 발사를 지속하고 있다. 문재인정부 시기에는 세 차례의 남북정상회담을 개최하고 정전협정을 체결을 논의하는 등 화해 분위기를 조성하였다. 특히 2018년 2월, 평창동계올림픽 북한선수단 파견과 김여정 북한 노동당 중앙위 제1부부장 참석, 2018년 9월에 개최된 3차 회담에서는 문재인 대통령이 '평양 능라도 5.1 경기장'에서 연설하며 화해 분위기를 고조시켰다. 하지만 하노이회담 결렬로 북·미관계도, 남북관계도 경색되었다.

2022년 8월, 윤석열 정부는 대북정책의 핵심인 '담대한 구상'을 발표하였다. 주요 내용은 북한의 핵 위협은 억제하고, 핵 개발은 단념시키며 외교와 대화를 통해 북한의 비핵화를 이루어 나가겠다는 것이다. 정부 구상은 단순히 유인을 제시하고 북한의 호응에 기대는 접근이 아닌 북한이 핵을 포기할 수밖에 없도록 전략적인 환경을 조성하는 종합적인 접근에 기반한 것이었다.[2] 이후 한·미·일 관계는 더욱 공고해지고 한·미공동군사훈련은 강화되고 있으며, 북한은 2022년 핵보유국 선언에 이어 2023년 9월에는 '핵무력 정책'을 사회주의 헌법에 규정하여 강경한 대결 구도를 견지하고 있다. 특히, 2023년 12월 말 제8기 제9차 당중앙위원의 전원회의에서는 지난 반세기 동안 주창해 온 흡수통일과 체제통일의 국체를 폐기하고 남북관계는 더 이상 동족·동질관계가 아닌, 적대적인 두 국가관계, 전쟁 중에 있는 두 교전국관계로 규정하여 통일정책의 근본적인 방향전환을 선언하였다.

북한 인프라의 주요 현안

북한의 경제 사정 악화는 국민 삶의 붕괴는 물론 인프라시설의 관리 부재로 노후화를 가속화시키는 결과를 낳고 있으며 이는 통일 후 복구를 어렵게 할 뿐만 아니라 막대한 비용 상승을 초래할 것이 예상된다.

인프라시설(infrastructure)은 교통, 전력, 에너지 등 국가의 경제활동을 가능하게 해주는 시설로 정의된다. 통일 초기 혼란을 최소화하고 남북을 포함 지역 간의 이동 및 격차를 줄이고 통일 한반도의 경제활동을 제고하기 위해서 단기간 내에 인프라공급이 매우 중요하다. 더욱이 대규모 인프라 건설은 준비 기간 흔함 20~30년이 소요되므로 철저한 사전준비가 필수적이다.

북한의 주요 인프라 현황은 통일 대비 건설산업의 추진전략을 수립하는데 필수적인 기초자료이다. 하지만 정부, 정부투자기관 및 민간을 포함하여 어느 기관도 정확한 현황을 파악하지 못하고 있다는 의견이 지배적이다. 본 연구는 2021년, 13명의 전문가가 1년 6개월간 수행한 교통과 에너지 연구자료[3]를 주로 반영하였으며 전장에서 기술된 도시부문은 제외하였다.

교통기반시설

철도[4]

북한에서는 철도가 운행되는 것을 인체에서 혈액이 순환되는 것으로 비유될 정도로 중요성이 높은 운송수단이다. 북한에서 철도는 수송능력이 가장 크고, 속도도 상대적으로 빠른 운송수단이며 경제성이 높다고 평가되고 있다.

북한의 철도시설현황에 대하여 북한 당국의 공개된 공식 자료는 없다. 북한이 중국, 러시아와 공동으로 실시한 조사보고서 및 남북 간 공동조사보고서에 따르면 시설의 노후화로 운영의 효율성이 매우 낮은 것으로 나타나고 있다.

북한 철도 노선 연장은 약 5,296km로서 남한보다 약 1,140km 길고 전체노선의 약 80%가 전철화되어 있다. 반면 전체노선의 약 97%가 단선으로 구성되어 있어 철도 운영의 효율성이 낮은 실정이다. 선로의 궤도는 표준궤, 광궤, 협궤가 혼용되고 있으며, 표준궤는 50kg/m, 43kg/m, 37kg/m 강철궤를, 협궤는 24kg/m, 18kg/m 강철궤를 사용하고 있다.

문제는 레일 대부분이 사용 연수가 경과하여 마모의 허용 기준치를 초과하고 있으며, 이음부분 고착품이 불량한 것으로 조사되었다. 또한, 체결 볼트가 표준화되어 있지 않아 사고 위험성이 높은 것으로 나타났다. 침목은 콘크리트와 PC침목으로 구성되어 있으나, 침목의 파손 상태가 심각한 수준이다. 특히, 나무침목의 부식상태가 심각한 수준으로 하중 부담과 궤간 유지에 문제가 있는 수준이다. 도상은 강자갈과 쇄석이 혼재되어 있어 도상의 탄성이 떨어지며 열차하중부담에 문제가 발생할 가능성이 매우 높다. 교량 또한 부식상태가 상당히 진행되어 교좌 장치는 파손, 결함 등으로 불안정하며, 교각은 균열상태가 심각한 것으로 조사되었다. 터널은 누수로 인한 라이닝 탈락 및 파손이 심각하며, 배수시설 미비로 갱내 배수 또한 불량한 상태로 파악되고 있다.

전력, 통신, 신호의 경우도 동일한 문제를 가지고 있다. 북한의 전철전력은 직류(DC)3300V를 사용하고 있으며, 전차선, 전철주 등 금속시설의 부식이 심각한 상태이다. 또한, 전기 절연부품 등의 파손이 많으며 변전소로부터 직접 전력을 공급받는 시스템을 채택하고 있어 역간 배전선로가 없다. 통신선은 가공선으로 되어 있으며 나무 전주에 사령선, 폐색선, 구간선, 작업선 등이 혼용 가설되어 있다. 통신회선은 피복이 없는 가공나선로로 노후화가 심각하며, 선로 손실의 위험성이 매우 높다. 신호설비는 구간에 따라 기계식과 전기식을 혼용하고 있는데, 선로전환기는 전력난으로 수동방식을 사용하고 있는 실정이다.

도로[5]

북한 도로는 철도의 보조수단으로 주로 단거리 수송을 담당하는 것으로 알려져 있다. 북한의 도로등급은 고속도로와 1급에서 6급까지 나누고 있다. 북한의 간선도로망은 총 5개축(서해안, 동해안, 동서연결, 북부내륙, 동서국경)을 중심으로 H자 형태로 구축되어있다.

고속도로는 평양~순안, 평양~남포, 평양~개성, 평양~향산, 평양~원산 등 총 9개 노선이며, 2016년 기준 총연장은 약 831km 정도이다. 차로 수는 대부분 고속도로가 4차로이며 평양~남포는 8~10차로, 원산~금강산은 2차로 등으로 구성되어 있다. 1급도로는 평양~개성, 원산~고성, 사리원~해주 등 총 33개 노선이며, 2016년 기준 총연장은 약 2,563.2km 정도이다.

노선의 대부분은 포장구간과 비포장 구간이 혼재되어 있고 노폭이 협소하고 굴곡이 심하며 교량 및 터널의 노후화가 심각한 상태로 알려졌다. 2급도로는 지방국도 성격으로 도에서 군을 연결하고 지방 자체예산에 의해 건설되며 시내중심을 제외한 외곽은 대부분 비포장으로 연장은 약 5133.1km 정도이다. 3급도로 이하는 위성 지도 상 구분하기 어려울 정도이며 대부분 도로가 비포장이다. 고속도로 포장률은 100%이지만 평탄성, 구배 불량 등 주행성이 낮아 고속주행이 곤란한 정도이다. 2급 도로 이상 기준 도로 포장률은 약 26.5% 매우 낮은 수준이며, 1차선 도로가 43.5%로 열악한 상태이다.

항만[6]

북한 항만은 무역항, 연안 항구, 어항 등으로 분류할 수 있으며, 동해와 서해로 나누어진 지리적 특성과 산업여건이 반영되어 개발되어 있다. 북한은 서해안에 137개(평북 55, 평남 27, 황북 1, 황남 54), 동해안에 152개(함북 65, 함남 53, 강원 34)의 항만을 갖고 있다. 이중 국제 무역을 담당하는 항만은 대외해상운수항(무역항) 9개(흥남, 청진, 나진, 원산, 선봉, 남포, 해주, 송림)이고, 연안 화물을 처리하는 지방항만 24개가 있다. 나머지 작은 항만들은 항만시설이라기보다는 어항, 포구의 형태를 갖추고 어선들이 주로 이용하고 있다.

북한의 항만 총 하역능력은 2020년 기준 4,361만 톤으로 매우 낮은 수준이다. 북한의 하역능력은 지난 1990년 이후 연평균 0.7%씩 증가하는데 그쳤다. 이로 인해 남한 항만하역능력 12억 9,500만 톤의 3.5% 불과할 정도로 큰 격차를 보이고 있다. 다른 인프라시설과 마찬가지로 기반시설과 장비가 전반적으로 낙후되었고, 전용부두가 부족하며 관리 및 운영이 제대로 되지 않아 항만의 효율성이 낮다는 공통적인 문제점을 가지고 있다. 또한, 항만의 배후수송체계가 미비하여 내륙으로 운송하는 데 어려움이 있다.

공항[7]

현재 북한의 공항은 약 52개로 추정되지만, 그중 주로 사용되는 공항은 11개 정도이며 공항의 기능으로 보면 국제적 기준에 부합되는 공항은 평양의 순안공항과 원산의 갈마공항이라고 알려져 있다. 나머지는 군용을 민간시설로 일부 활용하는 민·군 겸용의 공항이라고 볼 수 있다. 평양 순안공항은 2015년 7월에 국제선 전용의 제2항공 역사로 불리는 제2여객터미널을 개장하였으며, 기존 제1여객터미널은 국내선으로 사용하게 되었다.

활주로 길이 3,000m 이상의 공항은 순안, 갈마, 선봉, 삼지연 등이며 이들 공항은 도로 및 철도와 연결되어 있다. 원산의 갈마공항은 주변 금강산관광권, 미식령스키장과 연결되며 선봉공항은 라선지역 활성화를 위한 시설이며, 삼지연공항은 백두산에서 약 40km 떨어진 지역에 위치하고 있다.

에너지[8]

북한의 1차 에너지 공급은 1990년 23,693천 TOE에서 2019년 13,770천 TOE로 29년간 연평균 1.5%씩 감소하였다. 2019년 북한 1차 에너지 공급 규모는 1990년 공급 규모의 58.1%에 불과하다. 이는 북한의 산업, 수송, 가정, 상업, 공공기타 등의 국가 기능이 1990년 대비 절반 수준으로 위축되어 있음을 의미하며, 북한 주민들의 민생 수준 역시 1990년 대비 절반 수준에 머물고 있음을 의미하는 것으로 해석될 수 있다.

북한의 1차 에너지 공급구조는 석탄, 석유, 수력과 기타 에너지로 구성된 간단한 믹스이다. 석유만 수입할 뿐 다른 에너지원들은 모두 국내에서 자급한다. 1990년 대비 2019년의 에너지원별 공급량을 비교해보면 기타 에너지를 제외한 모든 에너지의 공급이 크게 감소하였다. 심지어는 자연에너지인 수력의 이용도 감소한 것으로 나타난다. 석탄은 전체 감소량의 78.1%에 해당하는 4,965천 TOE가 감소하였으며, 석유 공급도 전체 감소량의 13.4%에 해당하는 1,370천 TOE가 감소하였다.

세계에너지기구(IEA, International Energy Agency)가 발표한 북한의 2018년 1인당 에너지 소비는 0.559TOE로 같은 해 세계 평균의 29.7%, 비OECD 국가 평균의 41.4%에 해당하며, 산업용 에너지 소비가 많아 유난히 1인당 에너지가 높게 나타나는 한국과 비교하면 10%에 불과하다. 북한의 1인당 에너지 소비는 1980년에는 세계 평균보다 높았으며, 1990년에는 세계 평균과 같은 수준이었으나 그 이후 빠르게 감소한 것으로 나타난다. 북한의 2018년 1인당 전력 소비는 509kWh로 세계 평균의 15.6%, 비OECD 국가 평균의 22.6%, 남한의 4.7%에 불과하다. 북한의 1인당 전력 소비 역시 1990년에는 비OECD 국가 평균보다 39.0%나 높았으나 그 이후 지속적으로 감소하였다. 특히 2000년 이후 비OECD 국가 평균 1인당 전력 소비는 빠르게 증가한 반면, 북한의 1인당 전력 소비는 지속적으로 감소하여 만성적 에너지난을 겪고 있다.

수자원

북한은 기후변화로 인해 지속적인 재난이 발생하고 있으며, 하수처리시설이 열악하여 각종 오폐수가 하천으로 유입되고 있는 것으로 알려지고 있다. 이로 인해 대동강, 청천강, 두만강 하류의 수질은 4급수 이하로 추정된다. 수자원 관련 시설은 소규모 저수지, 양수장, 지하수 관정과 같은 농업 및 생활용수 공급시설로 이루어지고 있으며 댐 또한 다목적댐이 아닌 수력발전 단일목적댐이 대부분인 실정이다.[9]

상수도 시설은 노후가 심각하여 지방의 경우 50% 이상의 세대가 수도를 이용하지 못하고 있다. 최근 평안남도 인민위원회 도시경영국이 전체 도민을 대상으로 조사한 공동수도이용실태에 따르면 평안남도 내 시(市) 또는 읍(邑) 지구 가구의 50%, 농촌지역에서는 전체 가구의 65%가 수도를 이용하지 못하고 있는 것으로 파악되었다. 특히, 평성 같은 비교적 큰 도시에서도 수돗물이 나오는 시간이 일주일에 1~2시간에 불과한 것으로 알려지고 있다.[10]

북한의 수자원은 환경파괴로 인한 자원 확보도 문제지만 댐, 저수지, 수로 및 상하수도의 노후 문제가 심각하여 시설에 대한 정확한 현황 파악이 우선되어야 개선방안을 수립할 수 있을 것으로 판단된다.

환경

북한 내부의 실제 환경 현황이 정확히 알려진 바는 없지만, 접경지역을 중심으로 펼쳐진 민둥산으로 인해 산림이 심각하게 훼손되었다는 것은 국제사회에 널리 알려져 있다. 더욱이 고질적인 식량난과 에너지 부족으로 지속적으로 산림을 벌채해 농경지를 조성하고 나무를 연료로 사용하고 있어 생태계 파괴가 심각한 것으로 판단된다.[11]

세계보건기구(WHO)가 2019년 발표한 자료에 따르면, 북한 도시지역의 연평균 초미세먼지 농도는 31㎍/㎥로, 세계보건기구 기준치인 10㎍/㎥의 3배가 넘는 것으로 조사되었다. 북한의 대기오염 관련 사망률이 우리나라의 10배에 이르는 것으로 추정되며, 이는 172개국 중 가장 높은 것으로 나타나고 있다.[12]

북한도 환경보호를 위해 산림법, 환경보호법, 수자원법, 해양오염방지법 등을 제정, 적용하고 있으나 경제발전과 정치, 군사 등 다른 사안에 밀려 적용이 어려운 것으로 판단된다. 환경문제는 통일 후 북한 주민의 기본적인 생활 보장을 위해 시급히 해결해야할 문제이다.

단기간 내 정비 필요

조사, 연구에 결과에 따르면 북한의 인프라는 남한에 비해 매우 열악한 실정이다. 통일 후 혼란을 방지하기 위해서는 철도, 도로, 해운항만, 항공 및 에너지뿐만 아니라 수자원, 상·하수도, 도시 및 주택, 산업단지 등 모든 인프라가 단계적이지만 단시간 내에 정비되어야 한다. 이를 위해서는 북한 주요 인프라의 양적 판단도 중요하지만, 노후화로 인해 기능을 발휘하지 못하고 있는 현실을 감안하여 질적인 현황의 파악이 더 중요하다고 생각된다.

통일 후 북한의 인프라 축적도를 어느 정도로 할 것인지, 성능과 품질이 미달되는 인프라를 전면적으로 재건설할 것인지, 서로 상이한 기준과 규격을 어떻게 해결할 것인가가 더욱 중요할 것으로 판단된다. 이러한 수많은 문제 때문에 통일이 임박해서 건설산업의 전략을 수립하는 것은 실패를 노정하는 것이다. 통일은 건설산업의 가장 큰 기회가 될 수 있지만, 우리가 주도권을 상실할 경우 건설산업은 물론 통일정부의 가장 큰 부담이 될 것으로 판단된다.

통일과 국가 인프라 구축

현대경제연구원은 "통일이 되면 교통, 통신, 전력 등 SOC가 확충되고 도시화 및 산업 기반시설 정비가 이루어지면서 건설업은 제2의 전성기를 맞이할 것이다"라고 전망하였으며 건설을 통일 한국의 12대 유망산업 가운데 첫 번째로 꼽았다.[3]

독일 통일비용 내역을 보면 통일이 건설산업에 미칠 영향을 확인할 수 있다. 자료에 따르면 1991년에서 2003년까지 13년 동안 지출된 독일 통일비용은 총 1조 2,800억 유로였으며, 이 중 인프라 재건 비용이 12.5%로 1,600억 유로로 조사되었다.

한반도 통일비용을 다양한 기관에서 예측, 제시하고 있다. 조건에 따라 상이하지만 한국개발연구원(1991) 2,632~2,736억 달러, 한국산업은행(1994) 8,050억 달러, 삼성경제연구소(2015) 5,460억 달러, 국회예산정책처(2015) 2,316~4,822억 달러로 예측하였다. 해외기관은 하버드인구개발연구소(1991)가 독일의 통일비용을 기준으로 2,500~5,000억 달러, 미국의 RAND Corporation(2005)는 북한의 GDP를 2배

올리는 비용으로 500~6,700억 달러, Credit Suisse(2009)는 1조 5000억 달러로 높게 예상하였다.[14]

현재 한반도 통일비용을 정확히 예측할 수 없지만, 동서독 통일 시점의 1인당 국민소득 차이(3.3배)를 감안할 경우 국민소득이 30배까지 차이[15]를 보이고 있는 한반도 통일은 더 큰 비용이 필요할 것이다. 특히 도로, 철도, 항만 등 주요 인프라시설의 노후화로 더욱 큰 비용이 소요될 것으로 판단된다. 김유찬(2010)은 통일 이후 20년간의 인프라 건설비용 추정치를 480조 원으로 제시한 바 있다. 이는 연간 약 24조 원에 이르는 금액이다. 국회예산정책처(2019)는 과거 남한에 대한 인프라 투자를 반영하여 2050년까지 30년간 북한경제의 운용에 필요한 인프라 9개 분야의 투자 규모를 추산한 결과를 약 324조 원으로 추계하였다.[16]

통일로 인해 동북아의 경제교류 단절구간(missing link)이 사라지게 된다면, 한반도뿐만 아니라 중국 동북3성, 러시아 극동 등 북방지역의 경제, 산업 및 도시의 발전이 이루어질 것으로 예상된다.[17] 이는 중국, 러시아와 한반도를 연결하는 도로, 철도, 에너지 등 건설 프로젝트 창출로 이어질 것이 확실시되어 통일로 인한 건설산업의 제2의 전성기를 배가시키는 결과를 가져올 것이다.

핵심 전략과제

미국의 대표적인 국제 정책 민간연구기관인 RAND Corporation은 북한 붕괴 시 한국과 미국을 적대시하는 북한 주민의 고정적인 인식문제, 통일을 반대하는 북한군의 처리문제, 정치범과 보안사령부의 처리문제, 주택 및 토지의 소유권 문제, 난민 발생 및 북한과 국경을 접한 중국의 관여 등 다양한 문제에 봉착할 것이라고 예측하였다. 아울러 북한의 붕괴는 발생하느냐의 문제가 아니라 언제 발생하느냐의 문제이며 대한민국이 통일대비 준비를 철저히 하면 통일비용을 절감할 수 있다고 주장하였다.[18] 이러한 분석은 건설산업에도 동일하게 적용될 수 있다. 시공단계는 물론 기획, 설계, 착공까지 장기간이 소요되는 건설의 특성상 철저한 사전준비는 필수적이며 부족할 경우 혼란과 과도한 비용 발생이 예상된다.

미국의 투자전문가 짐 로저스는 "통일된 한반도가 아시아에서뿐 아니라 세계에서도 가장 흥미로운 곳이 될 것"이라고 예측하면서 한반도가 글로벌 교통 허브가 될 것에 대비해서 항공, 철도, 전력사업에 투자하라고 조언하였다.[19] 통일 한반도는 세계적인 투자기업의 각축장이 될 것으로 예상되며 우리가 건설 주도권을 확보하기 위해서는 다른 어떤 산업보다 심도 있는 사전준비가 필요할 것이다.

통일 한반도개발계획 수립

김석철은 그의 저서 『한반도 그랜드 디자인』에서 '두만강 하구 다국적 도시'를 제안하였다. 그는 한국·북한·중국·러시아·일본이 참여하는 공항, 항만, 운하, 공업단지 및 도시가 어우러진 혁명적 마스터플랜을 제시하였으며 두만강 하구가 21세기 한반도의 기회의 땅이 될 수 있다고 주장하였다.[20]

본 마스터플랜은 건설산업이 준비해야 할 '통일 한반도 개발계획'의 참고가 될 수 있을 것이다. 통일 한반도의 인프라 완성을 위해서는 30~50년의 시간이 소요될 것으로 예측된다. 더욱이 통일 초기에는 주민들이 피부로 느낄 수 있는 북한경제의 급속한 발전과 혼란을 방지하기 위해 즉시 착공할 수 있을 정도의 구체적인 사전 개발계획을 수립할 필요가 있다.

첫째, 북한 주요 인프라 현황 파악 및 지속적인 업데이트를 우선적으로 추진해야 한다. 전술한 바와 같이 정부, 민간 모두 정확한 북한 인프라 현황을 파악하지 못하고 있는 실정이다. 민·관이 협력하여 북한 인프라에 대한 정확한 현황을 파악하여 4차 산업기술을 활용 도식화하고 공유할 수 있는 체제를 만들어야 한다. 특히 인프라의 양적인 분석도 중요하지만, 노후화로 인한 문제 및 비용 발생이 더 클 것으로 판단되는 만큼 주요 시설에 대한 정확한 현황을 파악해야 한다. 또한, 일부 정부기관이 실시하고 있는 북한의 건설 추진 상황을 상시 모니터링하여 AS-IS 상태의 현황을 관리할 수 있도록 해야 한다.

둘째, 주요 인프라를 포함 북한 전역을 GPS(Global Positioning System)로 측량하여 지리정보를 확보하고, 정확한 북한 기간시설의 현황을 파악하여 데이터베이스 구축을 하야 한다. 이를 통해 인프라의 위치 및 정보를 파악하고 각종 구조물 설계를 위한 기초자료가 적기에 제공될 수 있도록 해야 할 것이다.

셋째, 인프라의 축적 수준을 결정해야 한다. 통일은 북한과의 연결은 물론 섬나라였던 한국이 유라시아 대륙으로 연결되는 것을 의미한다. 따라서 통일 인프라는 남북한의 연결은 물론 유라시아 대륙과의 연계를 고려해서 축적 수준을 결정해야 한다. 또한, 인프라의 양뿐만 아니라 규격, 기술기준 등 다양한 사항이 고려되어야 한다. 분단으로 끊어진 도로, 철도, 수로 등의 연결작업이 우선 되어야 하지만 유라시아 대륙의 일원으로서 강력한 영향력을 발휘할 수 있는 인프라 축적 수준이 결정되어야 한다.

넷째, 북한 인프라 현황 자료 및 측량자료를 기반으로 한반도 개발계획을 수립하여야 한다. 개발계획은 건설 우선순위에 의거 체계적으로 작성되어야 한다. 건설사업은 통일 후 일자리 창출을 통해 인구이동과 혼란을 방지하고 일정 기간 북한 지역주민의 수입을 보장할 수 있는 매우 유효한 수단이다. 인프라 조성에는 장시간에 요구된다. 한 예로 경부고속철도는 계획 기간 11년, 공사 기간 11년 10개월로 총 21년 10개월 만에 완공되었다. 하지간 공사 착공 전에 기획, 설계 등 사전준비를 치밀하게 수행한 일본의 동해선은 사전계획 기간은 20년으로 한국보다 길었지만, 공사 기간은 5년 5개월로 단시간에 끝냈다.[21] 따라서 통일 이전에 철저한 사전준비를 통해 주요 인프라의 공급 기간을 단축해야하며 통일 후 단기간 내에 공급해야할 필수적인 프로젝트는 마스터플랜은 물론 기본설계까지 작성하는 준비가 필요하다.[22]

4M(Manpower, Machine, Material, Money) 동원계획 수립

통일 이전에 상세한 개발계획을 수립하더라도 건설사업의 추진을 위해서는 4M(인력, 자재, 장비, 자금)이 적기에 투입되어야 사업 성공을 담보할 수 있다. 건설자금은 물론 북한의 인력, 주요 자재 및 장비의 보유량이 절대적으로 부족한 상황에서 통일 이전에 이에 대한 확보, 운송, 배치방안 등을 확실히 하는 것은 매우 중요한 사안이 될 것이다.

인력(manpower)

건설은 노동집약적인 산업으로 건설기술자는 물론 많은 기능 인력을 필요로 한다. 통일 이후 건설인력의 부족은 인프라 건설의 가장 심각한 장애 요인으로 작용할 것이다. 따라서 남북한 건설인력은 물론 외국 인력을 포함한 인력 확보계획의 수립이 필요하다.

첫째, 북한의 활용 가능한 건설인력에 대한 사전 조사가 필요하다. 북한의 인구는 2023년 현재 25,783천 명으로 조사되고 있다. 완전고용을 지향하는 북한의 특성으로 2022년 경제활동참가율은 남한의 63.8% 보다 높은 70.5%에 이른다.[23] 2018년 기준 북한 건설산업의 총생산액은 3조 1,738억 원으로 국내총생산의 8.9%를 차지하고 있다. 특히 북한은 건설장비 부족 및 노후화로 노동력에 의존하고 있어 많은 인력이 건설에 종사하는 것으로 판단되며 건설성, 인민무력부, 청년동맹, 인민보안성 등 당정군의 여러 부처도 건설 관련 자체 조직을 보유하고 있으며 인민무력부 산하 도로국 10만 명, 청년동맹 산하 청년돌격대 40만 명이 소속되어 있는 것으로 조사되었다.[24] 미국의 RAND Corporation은 통일 시 북한 군인을 건설인력으로 전환 시킬 것을 제안하고 있다.[25] 북한 군인의 활용방안을 포함 건설인력의 현황, 기술 수준, 임금 등에 대한 사전 조사가 필요하다.

둘째, 남한 및 외국의 건설인력 확보계획을 수립하여야 한다. 통계청 조사(2022)에 따르면 건설업종사자 수는 174만 명에 이른다. 국내 건설 현장근로자 수(건설 근로자공제회, 2022)는 총 74만 1천 명 정도이며 이중 외국인 근로자가 14.8% 라고 발표하였다. 하지만 불법체류자 포함 시 외국인 근로자는 40만 명 이상으로 추정하고 있다.[26] 더욱 큰 문제는 근로자의 62%가 50대 이상이라는 것이다. 현재 기능 인력의 부족 및 노령화로 어려움을 겪고 있는 상황을 반영하여 남한의 인력은 물론 외국 인력의 북한 투입계획이 사전 수립되어야 한다.

셋째, 교육훈련계획을 수립하여야 한다. 통일 후 건설현장 환경은 현재의 북한과 매우 상이할 것이다. 남한 또는 글로벌 기술과 기준이 적용되고 고가의 장비가 투입될 경우 북한 노동자의 활용은 거의 불가능할 것으로 판단된다. 또한, 근로관습 및 의식도 상이하여 노동생산성 확보에 장애가 될 것이다. 실제 북한 경수로사업의 경우 고도의 기술을 요하는 작업이나 고가의 장비를 활용하는 경우 북한 인력투입이 불가능한 상황이었으며, 근로자들의 수동적인 근무 자세 및 인식의 문제로 많은 애로가 있었다.[27] 이러한 상황을 반영하여 북한 인력에 대한 교육계획을 사전에 수립하고, 철저한 교육 후 현장에 투입될 수 있도록 하여야 한다.

장비(machine)

건설장비의 동원은 필수적이다. 숙련된 근로자 부족과 프로젝트 비용 절감 및 공사 기간 단축의 필요성으로 인해 건설 중장비의 필요성은 날로 증대되고 있다. 통일 이후 건설장비의 가용성은 인프라 건설의 성패를 좌우하는 핵심요소를 작용할 것이다. 특히, 정보통신기술(ICT), 사물인터넷(IoT)를 활용한 첨단 장비가 개발되고 로봇이 건설장비의 한 축을 담당하면서 장비의 활용은 비용 절감과 공기 단축의 유효한 수단이 되고 있다.

첫째, 남한의 장비 동원계획을 수립해야 한다. 남한의 경우 제조사와 건설기계대여업자 간의 수급조절 문제로 건설장비가동률을 발표하지 않고 있지만, 지속적인 건설기계의 공급과잉으로 통상적으로 약 50% 수준으로 추정하고 있다. 즉 국내 등록 건설장비의 50% 정도가 운휴 상태에 있다.[28] 부족하겠지만 남한의 운휴 장비를 북한 건설에 투입하는 방안을 우선 검토하여야 한다.

둘째, 통일 후 한반도는 세계 유수 기업의 각축장이 될 것이다. 필요하다면 공사를 수주한 해외 건설기업이 공사 기간동안 무관세로 장비를 도입하고 준공 후 반출하는 방안 등을 사전에 검토하여 장비 부족으로 인한 문제가 발생하지 않도록 하여야 한다.

자재(material)

건설자재 확보계획을 수립해야 한다. 근래 원자재 부족 사태를 겪으면서 국내에서도 주요 건설자재 수급문제가 대두되고 있으며 가격 상승으로 인한 혼란을 겪고 있다. 통일 후 자재 부족 및 가격 상승은 더욱 심각할 것이 명약관화하여 이에 대한 준비가 필수적이다. 통상 건설구조물을 완성하기 위해서는 약 2만여 종의 자재 및 부품이 필요하다. 그 중 인프라 건설을 위한 주요 자재인 철근, 시멘트, 골재, 아스팔트 등은 생산능력에 한계가 있다. 생산량 증대를 위해서는 원료 확보 및 처리를 위한 추가 공장건설이 필요하다. 또한, 대부분 벌크자재로 운송에도 많은 시간과 비용이 소요된다.[29]

첫째, 건설자재 확보를 위한 종합적인 전략을 수립해야 한다. 남한에서 생산, 운반하는 방안과 인접국인 중국과 러시아에서 수입하는 방안, 북한에 공장을 건설하고 채굴, 생산하는 방안 등 다양한 방법을 고려할 수 있다. 갑작스런 통일이 이루어진다면 주요 건설자재를 남한에서 생산, 운송하는 것이 시간과 비용 측면에서 불리하겠지만 시급을 요하는 사업은 남한 또는 중국을 통해 확보하는 방안을 우선 검토해야 할 것이다.

둘째, 세계적인 자재 공급망을 확보해야 한다. 시급을 요하는 사업의 경우 국경 지역은 남한에서 생산, 공급하는 방안이 최적이며 1,315km에 이르는 북·중 국경 지역은 중국에서 수입하는 것이 타당할 것이다. 더욱 중요한 것은 남한, 중국뿐만 아니라 세계적인 공급망을 확보하여 적기에 경제성 있는 자재가 공급될 수 있도록 하여야 한다.

셋째, 북한은 풍부한 지하자원을 보유하고 있다. 현재 운영 중인 광산 및 공장시설과 연계하여 북한에서 생산 및 공급함으로써 경제성 확보는 물론 북한 주민의 일자리 창출에 기여할 수 있는 방안도 동시에 검토하여야 한다.

자금(money)

북한의 인프라 건설을 위해서는 매년 수십조 원의 자금이 필요하다. 이는 통일 독일의 사례에서 쉽게 알 수 있다. 남북 간의 경제적 격차와 현재 대한민국의 재무상황을 고려할 때 정부가 인프라 건설비용 전체를 부담한다는 것은 기대하기 어렵다. 따라서 통일 이후 자금의 확보를 위해 정부자금, 국제기구의 원조 및 지원금, 민간자본 등 다양한 방안이 조사, 검토되어야 한다. 자금 확보의 지연 및 실패는 경제활동의 토대인 인프라시설의 공급지연은 물론 북한 사회의 혼란 및 불안요인을 확대하는 원인이 될 수 있다. 따라서 자금조달의 적시성, 안전성, 재정 건전성 및 실현 가능성 등을 검토하여 성공적인 자금이 확보

될 수 있도록 해야 한다. 특히, 시급을 요하는 주요 인프라에 대해서는 보다 구체적인 자금조달계획이 수립되어야 하며 단기간 내에 완벽한 시설이 공급될 수 있도록 하여야 한다.

첫째, 정부공공자금을 활용하는 방안이다. 통일비용을 정부의 공공자금으로 지원하기 위해서는 목적세 성격의 '통일세' 신설과 같이 국민부담률을 상향 조정하는 방안이 적극 검토되어야 한다. 또한, 국민의 통일을 대한 인식전환과 정(正)의 효과를 극대화하기 위해 '통일채권' 발행도 검토될 수 있다. 현재 운용되고 있는 남북협력기금의 운용범위를 확대하여 활용하는 방안도 있으나 매년 수입에 상당한 지출이 발생하고 있고 통일 시 기존 지출항목의 증가가 예상되어 인프라 건설에 전용하는 것은 어려움이 있을 것으로 판단된다.

우리나라는 1965년 일본과 한일기본조약을 맺으면서 경제협력기금의 형태로 무상 3억 달러, 저금리 차관 2억 달러 등 모두 5억 달러를 제공받았다. 이는 당시 우리나라 일 년 예산인 3억2천만 달러의 1.5배가 넘는 규모였다. 이 외에도 민간의 상업차관 3억 달러 등을 지원받아 경제발전을 이룩한 사례가 있다. 북·일의 국교 정상화가 이루어질 경우 북한도 식민 피해 보상금을 받는다면 지원조건에 따라 다르겠지만 인프라에 투자할 수 있을 것이다. 금액은 최소 100억 달러 이상 200억~300억 달러 규모가 될 수 있다는 관측도 나온다.[30]

둘째, 국제기구와 공조체계를 구축하여 국제공적자금을 활용하는 방안이 검토되어야 한다. 북한은 아직 세계통화기금(IMF), 세계은행(World Bank), 아시아개발은행(ADB)에 가입하지 않아 지원대상이 될 수 없으나 개발도상국에 개발금융, 무상지원 및 기술지원을 하는 기관의 특성상 조속한 가입 및 지원이 이루어질 수 있도록 사전준비가 필요하다. 이후 국가나 국제기구가 개발도상국 개발을 지원하는 대표적인 재원이며, 양자적 공적개발원조기관인 ODA(Official Development Assistance)의 유·무상 원조를 받을 수 있을 것이다. 또한, 다자간 공적개발원조인 국제통화기금(IMF), 세계은행(WB), 아시아개발은행(ADB), UNDP, IBRD 등 국제기구의 원조 및 투자를 받을 수 있도록 노력하여야 할 것이다. 실례로 베트남은 OECD는 물론 일본, 독일, 프랑스로부터 ODA 자금을 지원받았으며, 그 상당 부분(약 75%)을 인프라 건설에 투입하여 경제부흥에 성공하였다.[31]

셋째, 국내외 민간자금 유치에 전력을 다해야 한다. 특정 투자 프로젝트로부터 미래에 발생하는 현금흐름을 담보로 자금을 조달하는 Project Financing(PF), 프로젝트를 대상으로 정부 및 공공부문과 민간부문이 합작하여 자금을 조달하고 운영하는 Private Finance Initiative(PFI), 다수의 투자자로부터 자금을 모집하여 인프라시설 건설에 투자하고 그 수익을 받아 투자자에 배분하는 Infrastructure Fund, 인프라시설의 시행자 또는 관련 금융회사를 통한 Infrastructure Bond의 발행 등 다양한 방안이 검토되어야 한다.[32] 중요한 것은 이러한 기법들이 국제적 기준(Global Standard)에 맞게 수행되어 국내기업은 물론 세계적인 기업이 적극적으로 참여할 수 있는 기회가 제공되어야 한다.

법, 제도, 건설기준 제정 및 정비

통일 독일의 경우 인프라 건설의 시급성을 반영하여 국토 및 도시개발과 관련한 정책 방향이 빠른 속도로 제시되었다. 1990년 5월에 체결된 '동·서독 간의 통화·경제·사회 통합의 창출에 관한 조약'에 의거 공식적인 통일까지 과도기적으로 서독의 관련 규정들을 준용하여 건설활동이 허가되었으며 서독의 공간정비법과 건설법전 등이 적용되었었다. 이후 1993년 '투자용이화 및 주택건축용지의 지정과 준비에 관한 법', 교통 인프라 개발을 보다 효율적이고 신속하게 추진하기 위한 '구 동독과 베를린주의 교통로 계획촉진을 위한 법', 독일 전역에서 철도, 연방 도로, 공항, 전차, 지하철 관련 계획을 간소화하고 가속화하는 것을 목적으로 한 '계획 간소화법', 1994년에는 정부 이전을 위한 '베를린/본-법'등 많은 법률이 제정되었다. 또한, 1991년 동독의 도로, 철도, 수로 등 교통 인프라 개발을 위해 '독일통일 교통 프로젝트', '미래 투자계획 2001-2003' 등 다양한 정책수단을 동원하고 2008년까지 구 동독의 교통부문에 총 720억 유로(약 92조 원)를 투자하였다.[33]

통일 한반도의 균형적인 발전과 미래지향적 주요 인프라 및 도시개발을 위해서는 사전에 심도 있는 연구를 통해 관련법과 제도, 건설기준의 제정, 건설 방향설정 및 정책개발이 필수적이다.

첫째, 도시 및 인프라 건설을 위한 명확한 방향을 설정하여야 한다. 4차 산업혁명으로 사물인터넷(IoT), Big Data, 인공지능(AI), Cloud & Mobile이 인프라, 스마트시티 및 건축에 적용되고 있다. 북한 개발 시 남한의 현재 인프라, 도시 수준으로 건설할 것인지 4차 산업 및 녹색혁명 등 최고기술을 적용할 것인지에 대한 심도 있는 검토 및 정책 결정이 필요하다. 인프라, 도시, 건축은 건설에도 오랜 기간을 요하지만 완공 후에는 100년 이상의 수명을 가지고 있다. 북한은 교통·에너지·통신 등 인프라가 이미 상당한 수준으로 갖춰져 있는 남한에 비하여 최첨단 시설을 갖춘 시설을 건설하는데 유리하다. 이러한 방향설정에 수많은 요인을 고려해야 하겠지만 통일 이전에 심도 있는 연구와 정책 수립이 이루어져야 한다.

둘째, 난개발 방지하고 국토 균형발전을 위한 법과 정책개발이 필수적이다. 배경동(2008)은 "서울시의 뉴타운 사업은 도시계획 체계를 일탈하면서 도시의 계획적 정비에 혼란을 초래하고 부동산 가격 거품의 주요 원인으로 작용하는 바람에 정치적으로 지구를 지정할 가능성만 키웠다"고 지적하면서 서울 뉴타운을 대표적인 난개발 정책이라고 주장하였다.[34] 도시재정비촉진특별법으로 추진된 뉴타운 사업은 과다(過多), 과대(過大), 과속(過速), 과밀(過密) 등의 문제점이 노출된 사업으로 평가하고 있다.[35] 서울시의 뉴타운 외에도 전국이 난개발로 인한 도시기반시설의 부족, 환경오염의 심화, 스카이라인의 파괴, 교육과 혐오 시설의 산재 등 문제를 낳고 있다. 통일 한반도의 개발계획 작성 시에는 난개발을 방지하고 지속가능성, 친환경성, 미래 발전성을 고려한 도시 및 인프라 건설이 이루어질 수 있도록 해야 한다.

셋째, 사업 기간 단축, 원가절감 및 혁신적인 기술적용을 위한 특별법 제정이 필요하다. 독일의 경우 공식적인 통일 이전까지 서독의 건설 관련 법을 적용하였지만, 통일 한반도의 경우 현재 남한의 건설관련법을 적용하는 것은 문제가 크다. 이상호(2006)는 우리나라의 경우 외견상으로 글로벌 스탠다드를 위한 법률제정이 이루어진 것 같지만 자세히 살펴보면 모두가 기존 제도에서 조금씩의 변형만 가했을 뿐 기존 제도의 연속선 상에 있으며 심도 있는 연구 및 준비 없이 졸속으로 만들고 무지한 상태로 겉모양만 도입되어 후진성을 가속시키는 결과를 가져왔다고 주장하였다.[36] 또한, 제도나 절차가 복잡하고 까다로워 입지지정 승인에서부터 공장가동에까지 받아야 할 승인도장은 무려 3백여 개이며 소요기간 또한 짧게는 1년 길게는 3년까지 걸리는 법과 제도[37] 하에서 시급한 북한의 주요 인프라 및 도시를 건설한다는 것은 불가능하다.

건설산업선진화위원회는 '건설산업 선진화 비전 2020'에서 비효율적이고 후진적이고 복잡다기한 건설 관련 법, 제도의 개혁을 위해 '(가칭)건설산업통합법'제정을 요구하였으나 아직까지 추진되지 않고 있다.[38] 통일 후 주요 인프라 및 건축, 도시의 체계적이고 효율적인 추진을 위해 대한민국의 건설관련 법과 제도로는 해결이 불가능하다는 것은 명약관화하다. 따라서 독일의 '계획 간소화법'을 능가하는 특별법 제정이 반드시 필요할 것이다.

넷째, 통일 후 어떤 건설기준을 적용할 것인가에 대한 사전적인 논의 및 창의적 해법이 강구되어야 한다. 현재 한국의 국가 건설기준은 부처별로 관할할 뿐 아니라 실제 기준의 운영 및 관리는 관련 학·협회들이 칸막이식으로 맡는다. 상호 연계도 어렵지만, 평균 개정주기만 5~6년이어서 급속한 기술발전에 따른 최신 신기술·신공법 반영도 쉽지 않다. 건설기준의 통일성을 확보할 책임 있는 이력 관리 체계도 미흡한 상황이며 특히 국제기준과 호환성이 없는 기준으로 많은 문제점을 가지고 있다.[39]

북한의 건설이 본격화될 경우 국내기업은 물론 세계적인 건설기업들의 각축장이 될 것이다. 특히, 외국 건설기업들이 직접 자금을 조달하는 Project Financing(PF), Private Finance Initiative(PFI), Infrastructure Fund 조성 등을 통해 건설에 참여한다면 현재 한국에서 적용하고 있는 국가 건설기준 적용을 요구하는 것이 타당한 것인지 의문이 든다. 더욱이 4차 산업 및 녹색혁명 등 세계 최고기술이 적용된 최첨단 도로, 철도, 항만, 에너지 및 도시 등이 건설될 경우 한국의 국가 건설기준을 적용하기보다는 세계적으로 인정받는 국제적인 기준(Global Standard)을 선정, 적용하는 것이 바람직할 것이다.

통일 후 인구이동 및 혼란을 방지할 산업 대책 수립

천영우(2022)는 통일 이후 가장 시급한 과제는 북한의 모든 주민에게 일자리를 제공하여 안정적 생계를 유지할 소득을 창출하는 것이라고 하였다. 이와 함께 남한과 거의 동등한 생활이 가능하도록 상수도, 하수도, 에너지, 주택 등 기반시설을 최단기간 내에 공급해야 한다. 이는 주민의 이동을 막고, 소요 발생을 차단하고, 주민들의 불만을 최소화할 수 있는 최선의 방책이 될 것이다. 따라서 건설의 우선순위를 설정하고 최단기간 내에 안정적인 시설을 공급할 수 있는 방안 및 기술개발에 전력해야 한다.

우리는 이미 개성공단의 건설 및 운영을 위해 남쪽에서 인력, 자재, 장비 및 전기를 공급한 경험이 있다. 가장 중요한 물과 에너지의 공급을 위해 국경 지역은 남쪽시설이서 직접 공급하는 방안이 우선 검토되어야 한다. 또한, 남쪽에서 직접 공급할 주요 시설에 대해서는 한반도 통일 개발계획에 의거 사전에 건설하는 방안도 논의되어야 한다.

통일 시 시급한 전기 공급을 위해서 대용량 발전기를 배치하는 방안은 물론 건설 기간을 최소화할 수 있는 태양광발전소 설치 및 에너지 저장 장치(ESS)를 공급하는 방안도 필요할 것이다. 남쪽 기준 이상의 생활용수 확보를 위해서는 일시적으로 정수기를 활용하는 방법도 검토해야 할 것이다. 북한의 지방은 대부분 농업에 종사하는 만큼 지역 주민들이 이동하지 않고 지속적으로 농업에 종사하여 기대 이상의 수입을 확보할 수 있도록 농업용수의 확보전략도 필요할 것이다.

가장 중요한 것은 삶의 터전이자 안식처인 주택을 적기에 공급하는 것이다. 이는 북한 주민의 이동과 그로 인한 혼란을 최소화할 수 있는 방안이다. 남한과 같이 대규모 신도시 건설을 통해 공급하는 방안이 반드시 검토되어야 하지만 공급 기간 단축을 위해서는 특별한 방안이 필요하다. 현재 공기를 극단적으로 단축할 수 있는 탈현장 건설(OSC, Off-Site Construction) 방식이 전 세계적으로 발전하고 있다. 이미 중국에서는 OSC 방식을 활용하여 30층 호텔을 15일 만에 시공한 사례가 보고되었다. 통일을 대비하여 OSC 등 공사 기간을 극단적으로 단축하여 주민의 기반시설을 조기에 공급할 수 있는 기술개발에 전력해야 할 것이다.

가보지 못한 미래를 위한 준비

한반도의 통일이 언제, 어떤 방식으로 이루어질 것인지는 아무도 모른다. 우리가 생각지도 못한 순간에 우리에게 다가올지도 모른다. 건설산업은 통일의 수혜를 가장 빨리, 가장 크게 볼 수 있는 산업이다. 하지만 주도권을 상실한다면 우리의 시장이 아닌 통일 한반도에 막대한 영향력을 보유한 미국, 중국, 일본 및 러시아의 시장이 될 것이다.

이스라엘 건국의 아버지인 시몬 페레스는 "가능성이 희박하다는 것이 반드시 불가능을 의미하지 않는다.", "아직 아무도 가보지 않은 미래를 상상하라!", "아직까지 생각해내지도 못했고 존재하지도 않는 제3의 대안을 반드시 찾아야 한다."고 말했다. 이는 통일을 대비하는 건설산업의 자세를 가장 정확하게 나타낸 명구(名句)라고 판단된다. 통일의 가능성은 희박하지만 불가능한 것은 아니다. 또한, 통일 이후의 한반도에 어떠한 상황이 발생할지 상상조차 어려운 실정이다. 따라서 우리 건설산업은 아무도 가보지 않은 미래를 상상하며 누구도 생각하지 못했고, 존재하지도 않는 방안을 찾아야 할 것이다.

건설산업의 통일을 대한 준비! 천 번 만 번을 꿈꾸고, 계획하고, 검토하고, 시뮬레이션해도 지나치지 않을 것이다.

08

북한 도시인프라 진출 준비

이복남

국가와 인프라 개요

국가와 도시인프라

국토인프라

국가의 3大 요소는 영토와 국민 그리고 주권이다. 헌법 제3조에 '대한민국의 영토는 한반도와 그 부속도서로 한다.'로 명시되어 있다. 헌법 해석으로는 북한지역도 대한민국 영토다. 헌법 제2조 ①항은 국민이 되는 요건을 명시해 놨다. 북한지역과 북한주민이 대한민국의 일부로 해석되는 부문이다. 현실적으로는 북한지역이 대한민국의 영토라지만 국내법이 미치지 못하는 것이 현실이다. 북한지역에 구축되는 모든 인프라가 한국의 법과 정책, 기준 등에서 예외가 되어 있는 셈이다. 경제력 차이만큼 영토에 구축된 국가 및 도시인프라에도 상당한 차이가 존재할 수밖에 없는 구조다. 정확한 사실을 기반으로 한 것인지 아니면 단지 추측에 의한 것인지도 불확실하다. 한반도 통합인프라 구축에 대한 거대한 담론만이 지속적으로 반복되어왔다.

국토인프라 분류

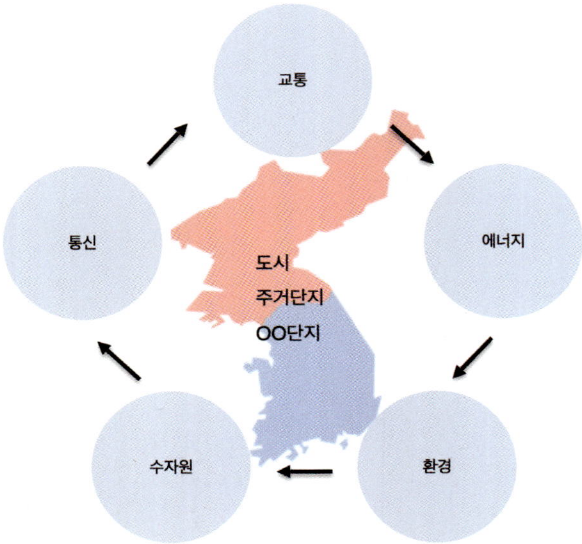

영토는 개별 국가법에 명시된 물리적 3차원의 공간을 의미한다. 국토는 법상의 영토와 달리 국가가 주권을 행사할 수 있는 권한을 가진 영토 안의 영토로 정의할 수 있다. 헌법 제3조에 명시된 영토는 남북한 모두의 주권이 미치는 공간이지만 국토는 법보다 실질적으로 타국의 간섭을 받지 않는 실효성 주권이 미치는 영토 공간이다. 북한은 한국의 법과 제도에 영향을 받지 않기 때문에 국내 영토로 보기 어려운 측면이 있다. 영토는 한국의 주권이 미치는 물리적 공간이다. 영토는 육지와 도서, 바다와 하늘로 이뤄진 자연 공간이다. 영토에 국민의 생활과 일의 터전을 만들어 놓은 것이 국토인프라(infrastructures)이다. 국토인프라는 5개 부분으로 분류된다. 정보 통신기술이 국민 생활에 보편화 되기 전에는 크게 4개 분류가 지배적이었다. 통신과 도시와 주택을 국토인프라에 포함시킬지 여부는 국가별 정치 환경과 직접적인 함수 관계가 있다. 인프라는 국가의 정책과 전략에 따라 국가 재원으로 구축되는 공공재(public goods & property)다. 국민 개인의 소유권이 인정되지 않는다. 당연히 공공재는 국가 소유재이기 때문에 국가재정이 투입되어야 하는 것이다. 이 때문에 우리나라에서 흔히 사회간접자본(social overhead capital, SOC) 로 정립해 왔었다. 글로벌 추세는 SOC보다 infrastructure가 보편적으로 사용되기 때문에 이 글에서도 약어 인프라로 통일하여 사용하기로 했다. 인프라는 그 자체로 생산 역할을 하지 않고 생산과 국민 삶의 터전을 제공하는 배후 역할에 그친다. 반대로 인프라 없이는 국민 삶과 생산 활동, 물류 유통이 어렵다. 미국[1]이 인프라를 국가의 중추(America's backbone)로 호칭하고 영국[2]이 경제의 중추(economy backbone)로 정립하게 된 배경이다.

도시인프라

도시인프라는 국토인프라의 축소판으로 이해할 수 있지만, 수요자 그룹이 다르다는 점에 차이가 있다. 국토인프라는 국민과 경제, 문화, 교육과 산업 등 국가 차원의 수요자다. 도시인프라는 도시에 상주하는 시민은 물론 시를 방문하는 유동인구의 일상생활과 직접적인 관계를 가진 시민의 생활 인프라다. 도시교통은 도로와 철도 등 육상이동 수단으로 항공과 해상교통이 제외된다. 모빌리티를 대변하는 도시항공교통(UAM)은 수요가 증가하면 자연스럽게 도시교통에 편입될 것으로 예상된다.

도시 에너지인프라는 수요와 공급 중에서 수요가 중심이다. 에너지 생산시설(예, 발전소나 가스저장시설 등)보다 도시 수요에 맞춘 공급라인(예: 전력배전, 도시가스 배관 등) 구축이 중심이다. 수자원인프라 역시 공급

보다 수요 중심이다. 댐과 저수지, 광역수도 등은 국토인프라이지만, 광역수도로 공급받은 대용량의 물이나 가까운 강 하천에서 취수하여 물을 정화시키는 설비, 즉 정수장에서 수요지(예, 가정 혹은 사무실과 공공시설 등)까지 급수하는 관로가 도시인프라에 속한다. 도시에서 배출되는 각종 폐기물(예: 오 배수, 쓰레기 등)을 처리하는 게 도시환경 인프라의 핵심이다. 반대로 국토인프라에서 환경시설이 차지하는 비중은 낮다. 단지 기체 액체 고체 등에 대한 설계기준을 제시하는 선에 머문다. 따라서 오·폐수의 하수관로와 하수처리장 등과 함께 고체폐기물인 생활 및 음식쓰레기 처리가 중요한 도시의 환경인프라에 속한다. 국가관리보다 지역분할에 의해 지자체가 관리한다. 에너지와 수자원인프라가 전국의 네트워크로 연결되어 있다면 환경인프라는 해당 지자체의 관할 지역에 놓여있는 셈이다. 도시만을 대상으로 한 통신인프라는 존재하지 않는다. 무선통신기술의 발전으로 인해 도시 내 통신인프라를 독

국토와 도시인프라 관계

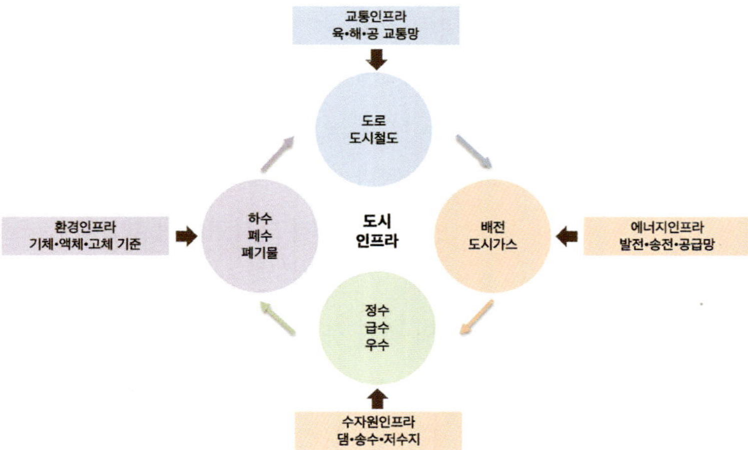

립적으로 보기 어렵게 되었다. 따라서 도시인프라에서 통신인프라를 제외시키기로 한다. 국토인프라 구축이 선행되지 않으면 도시인프라를 독립적으로 구축하기가 어렵게 되어있다. 선 국토인프라, 후 도시인프라 구축으로 선후 관계를 가지고 있다. 다시 말해 도시인프라 구축을 선제적으로 하기 어렵다.

정책과 정치 경제가 인프라 구축에 미치는 영향

국민경제와 인프라

국토인프라 축적은 해당 국가의 경제력과 직결된다. 인프라 없이는 국민 삶은 물론 경제 활동 자체가 불가능하다. 영국건설공학회(UK Institute of Civil Engineers, UK ICE)가 창립 이백 주년을 맞이하여 인프라 특성을 명확하게 정립했다. 인프라는 공기나 물과 같아 "일상생활에서 인지하지 못하지만 없으면 단 하루도 살 수 없다"로 정립했다. 세계경제포럼이 2019년에 발간한 보고서[3]에서 한국의 경제력 순위를 세계 13위로 비교 평가했지만, 인프라 축적도(stock) 순위를 6위로 평가했다. 세계 141개국을 비교 평가한 보고서를 개략적으로 분석하면 국가경쟁력과 인프라 축적도의 상관계수가 0.9를 넘을 정도로 직접적인 관계가 있다. 북한은 비교 평가에서 제외될 정도로 각종 통계값이 제한이 되어있는 게 현실이다. 다만 경제력이 없는 북한의 인프라 축적도는 1945년 이전에 일본 자본에 의해 구축이 되어있는 것에서 크게 벗어나지 못했을 것으로 추정될 뿐이다.

인프라 구축 정책에 정치·경제가 미치는 영향

북한의 국토 및 도시인프라 구축 현황과 현안 이해를 돕기 위해 고통인프라를 예시로 설명하면 이해도가 높아진다. 교통인프라는 노출되어 있기 때문이다. 일반적으로 민주주의는 자유 시장 경제 정책을 채택하고 있다. 사회주의는 관치경제 혹은 계획경제 정책을 선호한다. 사회주의를 표방하면서도 자유 시장 경제 정책을 택하고 있는 국가도 있기는 하다. 사회주의는 일반적으로 자유 경제 시장을 배척한다. 자유 시장 경제에서는 사람과 화물 혹은 상품의 이동이 자유롭다. 사람도 목적에 따라 이동이 자유롭다. 공장에서 생산된 상품은 소비지와 가장 가까운 거리로 수송하기 위해 다양한 교통수단을 활용한다. 사람과 물류의 이동은 소득이 높을수록 늘어날 수밖에 없다. 이와 반대로 통제 정치와 경제 환경에서는 이동량이 줄어든다. 자연스럽게 교통수단의 양과 질이 자유 시장 경제에 반해 떨어질 수밖에 없다. 교통인프라의 양과 질은 정치와 경제력에 가장 큰 영향을 받게 되어있는 이유다.

사회주의나 공산주의를 국가 정치 강령으로 채택한 국가의 특징은 독립 혹은 자립경제를 국가 목표로 내세우는 경향이 있다. 국가의 자립경제는 대외적으로는 국가 간의 상거래, 즉 무역 확충의 필요성에 별로 무게를 두지 않는다. 국가를 연결하는 글로벌 교통망 구축에 관심을 두지 않거나 투자를 기피하는 게 일반적이다. 자립경제는 국가 간의 문제뿐만 아니라 한 국가 내에서도 지역 간 이동의 필요성을 중요시하지 않는다. 사회주의는 개인과 개인 간의 소통보다 대중을 상대로 한 대중 집단 교시를 중시하는 게 일반적이다. 동구권이나 구 소련 연방국가에 속한 나라들이 도시 곳곳에 광장을 만들어 대중을 광장에 모아 놓고 국가나 지방 자치단체가 필요로 하는 소식이나 교육을 전달하는 장소로 활용해 왔다. 사회주의 혹은 공산주의 국가일수록 광장 문화가 발달한 주된 이유이기도 하다. 우리가 익숙해져 있는 개인 간의 소통 수단은 사회주의 국가는 통제력 편의를 이유로 기피한다.

한 국가의 교통인프라 구축 양은 이동의 자유와 상품 생산과 소비량에 절대적인 영향을 받는다. 사회주의 국가일수록 계획도시가 일반적이다. 상품의 생산과 소비는 별개 항목으로 계획 생산과 배급이 일반적이다. 당연히 거주지에서 출퇴근하는 거리가 짧아져 별도의 교통인프라 구축의 필요성이 떨어진다. 제한되거나 낮은 소득은 장거리 여행이나 관광을 위한 해외여행 수요를 줄어들게 만든다. 소득수준이 낮았고 교통인프라가 열악했던 1990년대 이전 중국에서 매년 일어났던 명절 혹은 국경일 교통 전쟁도 이런 면에서 이해될 수 있다. 우리나라도 고속도로와 항공교통 그리고 철도 교통량이 충분하지 않았던 1990년대 이전에 명절이나 연휴, 혹은 휴가철 때마다 교통대란을 겪었었다. 중국은 사회주의 국가지만 거주 이전 자유를 제한하면서도 개인의 이동이나 출퇴근에는 제약을 두지 않기 때문에 중국대륙의 교통난은 현재도 지속되고 있다.

시민의 눈높이에 영향을 받는 도시인프라의 양과 질

한 국가의 인프라는 해당 국가의 경제력과 국민 눈높이에 좌우된다. 세계경제포럼(WEF)가 매년 발표하는 국가별 비교에서 소득수준이 높을수록, 국민총생산액(GDP)이 많을수록 인프라 축적도가 높아지는 현상을 볼 수 있다. 산업발전을 위한 국토인프라 구축은 국가의 경제여력이 뒷받침되지 않으면 실행될 수 없다. 산업이 발전할수록 도시로 인구가 집중되는 것은 자연스러운 현상이다. 국토인프라 구축이 국가 산업 발전계획과 맞물려 있는 한편, 도시인프라는 산업단지나 혹은 도시경제로 몰려드는 시민을 수용할 수 있는 인프라를 구축하게 된다. 일반적으로 도시는 3촌(농촌 산촌 어촌)에 비해 소득수준이 높다. 도시의 인구밀도가 3촌에 비해 높다. 도시인프라는 국토인프라가 국토균형발전이라는 명분에 의해 분산적으로 개발되는 것과 달리 밀집도가 높은 지역에 우선적으로 집중적으로 구축되게 된다. 소득이 높고 인구가 많은 도시 거주 시민이 요구하는 도시인프라 충족도가 중·소도시보다 높다는 사실은 서울대학교의 전국 단위 생활인프라 체감도 조사[4]에서 밝혀진 사실이다.

북한 인프라의 특수성

폐쇄적인 북한은 사회주의 체제가 가지고 있는 거주와 이동 제약이 반영되어 있다. 주민은 거주지 선택이나 이전에 대한 자유가 제한된다. 또한, 거주하는 지역에서 타 지역으로 이동하려면 당국의 사전 허가가 필수다. 이동의 자유가 보장되지 않는다. 거주와 이동의 자유가 없다는 의미는 장거리 교통 수요가 아주 낮다는 의미다. 교통에 대한 수요가 없으면 특별한 사유가 없는 한 교통인프라가 공급되지 않는 게 보편적 진실이다. 북한이기 때문에 인프라 구축량이 적다기보다 사회주의 체제는 일반적으로 인프라 구축을 중요시하지 않는다고 보는 게 설득력이 있다.

남한 도시에서는 통학과 출근이 몰리는 9시 이전 아침 시간을 흔히 '러시아워'라 부른다. 북한 도시에 러시아워 현상이 있을까? 북한 수도인 평양의 도시 발전 과정과 현황을 분석한 사례를 통해 간접적인 분석이 가능하다. 간헐적으로 국내 매체에 등장하는 평양의 지하철이나 버스에 출근 시 사람이 몰리는 장면을 쉽게 볼 수 있다. 출퇴근 시 대중교통을 이용하는 대부분 사람은 북한의 공무원이나 교사, 연구원 등 공적 업무에 종사하는 사람이 대부분이다. 북한 보통 주민의 일자리 혹은 직장은 교통편보다 도보나 자전거를 이용하는 게 일반적이다. 공공기관을 제외한 대부분의 일자리는 거주지 인근에 있거나 혹은 거주지와 같은 위치에 있다. 우리나라 도시에서는 '직주(직장과 주거)' 거리가 짧을수록 교통 수요를 억제할 수 있다는 믿음이 있다. 거주지가 직장 인근에 있으면 러시아워를 피해 갈 수 있고 또 교통인프라 구축에 소요되는 투자비를 절감할 수 있기 때문에 개인과 정부 모두가 선호한다. 평양의 경우 일자리와 집이 함께 있는 경우가 보편적이라고 한다. 아파트의 경우 주거 층과 일하는 층이 동일한 건물에 함께 있는 경우가 많다. 당연히 도시교통 수요가 거의 발생하지 않는다. 서울이나 부산, 광주 등 대도시에 구축된 지하철이 평양과 같이 특별한 목적이 아니면 필요성이 없었을 것이라는 짐작이다. 지하철과 버스는 도시에 살고 있는 사람들의 대중교통이다. 북한 도시의 경우 직주 동일 환경으로 인해 도시교통 수단이 발전되지 않았을 것이라는 추론이다.

북한 경제는 기본적으로 자립형 기반이다. 소비자와 생산자가 거의 같은 지역에 살고 있다. 석유, 석탄 등과 같은 에너지는 채굴이나 정제가 한 곳에서 생산되어 소비지로 수송해야 하기 때문에 물류 교통인프라 구축이 필수다. 북한 지역에서는 원유 매장량이 없다. 다만 원유를 도입하여 정제하는 공장은 몇 군데 있다. 석탄을 채굴하는 탄광은 여러 곳에 있다. 정제된 석유와 석탄을 수송하기 위한 교통체계는 주로 철도에 의존한다. 남한과 같이 대형탱크 트럭이 도로를 달리는 모습을 북한에서 보기 어렵다. 생활필수품 생산과 소비도 최대한 가까운 거리에 있을 것으로 짐작된다. 지역 자립이 기본이기 때문에 남한과 같이 부산에서 생산된 신발이 전국 각지에 분산된 판매장으로 수송되는 현상을 보기 쉽지 않다. 내수 자립형 경제가 기본이기 때문에 석탄이나 지하광물을 제외하면 타 국가와 교역, 즉 무역 거래가 극히 미미하다. 내수기반 자립형 경제에서는 수입과 수출량을 소화해야 할 만한 국제공항이나 국제항만이 필요 없을 만큼 미미한 수준임을 쉽게 짐작할 수 있다. 한반도와 인접한 중국과 러시아와의 교역은 대부분 트럭이나 혹은 철도 등 육상교통을 이용할 것이라는 추측이다. 북한 주민 일인 당 개인소득 수준이 공식적으로 알려진 것은 없다. 1인당 국민소득은 국제기축통화인 미화로 표시하여 타 국가와의 비교 수단으로 흔히 이용된다. 북한 당국이나 국제기구에서 공식으로 발표하는 통계가 없다. 남한의 통계청(통계청 포털)이 발표하는 추정값으로는 2021년 기준 미화로 약 1,180(달러당 1,200원 환산) 내외일 것으로 추측할 뿐이다. 국민 개인소득이 1천 달러 내외에 머물면 해외여행 수요가 극히 낮다. 북한 주민의 출국 수요를 소화시키기 위한 국제공항 건설도 필요 없었을 것이라는 추정이다. 북한 교통인프라의 특성을 종합적으로 요약하면 철도교통을 제외한 도로와 해상 그리고 항공교통은 수요 자체가 없었기 때문에 축적도가 남한에 비해 극히 낮은 수준이라는 추론이 가능하다. 북한의 내수시장은 자립경제를 표방하기 때문에 국제간의 거래를 위한 장거리 교통수단과 무역항이나 국제공항 건설이 극히 미미했을 것이라는 추론이다.

열악한 국토인프라

1945년 8.15해방 이후 남북한 사람과 물류 교류가 전혀 이뤄지지 않았다. 북한은 폐쇄 국가다. 북한지역에 대한 국가 및 도시인프라 축적도가 양적으로는 물론 질적으로도 신뢰할 수 있는 정보나 자료가 극히 부실하다. 도시인프라를 국토인프라와 분리해서 볼 수 없는 이유는 도시와 도시를 잇는 교통과 에너지, 수자원인프라가 도시 단위로 구축될 수 없기 때문이다. 북한의 도시가 남한과 달리 자립경제형 구조로 도시와 도시를 잇는 인프라가 제대로 구축되어 있지 않다고 단정하기 어려운 것도 현실이다. 소득수준 35,000달러의 눈높이로 1,200달러 내외에 머문 북한지역의 국토 및 도시인프라를 평가할 수 없는 것이 현실이다. 인프라는 양적 축적 못지않게 안전하고 편리하게 사용할 수 있는지를 판단하는 질적 수준이 반드시 반영되어야 축적 자체가 의미가 있기 때문이다. 확실한 사실은 남한의 도시인프라와 비교할 수 없이 열악한 수준이라는 점이다. 국가와 도시인프라를 연계해서 봐야 한다. 국토인프라 구축 없이 도시인프라를 구축할 수 없기 때문이다. 국가 및 도시인프라 실태가 제대로 파악되지 않았기 때문에 확실한 대책을 수립하기 힘든 상황에 직면해 있는 것이 현실적인 한계다.

북한의 도시와 국토인프라 현안 진단

북한의 도시인프라 현안

북한식의 고유한 도시 발전 모델에 대한 개괄적 이해

북한의 도시인프라 시장의 개발 혹은 개선 사업에 진출하기 위해서는 북한의 특유한 '북한식 도시'이해가 선행되어야 한다. 북한 도시에 대한 연구나 탈북자들의 생활 체험에서 느껴지는 것으로 요약할 수 있다. 북한의 도시를 한 마디로 '평양 외 기타 도시'로 표현할 수 있다. 그만큼 평양은 기타 도시와 구별되기 때문에 외부 세계에 가장 많이 노출되는 평양을 북한의 대표도시로 이해하면 큰 오류가 생길 수 있다는 의미다. 북한의 도시는 정치 경제체계를 구분하는 사회주의, '김일성+김정일'의 주체사상을 강조하는 전시행정주의가 혼합되어 북한 특유의 도시 형태로 발전되어 왔다. 평양은 사회주의를 상징하는 인민 교육장 역할을 하는 거대한 김일성 광장, 광장과 주변에 설치된 거대한 상징물(김일성 김정일 동상, 주체탑, 도서관 등)이 설치되어 있다. 광장과 상징물들이 체제의 우월성을 전시하는 일종의 '전시 도시' 혹은 '극장 국가'라는 느낌을 받게 된다. 광장과 전시물을 중심으로 도시가 방사 형태로 발전되어 왔다.

북한의 도시계획 및 개발은 중앙집권체제[5]에 좌우된다. 도시계획과 운영은 내각의 국가 건설감독성, 도(道) 인민위원회의 도시 경영관리국, 시(市) 인민위원회의 도시경영과가 관할하는 철저한 수직체계가 유지되고 있다. 김일성 김정일시대(2012년 이전) 북한의 도시계획은 기본적으로 과거 소비에트의 네 가지 원칙론[6]이 지배했었다. 네 가지 원칙론에서 유추되는 부문이 도시는 자급자족으로 도시와 도시를 잇는 국토인프라 구축의 필요성을 인위적으로 억제시켜왔을 것이라는 것이다. 이러한 추정은 사회주의 이념을 도입한 북한이 도시개발에서 세 가지 문제에 직면할 수밖에 없었을 것이라는 추론이 가능하다.

북한 도시가 직면하고 있는 세 가지 문제[7]는 ①도시와 농촌이 통합 혹은 균형발전이라는 국토개발원칙을 수평적 수직적 보완적 관계 지향 ②대도시확장 억제 ③사회주의 이념이 추구하는 단핵 구조의 독립적인 자생도시로 발전되어 도시 간 사람과 물류 이동의 필요성이 크게 대두되지 못했다. 따라서 이런 구조로 도시가 발전될 수밖에 없었을 것이라는 결론에 도달하게 된다. 북한의 주체사상과 정권 유지를 위해서는 강력한 중앙집권 체계를 필요로 했을 것이다. 이러한 체제에서 북한의 주택공급이 국가의 독점적이고 개인의 능력이나 경제적 능력보다 사회적 필요에 의해 배분되는 구조가 유지되어왔다. 주택 소유권은 국가, 주택건설은 국가 독점, 주택계획은 국가 건설 감독성 책임으로 되어있어 남한의 주택 수급 체제와 다르다. 한국의 경험과 지식으로 북한의 도시인프라 시장에 진출해서는 실패할 가능성이 높다는 추론이다.

김정은시대 개막과 함께 변화하는 북한 도시[8]

2012년 4월 김정은시대가 시작되면서 북한의 도시계획에도 변화가 일어나기 시작했다. 겉으로는 '개방 개혁'정책을 확대하고 인민 대중 제일주의와 이민위천(以民爲天)을 강조하기 시작했다. 자연스럽게 도시와 주거정책에 변화가 일기 시작한 것으로 추측된다. 김정은이 김일성 탄생 100주년을 기념하여 '23개의 경제개발구' 지정 발표를 시작으로 국가경제발전 5개년 전략(2016.5), 새로운 국가경제발전 5개년 계획(2021.1) 등을 발표했다. 새로운 국가경제발전 5개년 계획을 가시적으로 보여주기 위한 조처로 '평양의 살림집 5만 호 건설'이 발표됐다. 평양시를 5개 권역으로 나눠 매년 1만 호씩 공급하는 계획이었다. 그러나 계획이 실행되었는지 여부는 누구도 확인해 보지 못했다. 김정은 시대에 잇달아 발표했던 각종 계획도 실체화되었는지 확인하지 못했다. 다만 한 가지 분명한 사실[9]은 체제 선전과 유지를 위해 미사일, 위성, 핵탄두 개발 등 겉으로 드러나는 효과를 극대화시키기 위한 수단으로 평양시에 '미래과학도시'건설을 본격화하기 시작했다는 것이다. 과거 주체사상 강조를 상징하는 시설물 중심이 초고층 아파트 중심으로 변했다는 점은 분명해 보인다. 이 경우에도 실제 건설보다는 체제 선전을 위한 도시풍경화가 유행되기 시작했다. 초고층 아파트와 문화와 쇼핑거리 등이 계획에는 담겼지만 이를 실제 건설하기보다 체제 선전을 위한 극장도시였던 셈이다. 계획이 실행된 사진을 접하기 어려웠기 때문에 생긴 추측이다. 계획이 만약 실행에 옮겨졌다면 사진이 등장해야 했지만, 선전을 위한 도시풍경화만 남아 있는 것이다. 물론 일부에서 북한이 보안을 이유로 사진으로 공개하지 않았을 것으로 추측하기도 하지만 위성사진으로도 탐색이 되지 않았다. 김정은 위원장이 새로운 경제 및 도시발전계획을 발표했지만, 계획에 그칠 수밖에 없는 이유는 경제 여력 한계로 추정된다. 한마디로 요약하면 북한의 도시 및 주택 정책은 계획만 있고 실행 없는(planning only no implementation, PONI,) 으로 결론을 내릴 수 있다.

북한 도시인프라의 현안[10 11]

북한은 사회주의 국가로 개인의 이동권은 물론 거주권이 자유롭지 못하다. 그러함에도 불구하고 세계적 흐름에 맞춰 인구가 도시로 이동하는 현상은 피 할 수 없는 것 같다. 다만 속도의 차이는 예상 할 수 있다. 1945년 이후 북한의 도시화는 지속적으로 늘어났지만 2010년 이후부터는 답보 상태로 확인[12]되었다. 북한에서 상주인구 30만이 넘어가는 도시는 2019년 현재 기준으로 7곳(평양 청진 함흥 신의주 원산 평성 남포)으로 확인된다. 북한의 도시 및 국토는 흔히 평양 외 기타 도시로 불릴 만큼 인구와 인프라 차이가 극심한 것은 탈북민을 통해 알려진 사실들이다.

북한 도시의 생활 인프라 실태 파악은 육안으로 파악이 가능한 교통인프라에 머물러 있을 수밖에 없는 한계가 있다. 탈북민을 대상으로 간헐적으로 한 인터뷰에서도 확인할 수 있었던 사실은 북한에서 거주했던 도시와 거주 지역 내 단편적인 체험이 전부였다. 북한 영토와 도시 전체를 파악하기에는 턱없이 부족한 정보였다. 통계청이 발표하는 자료와도 상당한 차이가 있음을 확인했다. 개개인의 인터뷰 한 내용을 공식 통계로 볼 수 없는 한계성도 확인되었다. 통계청 자료는 물리적 양만을 다루고 있지만, 탈북민의 체감은 다닐 수 없는 도로와 철도, 단전과 단수가 일상적이어서 이를 인프라로 보기 어려운 측면이 많이 보였기 때문이다. 개인의 생활권에 속한 현실을 알 수 있지만 이를 지역 전체로 볼 수 없는 한계를 지니고 있다.

도시교통은 대부분 통학이나 출 퇴근 등 근거리 일상생활 교통이다. 도시교통은 개인교통수단인 승용차 및 승합차, 그리고 버스와 지하철 등 대중교통으로 구분된다. 통계청의 발표 자료에 따르면 2021년 기준 남한에 등록된 자동차등록대수는 24,911천 대다. 북한의 자동차 대수는 모두 253천 대에 불과하다. 도시의 대중교통 수요량을 짐작할 수 있는 지하철도 길이가 34km에 불과하다. 평양에만 지하철 2개 노선과 궤도전철 3개 노선(평양 도시철도, 2019)이 달리는 것으로 파악된다. 자동차대수와 지하철 길이로 추정하면 북한의 도시교통 수송량은 우리나라 도시와 같은 러시아워 사태는 발생하지 않을 것으로 추측된다. 탈북민 태영호 의원(전 주영대사관의 북한공사)이 밝힌 바에 따르면 평양 지하철은 출근보다 퇴근 시간에 러시아워가 간혹 발생한다고 한다. 평양에 갑자기 늘어난 50층 이상 초고층 아파트의 등장 때문이라 한다. 전기 부족으로 엘리베이터 가동 시간이 오후 8시부터 약 2시간으로 한정되어 이 시간대를 맞춰 퇴근해야 하기 때문이라 주장했다. 출근 시간에는 엘리베이터 없이 내려올 수 있기 때문에 특별한 행사가 없는 경우 러시아워가 일어나지 않는다고 전했다. 북한 전력인프라 현실은 시민 생활 전기 공급[13]이 평양시는 하루 3~5시간, 그 외 도시는 1~2시간에 그쳐 에너지인프라 부족의 심각성을 짐작할 수 있다.

대중교통인 버스, 지하철을 제외하면 개인 승용차와 승합차, 혹은 택시로 도시교통량을 측정할 수 있지만, 이 역시 극히 미미한 수준이다. 평양에 구축된 지하철 연장 34km와 궤도전차도 평양 거주 인구가 약 350만 명 내외라는 사실로 미뤄보면 턱없이 부족한 편이다. 도시의 교통인프라 축적도가 남한에 비해 낮을 것으로 예상된다. 평양시 인구(350만 명)에 근접하는 부산시(인구 330만 명)의 도시철도는 네 개 노선에 총연장 116.6km와 대비가 된다. 도시교통을 대표하는 지하철 총길이

34km는 한국(738km) 축적량의 4.6%에 지나지 않을 정도로 도시의 집중화가 이뤄지지 않은 상태로 파악된다. 수요가 없는 곳에 공급이 있을 수 없지만, 평양은 탈북자들의 전언에 따르면 '평양 외 기타 도시'로 평가될 정도로 도시의 교통인프라 구축이 낮은 수준에 있다는 소문이 사실로 보인다. 북한 도시 교통인프라는 우리나라 국민의 시각에서는 열악하게 보일지 모르지만, 북한 주민의 시각으로는 이용이 낮아 일상생활에서는 별다른 불편을 체감하지 못했다는 것이 탈북민의 증언이다. 보행과 자전거가 시민의 일상생활의 교통수단일 것으로 추정된다.

북한 전 국토의 인프라 구축에 한국과는 비교 할 수 없을 정도로 열악한 상태다. 북한의 경제력과 산업 생산시설을 고려하면 도시라고 해서 따로 인프라를 구축할 수 없었을 것으로 추정된다. 도시 교통인프라는 평양에는 지하철이 구축되어 있다고는 하지만 원래 목적은 이동보다 전쟁 중 피난처 확보 목적이 컸었다고 한다. 출퇴근이나 통학을 위한 교통인프라는 이동권과 거주권 제약으로 인해 수요가 많지 않았을 것으로 추정된다. 도시의 상수도 보급률은 하수도 보급률에 비해 높다고는 하지만 오염된 수원지로 공급되는 생활용수를 개별 가정에서 처리하여 활용 비중이 전체 가정의 16.5%에 불과하다. 도시로 따져도 18.7%에 이를 정도로 극히 취약한 편이다.[14] 정수처리와 하수처리에 충분한 전력에너지를 필요로 하지만 북한의 전력 사정을 고려하면 오염된 급수와 하수는 또다시 오염수가 되는 악순환이 반복되는 것으로 추정된다. 보급률로 따지는 100% 혹은 90%가 아무런 의미가 없다는 것이다. 상수도관이 있기는 하지만 노후화로 인해 공급량의 절반이 누수가 될 정도로 알려져 있다. 이마저도 전력 사정으로 제한적으로 운영되기 때문에 탈북민의 증언에 따르면 거주지 곳곳에 우물물을 이용하는 수준이라 한다. 평양이 특별한 도시라고는 하지만 2015년 기준

수요량의 70% 수준에 머물러 있다. 평양 외 기타 도시의 생활용수는 훨씬 열악할 것이라는 추정이다. 2010년 기준 오수량을 처리하는 생활용수 하수처리율이 19%로 추정되고 평양도 예외 없이 50% 수준으로 알려졌다. 하수처리장 가동률은 전력에너지인프라가 열악하기 때문에 시설 가동률은 확인할 수 없는 상태다.

북한의 국토인프라 현안

육상교통인프라 현안

북한의 육상교통은 철도 중심이다. 한국의 '주도종철(主道從鐵)'과 달리 '주철종도(主鐵從道)'이다. 북한철도 수송 분담률15은 화물의 80%, 여객의 60%이다. 대부분 북한철도는 일제강점기에 건설되어 현재까지 이용되고 있다. 일제강점기에 건설된 북한철도는 북한 자체 내 교통보다는 원산을 거점을 한 러시아와 중국으로 진출하기 위한 교두보 역할이었던 것으로 알려져 있다. 철도 근대화 사업 일환으로 전철화를 추진했지만, 만성적 전력난으로 운영되지 못하고 있는 실정이다. 도로와 철도 길이로 구축된 양보다 도시 교통량 소화는 품질과 성능(건설환경종합연구소, 2015)에 좌우된다. 도로의 질적 성능은 차선과 도로 폭, 직선과 곡선, 그리고 경사도와 아스팔트나 콘크리트 등으로 포장 여부에 따라 달라진다.

서울대학교가 2015년 국내 공공 및 정부 출연 기관들과 면담을 통해 확인한 북한 도로의 포장률은 8~10%에 불과한 것으로 파악됐다. 도로 폭도 남한의 2.5m보다 좁은 2.4m 이하의 1차선 도로가 전체의 43.5%에 달했다. 낮은 포장률과 교량 및 터널의 노후화로 인해 주행속도는 시속 50km 이하 수준에 머물러 있다. 교량이나 터널이 건설된

10톤 화물 트럭이 목적지에 도달하는 소요 시간

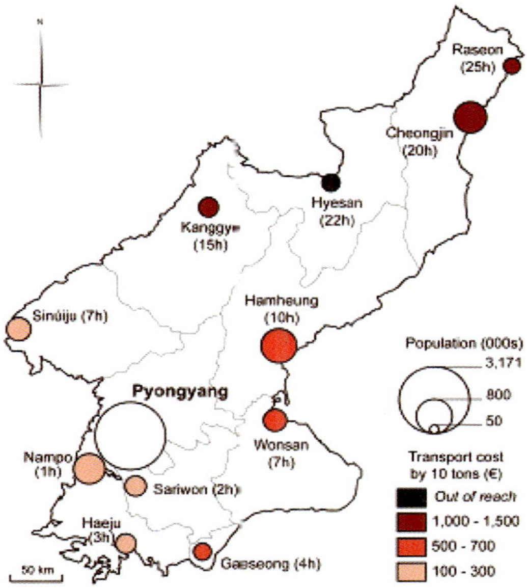

이후 지속적으로 유지 및 관리되어야 하지만 사회주의 특성상 그렇지 못했을 것이라는 추측이다. 서울에 사무소를 두고 있는 유럽의 한 물류 업체가 체감을 통해 확인한 평양 출발 목적지 도착 평균 시간을 발표(Stanislas Roussin, 2014b)했다. 이 발표에 따르면 십 톤 트럭이 평양에서 개성까지 도착하는 데 8시간, 함흥까지 48시간이 소요될 정도로 노후화가 심각하다는 것이다. 서울에서 대전까지 십 톤 트럭이 운행하는 데 최대 2시간이면 충분하며 속초까지도 평일이면 3시간 내외면 가능한 거리다. 우리가 상상하는 정상적인 도로가 아니라는 해석이다. 더구나 도로 운행 중 연료를 보충할 수 있는 설비(예, 주요소가 있는 휴게소 등)가 없어 통행 시간이 더 걸리는 문제도 있다. 대부분 고속도로에 중앙분리대가 설치되지 않았다는 것도 속도를 내기 어려울 것이라는 추정이다.

북한철도의 노선 길이는 우리보다 1,140km나 길지만 평균 운행속도는 시속 15~50km(최고 시속 45km)[16]에 불과하다. 운행속도를 높이려면 노선의 직선화와 평탄도가 유지되어야 하지만 현존하는 철도 대부분이 1910년 이후 일본 강점기에 구축된 것이라 낡았고 또 설계속도 자체가 낮다. 2010년에 전면 개통된 우리나라의 고속철도(ktx)의 설계속도가 350km, 평균 영업 운행속도가 300km라는 사실과 비교하면 북한철도의 품질과 성능을 짐작할 수 있다. 우리와 달리 북한철도는 여객 수송 분담 비중이 62%로 도로의 7.8%보다 훨씬 높다. 철도의 전철화율이 80%(한국은 74%)[17]로 높아 정상적으로 운행하려면 전력공급이 충분해야 하지만 북한의 전력 공급시설은 충분하지 못하다. 개성공단 운영에 필요한 전력이 전적으로 우리나라의 전력공급에 의존해야 할 수준으로 유추할 수 있다. 2018년 5월 24일에 있었던 함경북도 풍계리 핵실험장 폭파 참관을 외국 방문단이 원산역에서 출발하여 인근 재덕역까지 열차를 이용했다(네이버 포털). 원산역에서 재덕역까지는 416km(서울-부산 거리 정도)다. 특별 열차라 중간역 정차 없이 달렸어도 11시간 이상이 소요되었고 한다. 시속 약 40km 내외로 북한철도의 품질과 성능 수준을 충분히 짐작할 수 있다. 북한철도의 품질과 성능 수준이 우리나라 국민의 눈높이로는 이해하거나 받아들이기 어렵겠지만 여객과 화물의 물동량이 우리와 비교하면 미미할 것이라는 사실을 알면 한편으로는 이해할 수도 있다. 최근 탈북자 및 북한을 방문했던 외국인을 통해 알려진 사실은 철도로 화물을 탁송하는 데 대기시간이 너무 길어 특별 조처를 취하지 않으면 원하는 시간에 도착을 기대하기 어렵다 한다. 최근 물동량이 증가하는 사실이 확인되었다.

에너지인프라 현안

북한지역에 매장된 석탄량이 얼마인지에 대해 공식적인 통계가 없다. 개인 가정용 1차 에너지원으로 사용하기 위해 무분별하게 벌목했기 때문에 산 대부분이 민둥산으로 변했다는 현실이 위성사진에 노출된 것으로 추측이 가능하다. 2021년 기준 통계청 자료에 따르면 1차 에너지 확보량이 11,910천 toe로 한국의 3.9%에 지나지 않는다. 원유 수입량도 연간 3,885천 배럴로 한국의 0.4%에 불과하다. 북한의 전력에너지는 수력과 화력 비중이 6:4다. 수력은 전력생산량을 자율적이거나 계획적으로 할 수 없는 '천수답'형태의 에너지다. 수력의 비중이 높다는 것은 그만큼 전력에너지 공급난이 심화 되어있음을 의미한다. 북한의 발전설비용량은 8,255MWe(남한의 6.1%)이지만, 실제 발전량은 255억 Kwh로 한국의 4.4%에 불과하다. 객관적 수치로 보면 설비용량이 제 성능을 발휘하지 못하고 있다는 사실을 확인시켜 준다. 한국의 경우 전기사업법 제6조(보편적 공급)에 "국민 누구나 원하는 곳에 전력공급"의무가 전기사업자에게 지워져 있다. 북한철도의 전력화 비중 80%는 전력공급이 충분하지 않아 제대로 운영될 수 없다는 사실을 알 수 있다. 그만큼 북한의 에너지인프라가 열악한 상태라는 것만 확인된 실정이다. 북한 에너지인프라에 대한 양적 및 질적 수준이 객관적인 수치로 발표된 자료가 전혀 없다. 대북 투자에서 가장 큰 걸림돌 중 하나로 에너지인프라가 지목되는 게 당연하다는 판단이다. 현재 수준으로 북한지역 산업단지 구축 및 경제활동을 자유롭게 할 수 있는 에너지인프라가 너무나 열악한 상황임이 확실해 보인다.

수자원인프라 현안

북한의 지형적 여건은 산지가 많고 강우량이 많아 수자원 확보가 용이하다는 장점을 가지고 있다. 한국은 강수량을 수자원으로 만들기 위해 댐과 저수지를 구축했다. 댐과 저수지 구축을 통해 연간 활용하는 강수량이 30% 미만이라는 사실은 그만큼 많은 돈이 들어가기 때문이다. 일제강점기에 북한지역에는 수자원 확보를 위해 대규모 댐(예, 수풍댐)이 한국보다 먼저 구축되었다. 수자원은 크게 생활용수, 공업용수, 농업용수, 발전용수 등 네 개 부문으로 나눠진다. 북한의 경우 발전용수가 타 용수보다 더 우위에 있었다. 다만 통계로 수치가 나타나지 않은 한계점은 있다. 수자원은 양과 함께 수질 문제가 동시에 거론되어야 한다. 공장에서 나온 폐수, 농 축산업에서 배출된 오수 등이 처리되지 않고 방류될 경우 국민 건강에 치명적인 영향을 미치게 된다. 탈북민을 대상으로 한 면담 등을 통해 간헐적으로 파악된 수량과 수질 상태만으로도 양과 질 모두에 문제가 심각하다는 사실을 확인할 수 있었다.

북한의 수자원인프라는 통계값과 차이가 발견된다. 북한은 강수량이 한국의 2/3로 물 부족 국가로 분류되어 있다.[18] 북한 주민 일 인당 수자원 가용량이 매년 감소하고 있는 경향을 보여준다. 예를 들면 1990년대 수자원 양(인당 수자원 2.7톤)이 1950년대 수자원 양보다 3.4배 감소했다. 연간 강수량의 60%가 7~9월에 집중되지만, 담수를 할 댐과 저수지가 제대로 구축되지 않은 탓으로 짐작된다. 연간 강수량은 1,040mm/년으로 한국보다 약 240mm가 적은 편이다. 지형적 이유

수자원 이용 비중 현황

구분	북한(%)	한국(%)	차이(한국÷북한)
생활용수	10.4	28.1	2.7
농업용수	74.0	60.7	0.8
공업용수	15.6	11.2	0.7

로 강수량은 적지만 수자원 총량은 오히려 한국과 거의 비슷한 수준이다. 다만 용수량은 96억 톤으로 37%에 불과하다. 강수량을 저장할 수 있는 인프라가 제대로 구축되지 않았기 때문으로 해석된다. 용수 이용 비중도 남한과 차이가 크다.

환경인프라 현안

환경인프라는 고체, 액체, 기체 등 세 개 부문으로 구분할 수 있다. 인류가 자연에 손을 대지 않고 보존하면서 살아가기란 거의 불가능하다. 자연을 국민 생활과 경제를 위해 개발해가면서 환경을 어떻게 보존해야 하는지가 국민소득과 국가 총생산액에 큰 영향을 받을 수밖에 없다. 개인소득과 교육이 높을수록 환경 보존에 관심이 높고 또 환경을 보전하기 위해 각종 규제와 국가재정 투입이 늘어난다. 생활과 산업 활동에서 배출되는 유해성 기체(이산화탄소, 아황산가스 등)가 오존층을 파괴하여 이상 기후를 유발한다하여 온실가스를 의무적으로 줄이는 국제조약까지 등장했다. 북한의 경우 통제된 사회, 낮은 교통인프라, 낮은 경제 활동 등으로 유해성 기체보다 액체(예, 폐수 및 오수 등)와 고체(쓰레기 등) 등의 환경이 열악할 것으로 추정된다.

국민소득이 낮고 산업단지가 활성화되지 않아 고체폐기물 처리(소각이나 매립 등)시설 구축은 별다른 문제가 없을 정도로 심각하지 않은 것으로 추측된다. 국민소득이 1천 불 이하였던 '70년대 이전 한국에서도 쓰레기매립장이나 소각장 구축이 사회문제로 대두되지 않았던 경험에서 얻은 추정이다. 문제는 주민 생활과 공장, 축산에서 배출되는 오폐수에 대한 처리시설이 제대로 구축되지 않음으로 인해 강과 하천이 오염되어 식수원까지 위협하는 수준에 와 있다는 게 현실적인 문제다. 생활하수 처리시설이 전국 단위로는 19%지만 평양만은 48%라는 통계[19]가 있다. 평양시 외에는 하수처리 시설이 거의 구축되어 있지 않다는 추론이 가능하다.

집중호우나 강수량을 체계적으로 처리하는 담수 조절 인프라도 제대로 구축되지 않기 때문에, 강과 하천으로 흘러 들어가는 오폐수가 수자원 자체를 오염시키는 주원인으로 지목되는 상태다. 문제는 북한 지역의 환경보전을 위한 인프라 구축 통계를 제대로 수집할 수 있는 접근로나 통계 취득이 현재로서는 거의 불가능하다. 간헐적으로 입수되는 통계도 거의 전부 1986년 이전 수준에 머물러 있다.

통일 후 북한의 도시인프라 정책과 진출전략 구상

10大 원칙

현재까지 북한의 도시 및 국토인프라 정책과 전략은 통일을 전제로 하기보다 3통(통행 통신 통관)이나 1국 2체제와 같은 부문 통일을 전제로 가정했던 게 대부분이었다. 완전한 통일을 전제로 한 북한지역의 인프라 구축시장 진출 정책과 전략은 전무했다. 통일 후 북한의 도시인프라 구축시장 진출을 위해서 통일 이전인 지금이라도 인프라 구축에 필요한 정책과 기준 수립이 가능하고 또 필요하다. 북한의 도시인프라 시장 진출에 지켜져야 할 원칙 10가지가 있다. 첫째, 남한 단독보다 다국적연합 형태로 진출을 해야 위험 부담을 낮출 수 있다. 지리적으로 가깝지만, 북한식 사회주의 인식, 정치와 제도가 도시개발에 상당한 리스크로 작용하기 때문이다. 과거 개성공단과 금강산 관광지 개발에서 북한과의 직거래는 신뢰할 수 없는 상당한 리스크가 잠재되어 있음을 체감했다. 기업들이 선제 혹은 단독 진출에 상당한 부담을 느낄 것으로 판단된다. 둘째, 선택과 집중을 통해 모범 사례를 먼저 만들어 진출 초기에 겪게 될 시행착오로부터 경험 학습을 중시해야 한다. 경제적으로도 북한 전역의 도시를 일시에 개발하는 것은 거의 불가능에 가깝기 때문에 시범 지역개발을 통해 학습경험을 축적하는 게 유리하다는 판단이다. 위치와 도시 선정에 대한 원칙 수립이 필요하다. 셋째, 북한 도시 형태와 인프라에 대한 원칙 수립이다. 북한이 가지고 있는 사회주의+주체사상에 기반을 둔 광장문화와 상징물을 도시 중심에 둘 것인지 우리식의 격자형 도시로 갈 것인지에 대한 원칙을 국가 차원에서 선행적으로 수립해야 한다. 넷째, 도시인프라 진출 시 법과 제도, 각종 규격과 기준을 북한체제에 순응할 것인지 한국의 기준을 따를 것인지 결정해야 한다. 다섯째, 도시인프라를 종합적으로 지원해 줄 거점지원센터를 광역단위로 구축하여 중구난방식 난개발을 억제시켜야 한다. 여섯째, 계약의 주체가 누가 되어야 할지를 분명하게 정립해야 한다. 일곱째, 도시인프라 구축은 사적 거래가 아닌 공적 거래로 사전에 법으로 규정되어야 한다. 사적 거래 시 향후 유지관리 비용이 높게 책정되는 것을 방지할 수 있기 때문이다. 여덟째, 토지 주택과 건축물의 사적 소유권을 줄 것인지 기존 북한식의 국가 소유로 할 것인지도 분명히 해야 한다. 아홉째, 도시인프라 구축 이전에 국토인프라 구축 계획과 실행이 반드시 선행되어야 한다. 열 번째, 도시인프라 시장 진출은 일회성이 아닌 지속가능한 형태로 진입이 허용되어야 한다.

위치와 시범도시 및 인프라 구축의 우선순위 선택

위치 조건

위치 선정을 위해서는 몇 가지 사항을 충족시켜야 한다. 첫 번째 조건이 접근로 확보다. 북한의 국토인프라가 워낙 열약하기 때문에 내륙보다는 한국의 수도권과 가까운 곳, 해상교통에 의해 접안이 가능한 항구도시, 공항이나 육로로 접근이 가능한 중국과 러시아 접경지역이면 접근로에서 유리할 것으로 판단된다. 두 번째 조건은 육 해 공 교통 접근이 가능한 지역에 위치한 도시다. 신 도시개발보다는 기존 도시인프라 개선 및 신설에 중점을 둬야 리스크를 저감 할 있다는 판단이다.

시범도시 선정

모범 사례를 만들기 위해서는 도시 선정에서도 몇 가지 조건을 충족시켜야 한다. 최소 투자로 최대 경제적 이익을 취할 수 있는 시범도시 선정이다. 동시다발적 진입보다 몇 개의 시범도시를 선정하여 단계별로 접근하는 방식이 리스크 부담을 최소화 할 수 있는 방안이라 판단된다. 국토와 도시인프라가 워낙 낙후되어 있어 투자에 대한 수익 발생이 늦어지는 경우여서 모범 사례를 만들기 어렵다는 판단 때문이다. 둘째 실행은 되지 않았지만 2012년에 발표한 외국자본 유치 목적의 23개 경제개발구를 지정[20]했던 지역과 2018년에 발표한 주요경제지대들[21] 중에서 위치 선정 원칙과 가장 근접해 있는 도시를 선정하면 모범 사례를 만들어내면서 리스크를 최소화시킬 수 있을 것으로 판단된다.

위치 조건을 만족시키면서 북한이 기존에 발표했던 경제개발구 혹은 주요경제지대에 언급된 도시는 관광개발구로, 접경지역과 동해안에 위치한 관광개발구를 선택할 수 있다. 대표적으로 원산 금강산관광지대, 금강산국제관광특구, 러시아 접경지역의 온성섬관광개발구, 압록강 및 중국접경지역에 있는 무봉국제관광특구와 청수관광개발구를 지목할 수 있다. 수도권과 일일생활권에 속하는 개성도 역사 문화관광도시로 접근성이 뛰어나 당장 도시인프라 개선 및 신규개발 시장에 진입이 유망한 도시로 선택할 수 있다. 시범 도시인프라 시장 진입을 통해 모범 사례를 만들어 후속 시장 진입 시 리스크를 최소화시킬 수 있다. 북한지역의 천연자원과 문화를 당장에 상품화시킬 수 있는 도시인프라 개발에 우선순위를 두었다. 전력에너지와 숙박 시설 인프라 구축을 최우선시하면 최소투자비로 최대 효과를 거둘 수 있을 것으로 추정된다. 또한, 리스크를 최소화시키기 위해 관광 상품서비스도 다국적연합으로 하여 북한 당국의 예측 불가능한 조처를 예방할 수 있을 것으로 판단된다.

도시인프라 구축의 우선순위 선택

북한의 국토 및 도시인프라 수준은 국내는 물론 글로벌 투자를 이끌어 낼 가능성이 없을 정도로 열악한 형편이다. 도시인프라 시장 진입을 위해서는 북한식의 도시 자립형 인프라 구축을 최대한 억제해야 한다. 시범도시로 선정된 도시인프라 구축의 우선순위는 생활인프라에 속하는 전력에너지, 상 하수도, 도시교통, 숙박 시설 등을 꼽을 수 있다. 주택 및 업무용 건물은 사적 소유권 문제 해결에 상당한 시간이 소요 될 것으로 예상되어 후 순위로 하는 게 좋다. 개인의 소유권이 허용되어도 북한 주민의 구매력을 감안하면 후 순위가 될 수밖에 없을 것으로 추정된다. 구매력에 맞는 주택을 공급할 경우 경제 발전 속도가 빠르면 수명이 단기일 수밖에 없는 한계도 예상된다.

통일 후 북한 도시인프라 시장 진출에 필요한 정책 주문

기본 방향

도시인프라 시장 진출 시 우선적으로 해결되어야 할 정책 과제에 원칙이 필요하다. 전략 수립에 필요한 미시정책과 전략을 실행시키기 위해 선행적으로 결정되어야 할 거시정책을 분리하기로 했다. 민간 기업 혹은 투자기관이 북한의 도시인프라 구축시장에 진출하기 전에 정책과 제도 수립이 필수다. 사적 진입에는 장애도 많지만, 소유권과 사용권에 대한 리스크가 너무 큰 점을 고려하지 않을 수 없다.

미시 정책

시장 진출전략 수립 시 선제적으로 필요한 기반 환경을 정립해야 한다. 첫째, 북한 인프라 시장 진출전략 중 기존 남북한 대립상태와 통행·통관·통신(이른바 3통)을 전제로 했던 정책과 전략은 지금까지 연구되었지만 통일 후는 아직 연구가 되어 있지 않기 때문이다. 민간 기업은 신뢰성이 확실할 때만 전략을 수립하고 또 진출하게 된다. 통일을 전제로 하더라도 통일 방식에 따라 진출전략이 크게 달라질 수 있음을 고려해야 한다. 둘째, 북한 도시의 토지에 대한 이용권과 소유권에 대한 정책을 사전에 명시해야 한다. 소유권을 인정하지 않는다면 이용권 범위와 기간을 어떻게 설정해야 하는지에 대한 원칙 수립을 명문화시켜야 한다. 셋째, 북한 도시인프라 시장 진출 시 한국의 법과 제도(근로 기준, 최저임금제, 4대 보험, 복지제도 등)를 준용할 것인지 한시적으로 예외를 둘 것인지에 대한 정책을 분명히 해야 한다. 넷째, 북한의 도시 형태를 북한식(사회주의+주체사상)의 방사 형태로 갈 것인지 남한식의 격자 형태로 갈 것인지에 대한 정책 수립이 필요하다. 다섯째, 통일 직후 북한 주민의 급격한 이주를 허용할 것인지 아니면 이주 제한을 한시적으로 시킬 것인지를 분명히 해야 한다. 독일이 통일 직후 경험했던 동독 주민의 급격한 서독으로의 이주로 인해 동독지역의 주택과 도시가 슬럼화되어 막대한 국고를 낭비로 이어진 사례를 방지해야 하기 때문이다. 여섯째, 국토인프라 구축과 도시인프라 구축의 연계성을 어떻게 끌고 갈 것인지에 대한 정책 수립이다. 기존 북한 도시의 자립형과 한국의 분산형과 큰 차이가 있다. 한국식으로는 국토인프라 연계성 분석이 필수적이기 때문에 이 관계를 정책에 분명히 명시해야 한다. 일곱째, 국내 외 투자자 보호를 위한 정책과 제도 수립이다. 다양한 통일 시나리오 중 가장 우선순위가 높은 시나리오를 결정해야만 민간투자 및 외국자본 유치에 대해 정부의 제도적 보호 장치가 마련이 되기 때문이다.

거시 정책

수립된 전략을 실행에 옮길 경우, 선행되어야 할 일종의 전제 조건에 해당하는 정책과 제도 주문이다. 첫째, 인프라 구축 시 법과 제도 기준에 대한 정책이다. 남한의 법과 제도를 준용할 것인지, 북한의 법과 제도를 따를 것인지, 아니면 통일 한국의 법과 제도를 준용할 것인지에 대한 정책이 전제되어야 한다. 둘째, 국토와 도시인프라 수급관리의 주체를 분명히 하는 정책 수립이다. 한국의 수급관리 주체로는 북한지역 도시인프라까지 확대 적용하기에는 행정생태계 차이가 너무 크기 때문에 어떤 방향으로 할 것인지에 대한 정책 수립이 선행되어야 한다. 셋째, 도시인프라 구축의 양적 수준 정립이다. 도시 내 지역균형에 맞출 것인지, 권역별 맞춤형으로 갈 것인지, 양적 수준과 구축 시간 그리고 구축의 우선순위 등을 명시하는 정책 및 제도 수립이 필요하다. 넷째, 도시인프라의 질적 수준에 관한 정책과 제도다. 한국의 도시 소득수준 35,000불의 눈높이로 갈 것인지, 북한의 소득수준 1,200불 내외 눈높이에 맞출 것인지, 미래 소득 목표인 5만 불 눈높이에 맞출 것인지를 분명히 해야 한다. 질적 수준에 따라 구축 단위별로 투자비에 큰 차이가 발생하기 때문이다. 눈높이를 낮추더라도 어느 시기에 도달하면 평준화가 불가피해진다는 점을 고려해야 한다. 질적 수준을 소득 단계별로 기간을 따로 설정할 것인지도 결정해야 한다. 다섯째, 남 북한 사이에 현격한 차이를 보이는 곳이 교통인프라 부문이다. 한국의 경우 육상교통인프라 중 도로 중심의 주도종철(主道從鐵) 인데 북한의 교통인프라는 주철종도(主鐵從道) 임을 염두에 둘 수밖에 없다. 남한과 같이 도로교통 중심으로 갈 경우, 기존 북한의 도심지 주택이나 업무용 건물 대부분이 주차기준을 충족시키기 못하기 때문에 일방적으로 한국 기준을 적용하기 어려울 것으로 판단된다. 그렇다고 북한식을 고수하면 상당 기간 교통인프라 부족으로 인한 고통은 물론 민간투자와 외국자본을 유치하기 힘들 것으로 추정된다. 남한식으로 개편할 경우 기존 시설에 대한 상당한 수준의 리모델링이나 재건축이 불가피한 실정이다. 여섯째, 기존 도시인프라에 대한 조처 방향이다. 기존 북한의 도시인프라의 양적 및 질적 수준으로는 민간이나 투자자를 유치하기 힘들 것이 분명하여 이에 대한 선제적 정책과 제도 수립이 필요하다. 남북한 도시인프라 기준에 상당한 차이가 있기 때문에 어느 기준에 맞출 것인지를 분명히 해야 개선이나 리모델링, 혹은 재건축하는 판단이 가능하기 때문이다. 약간의 보완이나 개선만으로 한국의 도시 기준에 맞출 수 있는 인프라가 적을 것으로 추정된다.

통일 후 북한의 도시인프라 시장 진출을 위한 전략 구상

원칙과 방향

첫 번째 원칙은 현재의 남북한 대치 상태에서 민간 기업은 진출하지 않는다. 금강산 및 개성공단 개발에서 많은 교훈을 얻었기 때문이다. 진출전략은 완전한 통일을 전제로 한 전략 구상이 기본이다. 두 번째, 북한은 물론 주변국으로부터 예측 불가한 리스크를 최소화 시키기 위해서 시범 도시인프라 구축시장에 진출하더라도 한국기업의 단독보다 국제기구나 글로벌기업과 글로벌 투자기관 등 다국적연합팀 구성을 원칙으로 한다. 세 번째, 미시 및 거시 정책 방향이 확정된 이후 실행을 전제로 한다. 인프라는 공공재이기 때문에 국가 정책 영향권에서 벗어나기 힘들다. 네 번째, 기존 북한의 도시인프라 수준을 인정하기에 앞서 선택된 도시의 인프라 실태를 정교하게 분석한 후 얻어진 정보를 바탕으로 전략을 수립해야 신뢰성이 높다. 다섯 번째, 몇몇 시범도시 실행을 통해 개선 및 보완하는 단계별 접근 방식을 원칙으로 한다. 초기부터 급진적 혹은 확장적 접근은 시간과 비용 낭비 위험이 크기 때문이다. 여섯 번째, 어떠한 경우라도 북한이 제공하는 정보나 기존 정보가 아닌 한국 단독 혹은 남북한 공동으로 실태를 정확하게 파악 후 진입하는 원칙이다. 일곱 번째, 북한 도시인프라는 최고나 최첨단 기술보다 최적화를 통해 향후 개선의 여지를 남겨두는 단계별 접근을 권한다. 한국의 소득수준 눈높이에 맞추기보다 북한 시민의 소득눈높이에 최대한 근접하는 수준으로 구축되어야 한다.

북한 지역의 부실한 인프라 실태 파악

현재 얻어진 정보를 기반으로 한 정책이나 전략 수립은 실패할 가능성이 높다. 그만큼 북한의 국토 및 도시인프라 실태에 대해 한국이 확보한 정보는 신뢰할 만한 수준이 못 된다. 물론 국토 및 도시인프라에 대한 통계가 공식적으로는 통계청 통계 포털에 수록되어 있기는 하다. 한국의 인프라 통계는 신뢰성을 갖고 있지만, 북한 통계는 누구도 확신하지 못하는 수준이라는 한계가 있다. 언론에서 인용하는 남북한 인프라 보유량 비교 통계는 격차라는 거시 관점에서 의미가 있지만, 질적 상태가 반영되지 않은 북한 통계는 신뢰도가 떨어진다. 서울대학교 건설환경종합연구소가 2015년 연구를 통해 확인한 결과에 따르면 북한 인프라 실태와 통계는 신뢰할 수 없다는 결론에 도달했었다. 과거 20년 이상 북한지역 인프라 부문별 실태 분석 및 개발 방향 연구를 직간접으로 수행해 왔던 국내 14개 공공연구 및 출연 기관이 참여한 비공개 토론회[22]에 다음과 같은 결론을 내린 바 있다. '우리나라가 알고 있는 북한지역의 인프라 실태와 보유량 통계는 믿을 수 없다'였다. 그리고 공공기관 특유의 순환보직제에 따라 연구의 연속성을 유지할 수 없었다는 결론을 내렸다. 북한에서 공식적으로 발표하는 국토인프라 통계는 1986년이 마지막이라는 사실[23]이 확인되었다.

정부와 공중매체에서 인용하는 북한 인프라 수치는 양적 보유량만이다. 누구도 품질과 성능이 포함된 활용 가능한 인프라 보유량을 말하지 못하는 실정이다. 2018년 4.27 남 북 정상회담 당시 김정은 위원장이 '교통이 불비해 불편하고 참으로 민망하다'는 말속에 도로나 철도가 제구실을 못할 정도로 심각하다는 사실을 북한도 알고 있는 것이다. 김정은 위원장이 회담을 위해 이용했을 것으로 추정되는 평양~개성 고속도로(약 180km)에 화물트럭으로 갈 경우, 8시간 이상이 소요될 정도로 노후화가 심각한 상황이다. 전력 생산기지에 해당하는 발전소는 더욱 심각한 상황이다. 겉으로 드러나는 설비용량과 가동률에 따라 생산한 발전량에는 상당한 차이가 있다. 통계청과 중국 일림그룹 부총재가 밝힌 설비용량 자체에도 큰 차이(1.3배[24 25])가 났지만, 실제 가동할 수 있는 발전소에도 상당한 차이가 날 수밖에 없다. 설비용량만큼 전력을 생산하지 못할 것이라는 판단이다. 1986년 이후 북한은 자신이 보유한 국토 및 도시인프라에 대한 정보를 공식적으로 발표하지 않기 때문에 개인이나 기관이 수집한 자료에 신뢰성이 부족한 현실이다. 따라서 확신하지 못하는 자료를 기반으로 한 북한의 도시인프라 개발구상이나 전략은 실효성이 떨어질 위험성이 크다. 기확보된 인프라 실태에 대한 정보의 신뢰성 미비를 이해하면 전략 및 실행에 앞서 실태 파악을 선행적으로 해야 전략 수립의 신뢰성을 높일 수 있다는 결론에 도달하게 된다.

전략 구상

시범도시의 인프라 시장 진입을 전제로 한 전략을 일곱 가지로 압축하여 구상하면 다음과 같다.

인프라 총괄관제탑 구축: 국가와 국민이 존재하고 삶의 질 제고를 위해 인프라 개발은 필수다. 도시인프라는 시민 경제 성장의 중추(back-bone)이기 때문이다. 미국이 국토인프라를 국가의 중추, 영국이 경제의 중추로 정의했던 이유이기도 하다. 개인이나 기관, 정치권의 자유로운 성향에 따라 각자 주장하기보다 인프라를 총괄하는 사령탑에 해당하는 국가인프라위원회를 설립하자는 구상이다. 국가균형발전위원회에 버금가는 위상을 가진 대통령 직속 기구로 하는 구상이다. 조직의 위상이 변한 국가건축위원회를 개편하여 국가인프라위원회로 확대하는 방안도 고려해 볼 수 있다.

시범 도시인프라의 양적 및 질적 실태 파악: 통계청은 물론 정부와 정부 출연 기관, 공공기관들이 확보하고 있는 북한 인프라 보유량은 차이가 난다. 양적으로도 실태 정보에 대한 신뢰성이 부족하지만, 품질과 성능에 대한 실태 파악이 거의 없는 수준이다. 정확성을 따지기 전에 실상에 대한 판단 기준점을 만들기 위해서라도 북한의 국토인프라와 시범 도시인프라 백서를 발간 혹은 지명하여 산업체의 진출전략과 준비에 활용할 수 있도록 하는 구상이다.

도시인프라 설계 및 기술 기준 정립: 설계와 기술 기준은 인프라의 품질과 성능 결정에 필수적이다. 품질과 성능은 투자비와 직결되기 때문이다. 인프라의 품질과 성능은 수요자인 시민의 눈높이에 따라 결정된다. 소득수준이 높을수록 품질과 성능 기준도 높아진다. 국가통계포털에 적시된 한국과 북한의 개인소득 차이는 2022년 기준으로 약 29.7배다. 한국의 소득수준에 맞게 북한 인프라를 구축할 것인지에 대한 판단을 위해서라도 설계 및 기술 기준을 통일 이전인 지금부터라도 당장 정립하는 구상이다. 국민 개인소득보다 도시민의 평균소득이 높다는 점을 고려하면 도시인프라의 설계 및 기술 기준 수립은 더욱 신중한 접근이 필요하다.

도시인프라의 양적 질적 수요 추정 기준 정립: 북한의 국가 및 도시인프라 개발에 소요되는 투자비는 양과 질 수준에 따라 극단적인 차이 난다. 남북한과의 보유량 차이를 해소할 것인지 혹은 토지보상과 인건비 수준을 어떤 수준으로 할 것인지에 대한 전략 수립은 빠를수록 남북한 모두에 유리하다는 판단이다. 대한토목학회가 기발행한 'KSCE opinion 14호(국토인프라 마스터플랜 수립이 필요하다, 2018.3)'를 참고하면 도움이 될 것으로 판단된다.

도시인프라 최적화 전략: 서울대학교 건설환경종합연구소가 확인한 북한의 국토 및 도시개발에 대한 내용에 의하면 인구수에 비해 도시 개수가 많고 거주지가 분산되어 있다. 한국의 경우 인구는 감소하고 도시 개수가 줄어도 인구의 도시 집중화는 반대로 늘어나고 있다. 고령화로 도시로의 인구 집중 현상이 가속화되고 있는 것도 도시 집중화와 무관하지 않을 것 같다. 도시와 주거지 분산은 국토인프라 구축에 필요 이상의 투자비를 유발시키는 원인이 될 수 있다. 따라서 북한지역의 도시와 인프라를 있는 그대로가 아닌 집적화 혹은 복합화, 광역화시켜 도시 개수와 면적을 최소화시킬 필요가 있다. 북한 인프라 최적화 전략을 수립하자는 구상이다. 이는 통일과 무관하게 진행할 수 있는 과제이기도 하다.

산업단지 배후도시 개발 시장 진출전략: 현 상태에서 북한이 통일되거나 혹은 3통이 가능하면 중국이나 베트남보다 한국제조업체가 항만을 낀 도시를 선정하여 대규모 생산거점으로 활용하면 경제성이 높다. 가전제품, 중장비제조업, 조선업과 자동차 조립기지를 만들기 위해 대규모 산업단지를 구축할 수 있다. 산업단지의 배후도시 개발이 필요하다. 북한 인력을 이용할 수 있다는 장점과 북한은 주민에게 고급화된 일자리를 고정적으로 제공할 수 있는 호혜적 관계를 유지할 수 있어 전략 수립이 필요한 부문이다.

통일 시나리오별 도시인프라 시장 진출전략: 한국 정부와 국민은 지금까지 통일이 평화적이고 점진적이어야 한다는 점에 공감대가 형성되어 있다. 1989년 독일통일, 1991년 소련연방 붕괴는 누구도 예측하지 못했던 시기에 돌발적으로 일어났다. 완전한 국토 통일 후 예상 가능한 시나리오별 한반도 혹은 북한의 국토 및 도시인프라 구축 전략을 개발할 필요가 있다. 확정 짓지 못하기 때문에 역설적으로 가장 가능성이 높은 시나리오를 가정하여 도시인프라 개발 전략을 수립하여 유연하게 대처할 필요가 있다.

선 정책 후 전략

도시와 인프라는 개인이 소유할 수 없는 공공재다. 우리나라 헌법 제3조는 북한지역도 대한민국의 영토임을 분명히 해 놓았다. 헌법 제2조 ②항은 재외국민을 보호할 의무를 진다고 명시했다. 헌법 제34조 ⑥항은 국가는 재해를 예방하고, 그 위험으로부터 국민을 보호하기 위하여 노력하여야 함을 명시했다. 또한, 제35조 ①항은 쾌적한 환경에서 생활할 권리를 보장했고, 제③항에서 국가는 주택개발정책을 통하여 모든 국민이 쾌적한 주거생활을 할 수 있도록 노력해야 한다라고 명시되어 있다. 북한의 모든 지역과 도시와 인프라는 공공재로 국가정책과 제도에 의해 다스려져야 함을 분명히 했다.

도시인프라는 공공재라는 성격이기 때문에 민간이 자율적으로 시장 원칙에 따라 개발이나 개선을 주도적으로 할 수 없는 한계가 있다. 그러함에도 북한 도시인프라는 예측 불가한 측면이 강하지만 동시에 확실한 시장이라는 다소 상반된 개념을 지니고 있다. 북한의 도시는 "사회주의 + 주체사상"에 따라 독특하게 발전되어 왔다. 2012년 김정은 시대가 시작되면서 그동안 추진되어왔던 과시용 도시 발전에서 주민을 위한 실속 있는 도시로의 방향성을 선언했지만, 실체가 보이질 않는다. 아직도 대외 선전을 위한 상상도시 혹은 풍경도시가 외부에 사진이 아닌 그림으로 공개되고 있는 실정이다.

북한의 도시인프라 시장 진출에는 외생변수가 지배할 수밖에 없다. 현재와 같은 이원화된 체제로는 민간이 독자적으로 진입하기에는 위험 부담이 너무 크다. 더구나 북한의 도시인프라의 양과 질 수준을 어떤 기준으로 할 것인지도 결정되지 않은 상태다. 전략보다 정책이 선행되어야 할 수밖에 없다. 감성적으로는 북한 도시에도 주민이 살고 있어 기구축된 도시 인프라를 개조나 개선만으로 사용할 수 있다는 주장은 할 수 있다. 현실은 완전히 다르다. 한국의 법과 제도, 기준을 충족시킬 수 없는 도시인프라가 현실이다. 전면적으로 재건축을 할 수밖에 없다. 엄청난 재건설비용을 감당할 수 없다. 당연히 북한의 도시인프라 재건을 위한 정책과 제도 정비가 앞서야 한다. 선 정책, 후 전략 원칙이 필요한 이유다.

현 상태에서 북한의 도시인프라 시장 진출전략 수립은 예측 불가능한 외생변수로 인해 신뢰도와 완성도가 떨어질 수밖에 없다. 통일 방식에 따라 외생변수가 달라진다. 그러함에도 불구하고 시범도시 선정과 모범 사례를 만들기 위한 진출전략 수립이 필요하다. 아무것도 없는 것보다 신뢰성과 완성도가 떨어지더라도 그래도 있는 게 낫다는 적극적인 접근으로 가야 한다. 선 수립, 후 보완 하는 접근이 필요하다. 현재 상태에서 축적된 지식으로 전략을 수립한 후 공개를 통해 다양한 전문가 집단의 의견과 탈북자의 체감 경험을 수집하여 완성도를 높여가는 방향이 최선이라 판단된다. 현 상태에서 가장 확실하게 할 수 있는 것은 시범도시 선정과 선정된 도시의 인프라 실태의 조사 분석 과정을 통해 완성도를 높여가는 전략적 접근이 필요하다.

09

토지주택 사유화 시나리오와 예상 과제

임강택

북한 토지와 주택의 사유화

우리가 미래에 다가올 통일을 준비하는 작업에서 가장 많은 관심이 집중되는 부분은 오랫동안 사회주의체제로 운영되어 온 북한 경제와 사회를 어떻게 하면 경제적·사회적 혼란과 갈등을 최소화하면서 시장경제체제로 전환할 것 인가라고 할 수 있다. 우리가 이 문제에 관심을 보이는 것은 과거 독일의 통일과정에서 적지 않은 시행착오를 거치는 모습을 지켜보면서 정부의 정책적 결정이 얼마나 많은 영향을 미치는지를 알 수 있었기 때문이다.

사회주의 경제체제의 시장경제로의 전환 작업은 크게 자유화와 사유화로 구분할 수 있다. 경제의 자유화는 경제주체들의 경제 활동에서의 자율적 결정권을 최대한 보장하여 국가의 개입과 통제를 최소화하는 것이고, 사유화는 국유자산과 공유자산을 사유재산으로 전환을 시키는 것으로 토지와 주택의 사유화가 여기에 해당이 된다.

최근 우리 사회에서는 통일을 대한 논의나 준비작업과 관련된 연구가 거의 진행되지 않는 상황이다. 이는 북한의 핵 무력의 고도화와 미사일실험발사 등으로 한반도에 무력충돌의 가능성이 커지고 대립이 첨예화하면서 군사적 긴장 상태가 격화되고 있기 때문이다. 또한, 이에 따른 남북관계 악화의 영향을 받아서 통일을 대한 국가적·사회적 관심도 크게 감소하고 있는 것으로 나타나고 있다.[1]

그러나 독일의 경우처럼, 통일은 예측하지 못한 상황에서 갑작스럽게 이루어질 수 있기 때문에 이를 대비하는 작업을 게을리하지 말아야 할 것이다. 준비되지 않은 한반도의 통일은 남북한 모두에서 재앙에 가까운 혼란과 갈등을 야기할 수 있기 때문이다.

본 연구는 경제적 체제전환 과정에서 살펴봐야 할 여러 가지 주제 중에서 북한 도시의 토지와 주택 사유화에 초점을 맞추고자 한다. 물론 농촌의 주택에도 같은 성격의 정책이 적용될 것이지만 농촌 지역의 경우에는 도시의 토지와는 성격이 다른 경작 농지를 처리하는 문제가 중점적으로 다루어져야 된다는 점에서 성격상의 차이가 존재한다.

북한 토지와 주택의 성격 및 사용에 대한 이해

북한지역 토지 사용 실태

북한 도시의 토지와 주택 사유화 문제를 다루기 위해서는 먼저, 북한의 토지제도에 대한 이해가 필요하다. 북한은 토지를 용도에 따라 농업토지, 주민지구토지, 산림토지, 산업토지, 수역토지, 특수토지 등 다섯 가지로 구분하고 있다.[2]

북한은 기본적으로 모든 토지를 국가와 협동단체가 소유하고 있으며, "누구나 사거나 개인의 것으로 만들 수 없다"고 명시하고 있다.[3] 또한 토지의 성격에 따라 관리 주체와 사용자를 구분하여 관리하고 있다. 본 연구에서 다루는 북한 도시의 토지와 주택 사유화 문제는 우선적으로 '주민지구토지'에 초점을 맞추는 것이 합리적일 것으로 보인다.

북한의 주택(살림집) 공급과 사용(소유)에 대한 규정과 실태

북한에서 주택(살림집)은 소유형태에 따라 국가소유살림집, 협동단체소유살림집, 개인소유살림집으로 구분되고 있다. 법적으로 개인의

북한 토지의 유형과 관리 주체

토지 유형	토지의 성격과 관리 주체	비교
농업토지	농업토지에는 오직 경작할 수 있는 토지가 속한다. 농업토지의 관리는 농업지도기관과 그것을 이용하는 해당 협동농장 및 기관, 기업소, 단체가 한다.	2토지법 제75조8.1
주민지구 토지	주민지구토지에는 시, 읍, 노동자구의 건축용지와 그 부속지, 공공이용지와 농촌 건설대지가 속한다. 주민지구토지의 관리는 중앙의 도시경영기관과 지방정권기관이 한다. 주민지구토지를 이용하려는 기관, 기업소, 단체는 해당 도인민위원회 또는 내각의 토지이용허가를 받아야 한다.	6토지법 제75조.7
산림토지	산림토지에는 산림이 조성되어 있거나 조성할 것이 예정되어 있는 산야와 그 안에 있는 여러가지 이용지가 속한다. 산림토지의 관리는 국토관리기관과 그것을 이용하는 기관, 기업소, 단체가 한다. 산림토지를 이용하려는 기관, 기업소, 단체는 내각 또는 해당 국토관리기관의 토지이용허가를 받아야 한다.	토지법 제75조
산업토지	산업토지에는 공장, 광산, 탄광, 발전시설 등 산업시설물이 차지하는 토지와 그 부속지가 속한다. 산업토지의 관리는 그것을 이용하는 기관, 기업소가 한다.	토지법 제75조
수역토지	수역토지에는 연안, 영해, 강하천, 호소, 저수지, 관개용수로 등이 차지하는 일정한 지역의 토지가 속한다. 수역토지의 관리는 대상에 따라 국토관리기관 또는 농업지도기관이 한다. 수역토지를 개발 이용하거나 거기에 시설물을 설치하려는 기관, 기업소, 단체는 그 대상에 따라 내각 또는 국토관리기관의 허가를 받아야 한다.	토지법 제75조
특수토지	특수토지에는 혁명전적지, 혁명사적지, 문화유적지, 보호구역, 군사용 토지 등 특수한 목적에 이용되는 토지가 속한다. 특수토지의 관리는 해당 중앙기관과 지방정권기관 및 그것을 이용하는 기관, 기업소, 군부대가 한다.	토지법 제75조

출처: 토지법, 『북한법령집』(2022.10)에서 필자 작성

소유권이 인정되는 주택이 존재하는 것이다. 북한에서도 정권 수립 초기에는 일본인 소유 주택을 제외한 주택은 개인소유를 인정하였다. 그러나 6·25전쟁 이후 복구건설을 하면서 새로 건설된 주택은 국가가 무상으로 공급하였고 주민들은 이용권만을 가지게 되었다. 따라서 이 시기에 소유한 주택의 경우에는 여전히 개인 소유권이 인정되고 있다. 다만, 북한은 개인 주택을 소유한 소유자가 국가 소유로 전환(판매)할

북한 토지의 유형과 관리 주체

도 별 (총 면적: ha)	농업토지	주민지구토지	산림토지	산업토지	수역토지	특수토지
평양특별시 (209,053)	34.30	5.62	42.84	4.12	7.83	5.29
남포직할시 (81,987)	42.21	5.10	28.51	6.16	16.32	1.70
개성직할시 (129,448)	26.86	1.99	53.95	1.79	4.70	10.70
황해남도 (820,444)	41.46	2.00	42.18	2.49	11.07	0.80
황해북도 (806,548)	26.86	1.28	62.83	1.68	6.42	0.93
평안남도 (1,224,927)	21.29	1.39	66.78	2.71	6.39	1.44
평안북도 (1,243,873)	22.72	1.09	62.64	1.57	11.46	0.52
자강도 (1,658,336)	6.34	0.28	90.23	0.44	2.86	0.02
양강도 (1,373,814)	6.17	0.28	90.23	0.44	2.86	0.02
함경남도 (1,841,435)	11.51	0.82	81.80	1.10	4.28	0.49
함경북도 (1,656,355)	10.70	0.80	82.39	1.19	4.10	0.82
강원도 (1,097,195)	15.17	0.82	77.20	1.01	3.94	1.86
합계 평균 (12,143,414)	16.36	1.02	74.47	1.39	5.71	1.05

(단위: %)

출처: 김운근 외, 「북한농업정보체계 구축방안」, 한국농촌경제연구원, 2000, p. 87, 허재완, "북한 토지이용제도의 현황과 전망," http://blog.naver.com/xodnjskr/80008115792 에서 재 인용
주: 1984년 북한이 발표한 자료에 기초하여 작성

수 있는 선택권을 법에 명시[4]하는 등 개인 소유주택을 줄여나가기 위한 정책적 노력을 지속하고 있다. 이를 위해서, 국가 소유로 전환되더라도 과거에 소유했던 주민이 계속해서 이용할 수 있도록 허용한다는 점을 법으로 약속하고 있다.

북한의 '살림집법'에서는 주택(살림집)의 건설과 자금 조달 및 배정

등의 주체를 규정하고 있다.[5] 여기에서 특히 주목할만한 대목은 제16조(건설자금, 자재, 설비의 보장)에서 "기관, 기업소 및 주민자금으로 살림집을 건설하는 기관은 주문자와 살림집주문계약을 체결"하도록 규정하고 있어서, '주민자금'으로 주택(살림집)을 건설할 수 있다는 조항이 공식적으로 명시되어 있는 부분이다. 또한, "건설주와 시공주기관, 기업소, 단체는 살림집배정담보의 명목으로 자금과 자재를 비법적으로 끌어들이지 않아야 된다"고 명시하고 있는 부분도 주목되는 대목이다. 이는 최근 '돈주'들이 주택건설사업에 투자하고 그 대가로 주택(살림집)을 배정받아 투자금을 회수하는 사례를 금지하고 있는 것으로 보인다.

법에 명시되어 있는 주택(살림집) 배정 원칙(제30조)에 따르면, '1. 혁명투사, 혁명렬사가족, 애국렬사가족, 전사자가족, 피살자가족, 영웅, 전쟁로병, 영예군인, 제대군관, 교원, 과학자, 기술자, 공로자, 로력혁신자' 등에게 우선적으로 배정하고, '2. 탄부, 광부, 용해공, 먼바다어로공, 철도기관사 같은 힘든 부문에서 일하는 근로자'에게 문화적이고 휴식조건이 보장된 주택을 배정하며, '3. 자연재해로 집을 잃은 세대, 도시계획적조치로 철거된 세대'에 의무적으로 배정할 것과, '4. 가족수와 출퇴근조건, 거주조건' 등을 고려하여 배정할 것 등이 배정을 위한 우선순위가 제시되고 있다.

살림법 제4장 살림집 배정 및 리용에서는 '금지사항'(제43조)들이 명시되어 있는데, 이들 대부분은 그동안 북한 사회에서 '사실상의 주택소유'가 일상화되면서 나타난 현상(주택거래 행태)라고 할 수 있다. 그것은, '리기적목적 또는 기타 부당한 목적으로 살림집을 교환하는 행위', '돈, 물건을 받거나 부당한 요구조건을 걸고 살림집에 동거 또는 숙박시키는 행위', '국가소유살림집을 팔고 사거나 비법적으로 다른 공민에게 빌려주거나 거간하는 행위', '비법적으로 둘 이상의 살림집을 하나로 만들어 리용하는 행위' 등이다.

제6장 살림집부문사업에 대한 지도통제의 제62조에서는 처벌조항이 명시되어 있는데, '책임 있는자에게 경고, 엄중경고처벌 또는 3개월 이하의 무보수로동, 로동교양처벌'을 내리도록 하고 있다. 또한, '행위가 정상이 무거운 경우에는 3개월 이상의 무보수로동, 로동교양처벌 또는 강직, 해임, 철직처벌'을 내리도록 하고 있다. 처벌 대상 중에서 '3. 살림집건설부지나 건설명시서같은것을 팔고 샀을 경우'와 '7. 살림집배정담보의 명목으로 자금과 자재를 비법적으로 끌어들였을 경우' 등이 눈길을 끄는데, 이러한 사례들이 처벌 대상으로 명시된 것은 북한에(비공식) 부동산시장이 형성된 것에 대한 북한 당국의 '강력한' 대응 의지가 반영된 것이라고 할 수 있다.

북한의 '부동산관리법'[6]의 주요 내용과 특징

북한에서 부동산은 토지와 건물, 시설물, 자원으로 구분된다. 여기에서 건물과 시설물에는 '산업 및 공공건물, 시설물, 살림집건물' 등이 포함되고, 자원에는 지하자원과 산림자원이 포함된다. 건물과 시설물에 대한 관리는 '도시경영기관과 그것을 리용하는 기관, 기업소, 단체'가 하고(제11조), 자원의 관리는 '대상에 따라 국토환경보호기관 또는 국가지하자원개발기관'이 하도록 하고 있다(제12조).

'부동산의 등록과 실사'(제3장)에서 부동산에 대한 등록기관과 방법을 밝히고 있다. 먼저 부동산 등록을 자체등록과 국가등록으로 나누고, 자체등록은 '부동산을 리용하는 기관, 기업소, 단체'가 하고, 국가등록은 '해당 부동산관리기관'이 하도록 명시(제15조)되어 있다. 또한, 부동산의 등록은 기본적으로 현물등록과 화폐적등록 두 가지를 요구[7] 하고 있으며(제16조), 토지의 등록은 '토지등록대장과 지적도'(제17조), 건물과 시설물의 등록은 '건물등록대장과 시설물등록대장'(제18조), 자원의 등록은 '해당 등록대장'(제19조)에 하도록 규정하고 있다.

'부동산의 리용'(제4장)에서는 기관, 기업소, 단체와 함께 '공민'을 이용 주체로 명시(제22조)하고 있으며, '부동산을 팔고 사는 행위'를 금지한다고 규제(제28조 6항)하고 있다. 이와 함께 '해당 기관의 승인 없이 다른 기관, 기업소, 단체와 공민에게 넘겨주거나 빌려줄 수 없으며'(제30조), '남았거나 리용하지 않는 부지, 건물, 시설물을 제 때에 국가에 반환'(제31조)하도록 규정하고 있다. 이는 최근 북한에서 유휴 부지나 건물, 시설물들이 비공식적으로(임대차) 거래되는 사례가 증가하고 있는 현상을 겨냥하고 있는 것으로 보인다. 이와 관련해서는, 제6장(부동산관리사업에 대한 지도통제)에서 '국가의 승인을 받지 않고 부동산을 리용하여 부당하게 얻은 수입금은 전액 몰수한다'고 명시하고 있다(제44조).

통일 후 토지·주택 사유화에 주는 시사점

북한의 토지·주택 관련 법규의 내용은 최근 북한 경제에서 진행되고 있는 시장화 현상에 상당한 영향을 받고 있는 것으로 추정된다. 장마당을 중심으로 사적 경제 활동의 영역과 기능이 확대되고 있으며, 그 과정에서 주택에 대한 소유권 거래가 비공식으로 확대되고 있다고 탈북자들이 증언하고 있다. 이와 함께 시장 활동을 통해서 부를 축적한 '돈주'들이 기관과 기업소, 단체들이 보유하고 있는 부지, 건물과 시설물들의 일부를 임대하여 소득 활동을 벌이고 있으며, 살림집(주택) 건축사업에도 자본을 축적한 개인들이 다양한 형태로 참여하고 있고, 도시의 아파트가 투자 대상으로 부상한 지는 오래되었다는 것이다.

물론 최근 들어서 북한 당국이 경제 전반에 대한 국가의 통제력을 강화하기 위한 다양한 조치를 취하고 있고, 그 과정에서 비공식 경제 활동에 대한 관리·감독을 강화하고 있다는 소식이 전해지고 있어서 부동산에 대한 '사실상의 소유' 행태가 확산하는 현상에 제동이 걸리고 있는 상황이다. 하지만 북한의 시장화가 아래로부터의 요구에 따라서 진행되어온 성격이 강하고, 북한 당국도 시장경제 요소를 도입하여 경제의 효율성을 제고하겠다는 의도를 견지하고 있기 때문에 경제 상황의 변화에 따라서 토지와 주택에 대한 사실상의 소유를 공식적으로 인정하고 법제화하는 수순을 밟을 가능성도 완전히 배제할 수는 없다.

따라서 우리가 앞으로 고민하게 될 사유화 시나리오에도 이러한 상황 변화의 가능성이 적절하게 반영되어야 할 것으로 판단된다. 물론 본 연구에서는 기본적으로 토지와 주택에 대한 소유권이 공식적으로 허용되지 않은 상황에서 남북한이 통일되는 상황을 염두에 두고 사유화에 필요한 정책적 고려사항을 검토할 것이다.

통일 이후 북한 도시의 토지와 주택의 사유화 시나리오

사유화 시나리오에 영향 미치는 핵심 요인

통일 이후 북한 도시의 토지와 주택 사유화 시나리오를 살펴보기 위해서는 사유화 관련된 정책 과제에 영향을 미칠 변수들을 살펴보는 작업이 우선되어야 할 것이다. 가장 기본적이면서 중요한 변수로는 첫째, 얼마나 급작스럽게 통일이 이루어질 것인가? 이고, 둘째는 통일이 진행되는 시기 북한 경제의 시장화 진전 상태라고 할 수 있으며, 마지막으로는 남북 간 체제의 이질성 수준과 사회적 공감대 형성 정도가 될 것이다.

통일 과정의 속도 : 급진적 통일 vs 점진적 통일

가장 급진적인 통일상황은 독일의 경우에서처럼 예상하지 못한 시기와 상태에서 북한 정치체제가 제 기능을 발휘하지 못하고 공권력이 사회에 대한 통제력을 상실하는 상황에서 기아 사태 등 어려움에 직면한 북한 주민들이 대량으로 남한으로 이주해 오면서 발생할 수 있다.

이 시나리오의 경우, 갑작스럽기 국경이 개방되고 대량 난민이 발생하고 사회적 혼란이 극대화되는 상황에서 갑작스럽게 정치적·제도적 통일과정이 진행되는 것이다. 물론 제도적으로 통일이 완성될 때까지 일정한 기간이 소요되기는 하겠지만 사실상 한쪽의 정치·행정체계가 붕괴하면서 다른 쪽에 의해서 일방적으로 흡수되는 형태로 통일이 이루어지는 방식이라고 할 수 있다. 서독이 처음부터 급진적 형태의 통일방식을 원했던 것이 아니었으며 동독 주민들의 대규모 이주사태에 직면하여 내린 불가피한 선택이었다는 점에서 급진적 통일 시나리오는 경제적·사회적 충격을 완화시키는 방안을 포함한 사전 대비책 마련이 중요하다고 할 수 있다. 우리가 주목하고 있는 토지·주택의 사유화 방안에 대한 연구가 필요한 이유이기도 하다.

반면에, 점진적인 통일상황은 남북한이 상호 간의 신뢰를 강화하면서 교류와 협력을 확대해 나가고 정치·경제·사회 등 제반 분야에서 이질감을 줄여나가는 과정을 거쳐 단계적으로 통일을 이루어 나가는 방식이다. 우리가 점진적 통일을 희망하는 이유는 북한의 체제전환과정이 병행될 것으로 기대하기 때문이다. 특히 북한의 경제체제가 개혁·개방과정을 거치면서 시장경제체제를 받아들이게 될 것이며, 지금의 베트남이나 중국과 같은 경제 제도가 도입될 것으로 예상하기 때문이다. 점진적 통일 시나리오에서도 혼란과 충격을 최소화하기 위한 단계적 통합방안이 필요하지만, 서로의 상이점을 수렴해 갈 수 있는 상당한 기간이 주어질 것이라는 점에서 북한의 토지·주택 사유화에 대한 대비책 마련이라는 측면에서의 연구가 절박하게 요구되는 것은 아니라고 할 수 있다.

북한 경제체제의 변화 : 사회주의원칙 고수 vs 시장경제로의 전환

북한 경제체제에서 본격적인 변화가 나타나기 시작한 것은 1990년대 중반 국가의 공급체계가 붕괴하면서 초래된 소위 '고난의 행군' 시기부터라고 할 수 있다. 이처럼 경제적으로 어려운 시기에 개인들이 장마당을 활용하여 경제문제를 해결해 나가면서 자생적 시장경제가 태동한 것이다. 북한에서 시장화 현상이 본격화된 것은 개인 경제활동 일부를 공식적으로 허용한 '7.1조치(2002.7.1)'가 계기를 제공하였으며, '종합시장' 개설(2003.3)을 통해서 개인들과 국영기업소 및 협동단체들의 시장활동을 상설화·합법화하는 조치가 단행되면서 빠르게 확산되었다. 또한, 시장활동을 통해서 사적 자본이 축적되면서 주택을 중심으로 하는 부동산시장도 비공식으로 활성화되었다. 이 시기 돈이 있는 사람들은 아파트를 좋은 투자 대상으로 삼았다.

시장화의 확산으로 주민 생활은 개선되었으나 국가 통제력이 약화되고, 자본가그룹 형성 등 자본주의적 현상이 확산되자 북한 당국은 시장의 자유주의 바람이 사회주의 체제를 위협하고 있다고 위기의식을 느끼기 시작하였다. 이에 따라 2005년부터 시장에 대한 통제를 강화하는 조치를 시행하였다.[8] 그러나 시장의 공급 기능을 공적 영역에서 대체할 수 없었던 북한 당국은 다시 시장활동에 대한 통제를 완화하게 된다. 나아가, 김정은 정권 출범 이후에는 시장친화적인 경제관리개선조치를 추가적으로 도입하였다. 계획지표체계를 단순화하고, '사회주의기업책임관리제'를 도입하여 생산단위에 다양한 자율권을 부여하였으며, 시장활동의 부분적 허용과 가격 결정체계의 개선 조치를 통하여 시장가격의 존재를 인정하기도 하였다.

그러나 2018년 이후 국제사회의 경제제재가 강력하게 주어지고 미국과의 관계 개선을 통한 경제문제 해결 시도까지 무산되면서 외환보

평양시 광복지구상업중심 1층의 식료품과 잡화용품 매대 전경

출처: 『조선의 오늘』 홈페이지, 2017.9.27.

유액 부족 등 경제적 여건이 더욱 악화될 가능성이 커지자, 북한 당국은 경제 전반에 대한 통제력을 강화하는 방향으로 정책 기조를 변경하였다.[9] 이와 함께 북한 당국은 국가기업의 생산 증대와 백화점 현대화와 대형유통센터 건설 등을 통한 국영사업망의 정상화를 모색하는 등 시장이 담당하고 있는 역할을 국영부문으로 흡수하기 위한 노력을 확대하고 있다. 최근에는 개인 상업활동에 대한 통제를 강력하게 진행하고 있는 것으로 알려지고 있다.[10]

이처럼 북한 당국의 시장화 현상에 정책적 대응은 부분 허용과 묵인, 통제와 압박이 반복되고 있다. 시장적 요소의 도입이 효율성 제고를 통해서 경제발전에 기여한다는 점에 관심을 가지면서도, 시장의 활성화가 경제 활동에 대한 당국의 통제력을 약화시키고 있어 갈수록 체제를 위협하게 될 것이라는 위기감을 떨쳐버리지 못한다고 할 수 있다. 북한으로서는 국영경제부문의 경쟁력을 빠르게 향상시켜 시장경제부문을 압도함으로써 자연스럽게 시장화현상을 통제 가능한 수준

에서 관리할 수 있도록 만들겠다는 정책을 추구하고 있다. 그러나 사회주의 경제체제가 가지고 있는 비효율성으로 인해서 북한 당국의 이러한 시도가 성공하기는 어렵다고 할 수 있다. 따라서 어떤 상황이 발생하든지 북한 경제의 시장화 현상이 완전히 없어지기는 어려울 것으로 전망된다.

여기에서 우리의 관심은 통일의 시점에 북한 경제가 시장경제에 얼마나 근접해 있을 것인가에 있다. 왜냐하면, 북한의 토지·주택 사유화 시나리오가 통일상황 이전 경제체제의 변화(시장화) 수준에 영향을 받을 것이기 때문이다. 만약 북한의 시장화 조치가 한 단계가 더 나아가게 된다면, 경제 활동의 자유화와 소유제도의 확대가 예상되고 이 과정에서 주택을 비롯한 부동산의 소유와 거래가 일부 허용될 수도 있을 것이다. 따라서, 사유화 시나리오의 출발점이 달라지게 된다.

경제력 격차와 정서적 이질감 : 즉각적 경제통합 vs 한시적 분리운영

남북 간 경제 수준의 차이와 경제통합에 대한 사회적 공감대 형성 수준이 북한 토지·주택의 사유화 시나리오에 직접적으로 영향을 미친다기보다는 사회적 여론을 통해서 경제통합의 방식에 대한 정치적 결정 과정에 영향을 미칠 것이다. 이와 관련해서 최근 우리 사회에서는 두 가지 흐름이 나타나고 있다. 첫째는 통일을 대한 국민적 선호도가 점차 감소하고 있으며, 둘째로 이러한 현상은 젊은 층에서 더욱 두드러지게 나타나고 있다는 점이다.

최근 통일연구원이 발표한 『KINU 통일의식조사 2022』에 따르면,[11] 통일이 필요하다는 응답이 2014년 69.3%에서 크게 감소하여 2022년에는 53.4%를 기록하고 있다.

또한, 통일 필요성에 대한 인식이 연령별로 많은 차이를 보이고 있다. 2022년 기준으로 20대 39.1%, 30대 42.4%가 통일이 필요하다고 응답한 반면에, 60대 이상은 66.3%가 통일의 필요성에 동의한 것이다.

통일을 대한 선호도를 결정하는 이유에 대한 조사결과는 조사기관마다 차이가 있다. 민주평통의 조사에서는 '경제발전'(30.9%), '전쟁위협 해소'(25.8%), '민족 동질성 회복'(17.8%) 순으로 나타나고 있다.[12] 반면에 '통일 과정에서 우려되는 점'을 묻는 KBS의 여론조사에서는, '막대한 통일비용 부담'(53.6%), '정치·군사적 혼란'(21.4%), '실업과 범죄 증가 등 사회적 혼란'(17.2%) 등의 순으로 응답하였다.[13] 통일연구원의 여론조사에서는 '분단피해가 통일비용보다 크다'는 주장에 42%가 동의한 것으로 나타났다.[14]

이를 종합하면, 우리 사회의 통일 선호도에 대한 견해는 통일을 따른 긍정적인 효과보다는 부정적인 측면에 주목하는 경향이 큰 것으로 보인다.

이러한 조사결과에서 몇 가지 정책적 시사점을 도출할 수 있다. 첫째, 통일의 필요성에 대한 사회적 공감대 형성 노력이 필요하다. 둘째, 남북 간 경제력 격차를 사전에 축소 시킴으로써 경제적 부담(소위 통일

통일이 필요하다고 생각하는 응답자의 연령별 비율

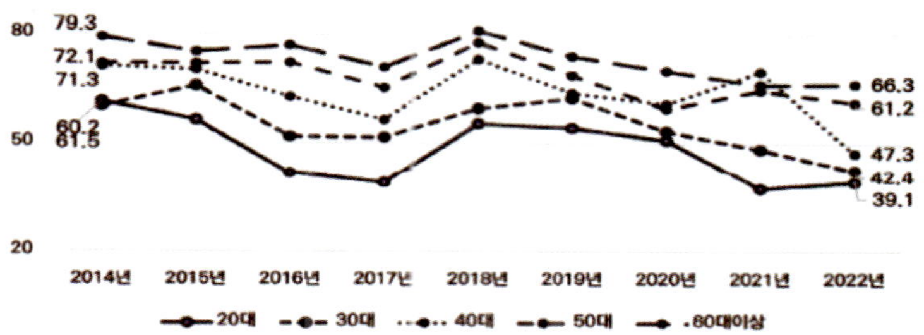

(단위: %)

출처: 박주화 외, 『KINU 통일의식조사 2022』, 통일연구원, 2022.12. p. 39.

비용)을 줄이는 노력이 요구된다. 셋째, 남북경제 공동번영을 위한 새로운 성장동력을 창출할 수 있는 경제협력 모델이 제시될 필요가 있다. 넷째, 북한과 통일을 대한 세대별 인식과 관심사의 차이를 고려한 경제통합 및 통일방안이 제시되어야 한다.

북한 도시의 토지·주택 사유화 시나리오

통일 이후 북한 도시지역의 토지와 주택 사유화를 위한 국가의 정책적 개입이 필요한 상황을 우선적으로 정리할 필요가 있다.

즉, 점진적인 통일상황이나 북한의 시장경제체제로의 전환이 상당 수준으로 이루어진 상황에서는 토지와 주택을 포함한 부동산시장이 활성화되어 있을 것으로 예상할 수 있기 때문이다. 따라서 이러한 상황에서는 통일 이후에 북한 도시의 토지와 주택 사유화를 위한 별도의 조치가 특별하게 요구되지 않을 수도 있을 것이다. 물론 통일이라는 새로운 상황에서는 남북한의 토지와 주택시장을 통합하기 위해서 서로 상이한 법과 정책 그리고 시장이 작동하는 방식을 통합하는데 추가적인 정책이 필요할 것이다. 하지만 본 연구에서는 지면의 제약을 고려하여 통일의 시점에서 북한 도시지역의 토지와 주택 사유화가 거의 이루어지지 않는 상황에 초점을 맞추어 논의를 진행하고자 한다.

일단 북한 도시의 토지와 주택 사유화 관련해서 통일 한국 정부의 정책적 결단(또는, 시나리오)이 요구되는 상황을 정리해 보자. 앞에서 언급했던 것처럼, 첫째는 급작스럽게 통일이 이루어지는 상황이다. 둘째는 그러한 급진적인 통일상황에 북한 경제의 시장화가 여전히 초보적인 수준에 머물러 있어서 토지와 주택 사유화를 진전시키기 위한 공식적인 제도화 조치들이 거의 취해지지 않은 상황이다. 이러한 상황에 대한 가정하에서 통일 이후 북한 도시의 토지와 주택 사유화 시나리오를 살펴보고자 한다.

급변사태하에서의 시나리오: 통일 직후 혼란 상황에서 필요한 조치

우리가 상정하고 있는 통일이 갑작스럽게 이루어진 상황도 여러 가지 시나리오가 존재할 수 있다. 이러한 상황에 대한 가장 일반적인 시나리오는 현재의 북한체제가 대내외 환경변화에 적절하게 대응하지 못하고 어느 순간 극적인 분열 상태를 맞거나, 그런 상황을 악화시키는 일련의 사건들을 통해 국가의 행정관리 기능이 붕괴상태에 이르게 된 상황이다. 반면에, 독일의 경우처럼 우연과 착오가 복합적으로 작용하여 갑작스럽게 국경이 개방되고 북한 당국이 남한으로의 통일을 전격적으로 선언하는 상황도 가정해 볼 수 있다.

두 가지 상황 모두 우리에게는 매우 힘든 경제적 부담과 희생을 요구하겠지만, 그래도 후자 쪽이 상대적으로 충격이 덜할 것으로 판단된다. 문제는 현실 속에서는 전자의 가능성이 더 높을 수 있다는 사실이다. 전자에 해당되는 상황은 다양한 요인들에 의해서 발생할 수 있다. 먼저 정치·사상적으로는 지도부 교체나 이념 논쟁 등을 통해서 권력 내부의 갈등과 투쟁이 격화되면서 군부 쿠데타 등의 형태로 급변사태가 야기될 수 있고, 경제·사회적으로는 경제난으로 인한 대규모 아사자 발생 및 무정부 상태 발생, 빈부 격차와 양극화 심화에 따른 갈등 심화, 과도한 통제와 억압에 대한 불만 폭발 등의 형태가 복합적으로 작용하여 민중 봉기로 이어질 경우, 급변사태가 발생할 수 있다. 또한, 백두산 화산 폭발로 인한 대규모 재앙이 발생하고 중국 및 국제사회의 지원을 제대로 받지 못하는 상황도 급변사태의 불씨가 될 수 있다.

이러한 급변사태가 통일로 연결되는 경우는 여러 가지 요인들이 동시다발적으로 나타나는 상황이라고 할 수 있어서, 북한 정권과 북한체제 내부의 혼란을 넘어서 국가로서 기능이 마비되는 상태라고 할 수 있다.

북한의 급변사태가 국가 기능의 마비로 이어지고 극도의 공포와 혼란 속에서 북한 주민들 대부분이 남한과의 통일을 문제 해결을 위한 최선의 대안으로 선택하는 상황이 발생했을 때 통일과정이 빠르게 전개될 것으로 보인다. 이 경우에, 북한 도시지역 토지·주택 사유화라는 관점에서 진행해야 하는 조치로는 어떤 것이 있을까?

북한의 급변사태 발생으로 북한지역의 치안과 행정 공백 상태가 초래되고 일상적인 경제 활동, 특히 생산 활동 대부분이 중단되며, 미래 상황에 대한 불안감이 커서 사회적 혼란과 공포감이 폭발할 것으로 예상된다. 이러한 상황에서 가장 중요한 과제는 북한 경제와 사회를 조기에 안정화시키는 것이라고 할 수 있으며, 이런 측면에서 토지와 주택 사유화 문제에 접근할 필요가 있다.

이러한 상황에서는 무엇보다 북한 주민들의 경제적 이유로 난민이 되어 도시로, 남한으로, 중국과 일본으로 이동하는 현상을 최소화하기 위한 경제적 안정화 정책이 제시되어야 할 것이다. 따라서 본인의 원래 거주지에서 벗어나지 않는 것이 경제적으로 지원을 받고 미래를 보장받는데, 유리하도록 설계된 정책이 제시될 필요가 있다. 주택의 경우를 예를 들면, 본인 명의로 등록된 주택을 장기적(예, 3개월 이상)으로 떠나지 않았다는 사실이 증명될 경우에 한해서 향후 주택의 소유권을 인정할 것이라고 제한하는 내용의 공고문을 발표하는 것이다. 이와 동시에 거주지와 가족 구성원 수를 확인하여 그에 해당하는 경제적 지원(긴급구호)을 제공하고, 이를 향후 거주 증명에 필요한 기록으로 사용할 수도 있을 것이다.

또한, 과거 '고난의 행군 시기'에 나타났던 현상들을 회고해 보면,

경제적 위기에 봉착한 주민들이 헐값에 살림집을 파는 사례가 빈번하게 발생하였다. 따라서 이와 관련한 혼란과 예상되는 피해를 줄이기 위해서 여러 가지 상황들이 안정화되기 전까지 한시적으로 주택거래를 인정하지 않겠다고 선언하는 조치도 필요하다고 할 수 있다.

급진적인 남북한 경제통합 상황에서의 시나리오

급진적인 방식으로 남북경제의 통합이 진행되는 경우, 가장 우선적으로 강구되어야할 조치는 과도한 인구이동 등으로 사회적 혼란이 심화 되는 것을 방지하는 것이다. 따라서 북한지역 주민들이 통일 이후 자신들의 주거지에서 거주하는 것을 선호할 수 있도록 토지 및 주택의 사유화 정책을 수립할 필요가 있다.

이를 위해서는 북한 주민들이 그 당시 거주하고 있는 주택의 '이용권'을 법적으로 보장하고,[15] 조속한 시일 내에 적절한 절차를 거쳐서 소유권을 인정할 것이라는 방침을 공개함으로써 사회적 혼란과 동요를 방지하는 조치를 취할 필요가 있다. 이와 함께, 남한 등으로 이주 수요를 최소화하기 위해서 토지 및 주거 사유화와 관련해서 실이용자와 거주자에 제한한다는 조항도 미리 제시할 필요가 있다.

따라서, 북한지역에 머무는 북한 원주민에게는 기본적인 사회복지 보장과 기초 자산 분배로 형평성을 보장하고 남한으로 이주하는 주민들에게는 이러한 혜택을 주지 않는 제도를 고려할 필요가 있다. 특히 중요한 것은 북한 주민들에게 심리적 안정을 주는 것이다. 이러한 측면에서 어떠한 속도와 규모로 사유화를 추진할 것인지에 대한 정책 방향을 빠른 시일 내에 제시하는 것이 필요하다. 이와 함께 한시적으로 북한지역 내 토지 및 주택의 거래를 동결하여 혼란을 방지할 필요가 있다.

통일 후 토지와 주택의 사유화 조치와 관련 일차적으로 고려되어야 할 사항은 소유권(처분권) 조기 행사에 대한 요구와 부동산 가치 격차에 따른 불평등에 대한 불만 제기 가능성이다. 밀접하게 연관되어있는 이 두 가지 가능성을 어떻게 효과적으로 다룰 것인가 하는 문제가 통일 이후 북한지역 사유화 정책의 핵심 과제라고 할 수 있다.

통일 후 토지와 주택 사유화에 대한 기존의 연구에서는 독일의 사례에서 적용된 '재산권 반환원칙'이 현실을 반영하지 못한 정책적으로 잘못된 결정이었음을 강조하고 있다.[16] 따라서 우리의 경우에도 토지와 주택의 사유화와 관련 6·25전쟁 이전의 재산권 회복을 주장하는 사례에 좀 더 유연하게 대처하는 것이 바람직해 보인다. 즉, 토지 및 주택 원소유권 처리 문제는 상징적인 보상으로 처리하는 방안이 조기에 확정될 필요가 있다고 하겠다.

주택 사유화에서 가장 중요한 원칙은 기존의 이용권을 최대한 보장해 주는 것이다. 이는 불필요한 혼란을 최소화하여 경제·사회적 안정을 확보하기 위해서 요구되는 원칙이라고 할 수 있다. 다만, 북한의 변화된 현실을 반영하여, 서류상의 이용자와 실질적인 이용자가 다를 경우와 실질적인 이용자와는 다른 소유자가 존재하는 경우 등에 대한 처리 규정이 별도로 마련되어야 할 것으로 보인다.

주택 사유화에서 다음으로 고려할 원칙은 주택 배분의 형평성을 제고하는 것이다. 북한의 현재 상황을 살펴보면, 평양을 중심으로 하는 주요 도시와 농촌 지역 간의 주거 수준에서 격차가 크고, 평양 내에서도 당 간부와 일반 주민 간의 주택 규모와 시설의 차이가 크다.[17] 이러한 주택 수준의 차이가 통일 이후에도 그대로 답습되는 것에 대한 일반 주민들의 불만이 제기될 가능성이 크기 때문에 이 문제에 대응할 수 있는 방안 마련이 필요하다고 하겠다.

이런 점에서 사유화 방식으로 유상사유화와 무상사유화, 두 가지 방안을 고려할 수 있을 것이다. 주택의 현재가치를 계산하여 평균 이하의 낡은 주택의 경우에는 무상사유화를, 평균 이상의 신규 주택의 경우에는 일정한 수준의 금액을 지불하고 사유화하는 유상사유화의 원칙을 적용하는 것이다. 이와 함께, 통일 후 일정 기간(예를 들면, 30년) 동안 주택의 '이용권'만을 인정하는 방안도 검토할 수 있을 것이다.

여기에 중국의 주택 사유화 정책을 참고하여 '이원화' 체계를 구축하는 방안을 함께 검토할 필요가 있다. 즉, 통일 이후 국가(공공임대)와 시장(상품주택)이 함께 주택공급에 참여하는 시스템을 도입하는 것이다. 저소득층을 중심으로 발생하는 새로운 주택 수요에 대해서는 국가가 건설하여 공공임대 형태로 제공하고, 구매력이 있는 일반 수요자들에게는 시장이 건설하여 분양하는 방식을 병행하는 것이다. 물론 시장이 공급하는 주택은 바로 거래가 가능한 소유권이 인정될 것이다.

평양의 고급아파트 전경

출처: 한국일보, "80층 고층아파트 이어... 북한 평양 고급주택지 '집들이'," 2022.4.18.

토지의 사유화와 관련해서는 다양한 논의가 제기되고 있다. 그중에서 토지의 사유화를 주택 사유화 작업과는 분리해서 진행하는 방안이 제시되고 있다. 즉, 북한지역의 토지를 일단 '재국유화'하여 토지공공임대제를 도입하는 방안이다. 기본적으로 북한 도시의 토지는 국유화되어 있기 때문에 토지공공임대제 정책을 추진하는데 있어서 제도적인 측면에서는 어려움이 적을 것으로 전망된다. 물론 경제통합이 완료되고 경제 상황이 안정된 이후에 도시의 토지를 단계적으로 사유화하는 방안을 장기적인 관점에서 검토할 수 있을 것이다.

토지공공임대제의 도입은 북한지역에 대한 부동산 투기를 억제하는 효과와 함께, 토지 구매에 따른 경제적 부담을 완화 시켜 토지의 효과적인 사용과 산업발전을 촉진하고, 통일 이후 북한지역의 경제발전에 따른 토지 가치의 상승효과를 모든 국민이 공유한다는 의미가 있다.

또한, 토지 임대에 따른 정부의 재정수입은 통일 이후 북한지역 주민들의 사회보장과 경제발전에 필요한 재원으로 사용할 수 있을 것이다. 이처럼 통일 후 북한지역에 토지공공임대제를 도입하는 것은 통일 이후 야기될 수 있는 부의 불평등한 분배 문제를 완화 시키고 북한지역에 대한 투자를 촉진 시키는데 기여할 것으로 기대된다는 측면에서 검토할 필요가 있다고 하겠다.

남북경제 한시적 분리운영 상황에서의 시나리오

급진적 통일의 상황에서 발생할 수 있는 여러 가지 문제점, 특히 경제적 문제점을 완화 시켜 보자는 의도에서 '남북경제 한시적 분리운영' 방안이 제시되고 있다.

KDI가 발표한 『남북한 경제통합 연구 : 북한 경제의 한시적 분리 운영방안』(2012)에서 제안하는 방안은, 통일이 가능한 상황이 되었을 때

정치적 통합을 빠르게 진행하지만, 남북한 경제를 상당 기간 분리를 시켜서 북한의 경제시스템이 자체적으로 체제이행과 경제발전을 진행하게 하고, 이를 통해서 경제적 이질성을 완화 시킨 이후에 점진적으로 경제통합을 추진하자는 것이다. 이를 위해서 남북한이 체결하는 '통일조약'에 북한 경제에 대한 한시적 분리방안에 대해 명시하고, 이 방안의 실천을 위해 '(가칭) 통일 후 한반도의 공동경제발전을 위한 북한경제개발행정특별구역'에 대한 협약을 체결하여 북한지역을 하나의 거대한 경제특구로 지정하는 방법을 제시하고 있다.[18]

북한 경제의 한시적 분리 운영방안이 내포하는 경제적 의미는 노동시장의 분리를 통해서 북한 노동자의 남한 이주를 제한하고, 사회복지시스템의 통합을 늦춤으로써 사회복지부문에 대한 막대한 비용 부담을 완화 시킨다는 것이다. 이를 통해서 사회적 혼란과 경제적 비용을 최소화하자는 것이다. 대신 상품과 자본 이동의 자유는 최대한 보장하게 될 것이다.

한시적 분리운영의 상황에서의 주택 사유화 추진 원칙과 방향은 급진적 통일상황과 근본적인 차이는 없을 것이다. 다만, 경제통합에 대비한 대대적인 경제개혁의 구도 안에서 안정적이고 점진적인 단계를 거치게 될 것으로 보인다는 점에서 차이가 있다. 즉, 한시적 분리운영의 시나리오에서는 사회적 혼란이 상대적으로 적을 것으로 평가되기 때문에 주택 배분의 형평성과 효율성 문제에 더 많은 관심이 집중될 것으로 예상된다. 따라서 형평성 문제가 해결된다는 전제하에서 효과적인 주택공급을 위해서 주택의 완전한 소유권을 신속하게 부여하는 방안을 검토할 필요가 있다. 이를 통해서 주택시장을 활성화 시키는 것이다.

주택 사유화의 원칙적인 방식은, 일차적으로 북한 주민들에게 주택 등 국유재산을 구매할 수 있는 바우처를 가족 수에 비례해서 제공하여 동등한 경제적 기회를 제공하는 것이다. 그리고 점유자가 자신이 이용하고 있는 주택을 비교적 저렴한 가격에 구매할 수 있도록 우선적인 기회를 제공하는 것이다.

물론, 주택 사유화 조치를 이행하기 위해서는 법적·행정적인 절차가 필요할 것으로 보인다. 먼저 법·제도적으로는 관련 법규 및 제도의 수정과 신설 작업이 요구된다. 또한, 이와 관련해서 주택 사유화 과정을 집행할 관계 기관 실무자들의 업무에 대한 이해와 실무능력을 교육과 훈련프로그램 등을 통해서 확충해야 할 것이다. 이와 함께, 행정적인 준비작업이 진행되어야 할 것이다. 거주자 확인 및 주택등록대장 확인 그리고 주택 가치 실사 등의 과정을 거쳐서 사유화 대상 주택과 대상자 등을 확정하는 작업 등이 필요할 것으로 보인다.

예상되는 쟁점과 대응 방안

주택·토지의 분배(사유화)정책에 따른 형평성 저해 가능성

북한의 현 제도하에서 분배된 주택과 토지를 실제 점유권자에서 분배한다고 하면, 대도시의 호화주택에서부터 시골의 초라한 공동주택에 이르기까지 재산 가치의 차이가 매우 크게 나타날 것으로 예상된다. 또한, 토지의 경우에도 상대적으로 도로 사정 등으로 접근성이 양호하여 미래의 잠재가치가 높은 경우와 그렇지 못한 경우 등으로 격차가 클 것이다. 따라서 점유권자 우선 분배 원칙을 적용할 경우 나타나게 될 기회의 불평등성 문제를 해소 또는 완화 시킬 수 있는 방안이 필요하다.

다만, 형평성을 지나치게 강조할 경우, 북한지역 경제의 활성화와 효율성 제고에 부정적으로 작용할 가능성이 있다. 통일 후 북한지역의 경제재건은 북한 주민들의 부의 축적과정과 동반되어야 한다는 점에서 지나친 형평성 원칙 적용은 투자 부진 등 경제 활성화와 경제적 효율성을 저해하는 요인으로 작용할 가능성이 있기 때문이다. 따라서 자본주의 시장경제 제도의 도입이라는 점에서는 균등한 분배를 통한 사회적 형평성 보장과 함께 경쟁을 통해서 효율성을 제고하는 측면이 고려되어야 할 것이다.

효율성과 형평성의 개선을 위한 분배 방안

바우처(쿠폰)의 도입

주택과 토지의 사유화 과정에서 제기될 수 있는 상대적 불평등성을 보완할 수 있는 방안을 모색할 필요가 있다. 예를 들면, 다른 자산의 소유권을 보장하는 채권이나 북한지역 국유재산의 구입에 사용할 수 있는 바우처(쿠폰) 등을 제공하는 것이다.

이를 통해서 자신이 점유·사용하고 있는 주택이나 토지를 구매할 수 있도록 유도하는 것이다. 여기에서 중요한 것은, 현재 점유자가 구매를 원할 경우, 국가가 정한 '비교적 저렴한 가격'에 구매할 수 있도록 우선권을 부여하는 것이다. 단, 구매한 주택과 토지의 사적인 거래를 최대한 억제하기 위해서 우선은 '이용권'만을 인정하고 일정 기간(예를 들면 30년) 이상 보유한 경우에만 소유권을 인정하는 방안을 적극적으로 고려할 필요가 있다.

이 같은 방안을 도입하면서, 주민 간의 형평성을 강화하기 위한 보완책으로, 북한 전역의 토지와 주택에 대해서 북한 주민들이 (국가로부터) 구매해야 할 가격을 국가가 책정하고, 세대별(가족 구성원 수에 따라 조정 가능)로 '바우처'의 동일한 구매력을 보장하는 것이다. 이 경우 도시의 주택과 토지의 가격을 농촌 지역에 비해 높게 책정하는 등 접근성 및 당시의 시장가격 등을 고려하여 국가가격을 차별적으로 책정함으로써 지역 간의 격차에 따른 불평등성을 교정할 수 있을 것이다.

소유 상한제도의 도입

주택과 토지에 대한 사유화를 진행하면서 주택의 경우에는 1가구 1주택의 원칙을, 토지의 경우에는 1인당(1가구당) 일정 규모를 최대 소유치로 제한함으로써 부의 편중 가능성을 사전에 차단할 필요가 있다.

다만, 이 상한제를 도입하는 경우에도 소유 상한의 적용에 제한 기간과 지역별 차등화 등을 복합적으로 고려한 탄력적인 방식을 검토할 필요가 있을 것이다.

충분한 시간과 인식개선

급진적인 통일상황 가정하에서 토지와 주택의 사유화 시나리오를 살펴보면서 일차적으로 두 가지 시사점을 얻게 되었다.

첫째는 가능하면 급진적인 통일상황이 발생하지 않도록 북한 문제를 유연하게 다룰 필요가 있다는 점이다. 급진적인 해결책보다는 점진적인 접근 방식을 모색하는데 더 많은 시간과 에너지가 요구된다는 생각이다. 여기에는 상당한 인내심과 양보가 필요할 것이다. 그렇다고 하더라도, 우리는 북한과의 평화적인 공존과 실효성 있는 교류·협력을 활성화하기 위한 노력을 포기해서는 안 될 것이다. 이를 통해서 점진적인 통일을 추구하고, 북한의 개혁·개방을 유도하여 시장경제로의 전환을 촉진함으로써 남북 경제체제의 이질성 완화와 남북한의 경제력 격차를 줄여나갈 필요가 있다. 이러한 노력을 통해 통일 이후에 발생할 수 있는 경제적 부담과 사회적 혼란 및 갈등 가능성을 사전에 축소시켜 나가자는 것이다.

둘째는 불가피하게 급진적인 형태의 통일이 발생할 경우, 남북이 서로 적응해 나갈 수 있는 과도적인 기간을 충분하게 확보할 필요가 있다는 점이다. 이러한 필요성에 대응하여 북한지역을 한시적으로 분리운용하자는 방안이 제시되기도 했다. 문제는 통일의 상황에서 물리적으로 남북한을 분리 운용하는 방안에 대한 법리적 한계가 지적되고 있다는 사실이다. 위헌 소지가 있다는 것이다. 물론, 합리적인 이유와 적정한 기간동안 분리운용하는 것은 가능하다는 데는 대부분 법리학자도 견해를 같이하지만 '적정한 기간'을 어떻게 결정할 것인가 하는 부분에서는 논란의 여지가 많다는 것이다. 따라서 한시적 분리운용 방안을 보완하는 추가 연구가 필요할 것으로 보인다.

급진적인 형태의 통일상황에서 경제를 통합하는 방안을 모색하는데 있어서 독일의 경험은 유용한 시사점과 교훈을 제공한다. 무엇보다 서독 정부가 통일을 대해 충분하게 준비하지 못한 상황에서 통일과정이 빠르게 전개됨에 따라서 적지않은 실수와 시행착오를 저지르게 되었다는 사실이다. 그렇다면 우리는 예측하기 힘든 미래의 통일상황에 어떻게 대비해 나가야 할까?

첫째, 우리 사회에서 통일을 대한 부정적인 인식을 개선해 나갈 필요가 있다. 어떤 상황에서 어떤 방식의 통일이 이루어지더라도 통일과정은 우리 국민에게 크고 작은 희생과 인내를 요구할 것이다. 따라서 이를 긍정적으로 받아들이고 정부의 정책을 신뢰로 뒷받침할 수 있는 사회적 공감대와 정서가 형성될 수 있도록 국민의 통일을 대한 인식을 보다 긍정적으로 변화시켜 나갈 필요가 있는 것이다. 통일을 원하고 이를 환호로 받아들인 동서독 국민도 통일 이후 통합과정에서 적지 않은 불만을 표출하였고, 상대에 대한 거부감을 표시하였다고 한다. 물론 힘든 과정이 지나간 지금에 와서 대부분 독일국민은 통일을 축복으로 인식하고 있지만...

둘째, 북한 상황에 대한 객관적인 이해와 구체적인 분석작업을 통해서 통합 대상의 상태를 제대로 파악하기 위한 노력을 게을리 말아야 할 것이다. 경제 분야의 통합에서 중요한 것은 북한의 경제상태에 대한 객관적이고 충분한 자료를 바탕으로 효율적인 통합방안을 마련하는 것이다. 이러한 작업이 최대한 빠른 시일 내에 이루어지도록 하기 위해서는 기초적인 상황 분석과 관련 자료의 축적이 체계적으로 진행될 필요가 있다. 특히 북한지역 기업에 대한 민영화 작업을 추진하는 과정에서 기업의 경쟁력과 회생 가능성 등을 심사·평가하는데 요구되는 기초적인 통계체계를 구축해 놓을 필요가 있다.

셋째, 다양한 가능성에 대비한 분야별 통일방안에 관한 심층연구가 필요할 것이다. 남북한의 통일은 다른 체제의 결합이라는 측면에서 북한의 체제전환 작업이 요구되는데, 독일의 경우에서도 통일 초기에 체제전환 문제를 과소평가한 점이 실수로 지적된 바 있다. 무엇보다 시장경제체제가 도입되면 동독경제가 바로 활력을 찾을 것으로 판단한 것이다. 또한, 새로운 경제체제에 적응해야 하는 동독지역 주민들의 정서적 불안정 문제가 소홀하게 다루어졌다고 한다. 남한의 제도를 북한지역에 일방적으로 적용하도록 강요하는 것이 최선일까? 하는 문제에 대해서도 고민할 필요가 있다. 지금 북한의 정치·경제체제는 통일 시점의 동독보다 경직되어 있다는 평가를 받고 있어서 남북한의 통일 과정은 동서독보다 더 힘든 시간이 될 수 있다. 다만, 아직까지 우리에게는 미리 준비할 수 있는 시간이 있다는 점을 효과적 활용한다면 상황이 달라질 수 있을 것이라는 희망이 있다.

넷째, 통일 이후 북한개발 상황을 염두에 둔 국제사회와의 협력체계를 사전에 구축할 필요가 있다. 북한지역에 대한 대규모 투자가 다양한 영역에서 동시다발적으로 진행되어야 하는데, 남한의 재원과 역량만으로는 한계가 명확하기 때문이다. 이를 위해서 우선적으로 남북한의 통일과 발전이 주변 국가들을 포함하여 세계의 평화와 공동번영에 기여할 수 있을 것이라는 비전을 제시하고, 공감대를 형성하는 노력을 강화할 필요가 있다. 이와 함께 북한지역의 낙후된 민생인프라 개선사업에 관련 경험이 풍부한 국제기구들이 적극적으로 참여할 수 있도록 국제사회과의 협력 역량을 미리 강화해 놓아야 할 것이다. 또한, 통일 후 북한지역 개발을 위한 국제적 재원을 마련한다는 차원에서 '(가칭)북한개발협력기금'을 조성하는 방안도 검토할 필요가 있다.

10

북한 도시개발을 위한 재원조달 방안

김중호 · 김민관

통일 이후 도시개발 관련 고려사항

통일 이후 북한지역의 도시개발을 추진하는 경우 예상되는 난관은 다양할 것이나, 그중 재원조달에 관련된 어려움이 가장 큰 부류에 속할 것이라는 점에서는 이견이 없다. 이는 북한지역 도시개발의 범위가 매우 광범위할 뿐만 아니라 통일시점의 인프라 상태가 매우 열악할 것으로 예상되기 때문에 기초 단계에서부터 막대한 자금 투입이 요구될 것이며, 또한 북한지역 주민들의 자본 형성이 거의 이루어지지 않아 지역 내 투자·환원·재투자의 순환구조를 기대할 수 없기 때문이다.

통일 이후 북한지역 도시개발 초기에는 재원조달의 주요 행위자가 당연히 핵심역할을 수행하는 통일정부와 정책수행을 지원하는 공공기관들이 될 것이다. 향후 북한지역 개발의 기본 조건들이 갖추어져 안정기와 성숙기로 들어서게 되면 상업성 중심의 프로젝트에 투·융자하는 민간재원이 개발을 주도해갈 것이다. 그 재원의 출처는 국가 및 지방자치단체의 예산, 공공기관의 정책자금·기금, 그리고 민간 투자자금 등이 될 것이며, 개발 단계에 따라 다양한 자금들의 융·복합 형태가 달라질 것이다. 특히, 국제사회 및 국제금융기구 역시 통일 한국의 개발 과정에 직간접적으로 참여하게 될 것으로 보이나 통일 직전의 북한 내 개발프로젝트 참여 정도 또는 통일 한국의 초기 경제상태에 따라 참여 방식과 규모가 제한될 것으로 예상된다.

따라서 본 연구에서는 통일 이후 상황을 가정하여 북한지역에 어느 정도의 도시개발 수요가 있으며, 이를 충족하기 위해서는 어떤 재원조달 수단이 어떤 구조로 적용되어야 하는지 살펴보고자 한다. 한편, 이 과정에서 참여하게 될 것으로 예상되는 여러 재원조달 주체의 역할을 알아보고 이를 위해 해결되어야 하는 정책 과제 등을 살펴보고자 한다.

재원조달 관련 논의 전개를 용이하게 하기 위해 통일 이후의 도시개발 양상과 관련하여 다음과 같이 가정하고자 한다.

첫째, 도시개발을 추진하는 행정과 관련하여 통일 이후 북한지역은 현재 한국의 일반적인 지방자치단체의 자격으로 편입되며, 북한지역 도시개발은 한반도 전체를 대상으로 하는 한국의 '국토개발계획 수립 및 시행 체계'를 통해 실현된다. 주택건설은 현재 한국과 마찬가지로 민간사업자에게 토지를 불하하는 방식으로 진행되나, 불하 대상이 되는 토지는 북한지역 토지소유권 특성으로 인해 모두 국유토지로 가정한다. 이는 도시개발 과정에서 비용과 시간을 가장 많이 소요하는 토지 수용 절차가 매우 신속히 이루어질 것임을 의미하는 것이라 하겠다.[1]

둘째, 도시개발을 위해 투입하는 재정은 통일 한국의 국토교통부가 담당하는 도시개발사업 예산인 국비와 더불어 북한지역 지자체가 지방세수를 통해 조성하는 지방비로 구성될 것이다. 일부 상업성 프로젝트와 연계된 사업의 경우에는 민간재원의 참여가 가능한데, 주로 프로젝트 파이낸싱(Project Financing, 이하 PF) 또는 민관협력(Public-Private

Partnership, 이하 PPP) 등의 방식을 통해 개발 재원을 동원하게 된다. 민간 투자자는 이미 형성한 자본금 또는 금융기관으로부터의 대출을 통해 조달한 자금 등을 사용하게 되는데, 이 과정에서 정책금융기관이 일부 자본금 혹은 대출금의 형태로 개발사업에 참여하기도 한다.

셋째, 투자환경의 측면에서 보면, 통일 이후의 도시개발 관련 법률 및 제도는 통일 이전에 이미 한국에서 시행되어온 높은 수준의 법·제도를 모체로 하여 신속히 수립되고 효율적으로 운용되어야 한다. 다만, 낙후된 북한지역 도시개발 사업에 민간 시행사 및 투자자를 적극적으로 유치하기 위해서는 다양한 인센티브가 추가적으로 제도화될 필요도 있다.

이와 같은 가정하에서 통일 이후 북한지역 도시개발 재원의 수요 및 공급을 예상하는 것은 개발사업의 규모나 단계별로 차이가 발생하기 때문에 간단하지 않다. 통일 이전의 남북한 경제적 격차를 감안한다면, 통일 정부의 일반예산만으로는 턱없이 부족할 것이므로 민간재원의 참여를 촉진하는 방안을 사전에 강구할 필요가 있다.

북한지역 도시개발 사업에 참여를 희망하는 민간자금의 공급 규모는 해당 프로젝트의 사업성에 따라 좌우되며, 현재 한국의 각종 개발사업에 민간자금이 참여하는 규모와 범위를 고려할 때, 향후 투자희망 자금의 대기수요는 충분할 것으로 예상된다. 특히, PF 방식을 통한 민간투자의 정착기인 2000년대 후반까지 대형 IB 등을 통한 해외자금 참여가 적극적이었으며 최근까지도 한국의 대규모 부동산 개발사업 등에 여전히 해외자금 참여가 이루어지고 있다는 점을 고려할 때, 수익성 높은 북한지역 도시개발 사업에 대한 해외자금의 참여 의향 또한 충분할 것으로 기대된다. 다만, 통일 한국의 1인당 GDP를 고려한다면 개발도상국을 대상으로 하는 선진국 정부 차원의 ODA나 세계은행·ADB와 같은 국제금융기구 등을 통한 개발자금 충당은 기대하기 곤란할 것으로 보인다.

주요 북한지역 개발 프로젝트 및 소요 자금 예상[2]

평양, 남포, 개성, 해주, 신의주 등 주요 도시가 밀집한 북한 서해권의 경우 평양·남포지역 4.2조 원, 개성·해주지역 2.2조 원, 신의주지역 0.4조 원 등 총 6.8조 원의 지역개발 프로젝트 비용이 발생할 것으로 예상된다.

우선, 평양·남포지역은 인구가 350만 명이 넘는 북한 최대의 공업지역으로서 중공업·경공업이 고르게 발달 되어있으며, 도로·철도·공항·항만 등 각종 교통 인프라와 함께 화력발전소, 탄광 등 에너지 관련 인프라도 집중되어 있다. 이러한 특징을 감안한다면 평양-원산, 평양-남포 등 기존 도로·철도 개보수 및 현대화, 평양 순환 고속도로 등 신규 도로·철도 건설, 항만·공항 현대화, 기존 화력발전소 현대화 및 석탄광산 개발 등의 개발 프로젝트에 4조 2,081억 원이 소요될 것으로 추정된다.

개성·해주지역은 남측지역과의 지리적 인접성으로 인해 북측지역 진출의 거점으로 활성화될 수 있는 여건을 보유하고 있으며, 개성공

평양·남포 지역 인프라 개발 프로젝트 내역

평안남도	도로·철도	∘ 평양 남북 및 순환고속도로 신설 ∘ 평양-원산 고속도로 확장 개량 ∘ 평양-남포 고속도로 포장 보수 ∘ 평양-남포 철도 현대화 ∘ 남포특구 배후도로망 ∘ 남포특구 배후철도망 신설	8,050 14,145 302 600 760 500
	소계		24,357
	공항·항만	∘ 순안공항 현대화 ∘ 남포항 현대화	281 1,000
	소계		1,281
	에너지·자원	∘ 평양남북부 탄전 석탄광 현대화 ∘ 북창화력발전소 현대화 ∘ 순천화력발전소 현대화 ∘ 평양화력발전소 현대화 ∘ 동평양화력발전소 현대화	1,200 10,506 1,141 3,425 171
	소계		16,443
	총 계		**42,081**

출처: 산업은행 내부자료 (단위: 억원)

개성·해주 지역 인프라 개발 프로젝트 내역

개성·해주	도로·철도	∘ 개성공단 배후 도로망 신설 ∘ 개성공단 배후 철도망 신설 ∘ 개성-해주 고속도로 현대화 ∘ 개성-해주 철도 현대화 ∘ 해주항 배후 도로망 신설 ∘ 해주항 배후 철도망 신설	760 500 14,000 4,000 760 500
	소계		20,520
	항만	∘ 해주항 현대화	1,000
	소계		1,000
	에너지·자원	∘ 황해도 지하자원 개발	590
	소계		590
	총 계		**22,110**

출처: 산업은행 내부자료 (단위: 억원)

단·해주항을 중심으로 추가적인 발전이 기대되는 지역이다. 동 지역에서는 주로 파주와 개성·해주를 연결하는 교통 인프라 프로젝트를 중심으로 2조 2,110억 원이 소요될 것으로 보인다.

신의주 지역 인프라 개발 프로젝트 내역

신의주	도로·철도	∘ 신의주 특구 배후 도로망 현대화 ∘ 신의주 특구 배후 철도망 신설	760 500
	소계		1,260
	항만	∘ 신의주항 현대화	300
	소계		300
	에너지·자원	∘ 청천강 화력발전소 현대화 ∘ 봉화화학공장(석유정제) 현대화	1,199 741
	소계		1,940
	총계		**3,500**

출처: 산업은행 내부자료 (단위: 억원)

서해권의 지역 인드라 개발 프로젝트 종합

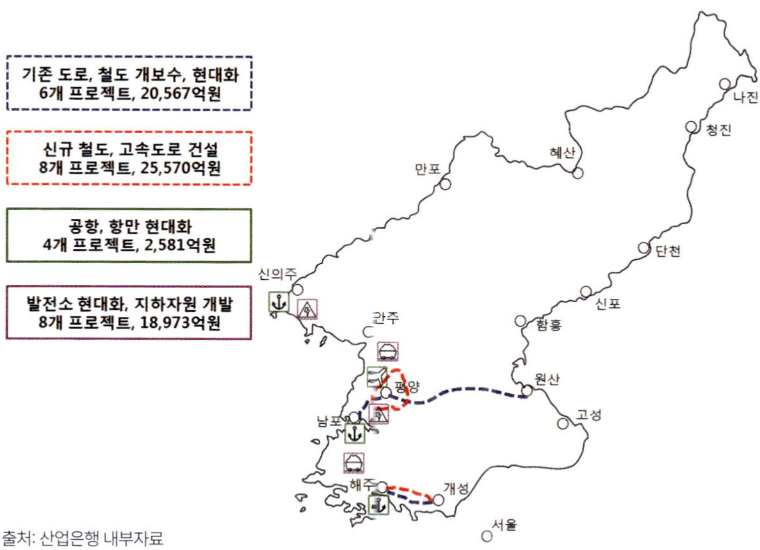

출처: 산업은행 내부자료

신의주는 중국과의 접경지역 교역의 중심지로서 기계·섬유공업이 발달하여 경제특구가 형성되어 있으며, 풍부한 수자원을 바탕으로 전력 인프라가 충실한 편이다. 동 지역에는 교통 인프라와 더불어 지역 공업을 위한 에너지·원료 제공 목적의 인프라 개발 등에 3,500억 원의 개발비용이 소요될 것으로 추정된다.

주요 공업지역 및 자원개발구역이 광범위하게 분포하는 동해권의 경우에는 나진·선봉지역 2.4조 원, 청진지역 3.0조 원, 신포·단천지역 1.4조 원, 원산지역 1.8조 원, 함흥·흥남지역 1.2조 원 등 총 9.8조 원 등의 지역개발 프로젝트 비용이 발생할 것으로 예상된다.

나진·선봉지역은 북한 동북부의 대표적인 무역항이며 중국·러시아와 육로로 연결되어 있는 교통 인프라의 중심지이다. 또한, 경제특구로 지정되어 UN 안보리 제재 이전까지 중국·러시아·일본 등 외국과의 교류가 가장 활발했던 지역이다. 동 지역개발을 위해서는 국제철도·고

나진·선봉 지역 인프라 개발 프로젝트 내역

지역	구분	사업	금액
나진·선봉	도로·철도	∘ 국제 철도시설(청진-투먼) 현대화	2,245
		∘ 국제 철도노선(두만강) 현대화	2,419
		∘ 나선-훈춘 고속도로 신설	8,750
		∘ 나선특구 내부 도로 개량	2,808
		∘ 나선특구 배후 도로망 현대화	760
		∘ 나선특구 배후 철도망 신설	500
	소계		17,482
	항만	∘ 나진항 컨테이너 부두 건설	3,000
		∘ 나진항 현대화	2,688
	소계		5,688
	에너지·자원	∘ 함북 북부탄전 개발	1,200
	소계		1,200
	총 계		**24,370**

출처: 산업은행 내부자료 (단위: 억원)

청진 지역 인프라 개발 프로젝트 내역

지역	구분	프로젝트	금액
청진	도로·철도	◦ 청진-은성 고속도로 건설 ◦ 청진항 배후 도로망 신설 ◦ 청진항 배후 철도망 신설	24,850 760 500
	소계		26,110
	항만	◦ 청진 어랑공항 현대화 ◦ 청진항 현대화	690 1,500
	소계		2,190
	에너지·자원	◦ 청진-나선지역 송전망 현대화 ◦ 청진화력발전소 현대화	360 856
	소계		1,216
	총계		**29,516**

출처: 산업은행 내부자료 (단위: 억원)

속도로망 및 나선특구 내 교통망 현대화, 나진항 부두 신설·현대화 등의 프로젝트에 2조 4,370억 원이 소요될 것으로 추정된다.

청진지역은 북한 동해안 지역 최대의 도시로 철강·기계·화학 등 중공업이 발달 되어있으며, 대형 무역항인 청진항을 보유하는 등 우수한 산업 입지조건을 갖고 있다. 이에 따라 청진에서 나진·선봉을 거쳐 중국·러시아와 연결되는 고속도로 신설 프로젝트를 중심으로 2조 9,516억 원 규모의 개발수요가 발생할 것으로 기대된다.

신포·단천지역은 북한 내 각종 광물자원의 다양성과 가채매장량이 가장 우수한 지역으로서, 주요 광산과 항구를 연결하는 도로·철도망 건설 및 광산·철도를 위한 에너지 생산 등 프로젝트를 위해 1조 3,897억 원이 소요될 것으로 추정된다.

원산은 평양·서울·강릉·함흥 등으로의 접근성이 뛰어난 동해안 항구도시로서, 금강산-원산 고속도로 확장·현대화, 속초-고성 고속도로 신설 등의 프로젝트에 1조 7,764억 원의 자금이 소요될 것으로 예상된다.

신포·단천 지역 인프라 개발 프로젝트 내역

신포·단천	도로·철도	∘ 단천특구 배후 도로망 현대화 ∘ 단천특구 배후 철도망 신설 ∘ 신포특구 배후 도로망 현대화 ∘ 신포특구 배후 철도망 신설	545 500 545 500
	소계		2,090
	항만	∘ 단천항 현대화 ∘ 신포항 현대화	300 300
	소계		600
	에너지·자원	∘ 신포지구 석탄발전소 건설 ∘ 허천강 수력발전소 현대화	9,460 1,747
	소계		11,207
	총 계		**13,897**

출처: 산업은행 내부자료 (단위: 억원)

원산 지역 인프라 개발 프로젝트 내역

원산	도로·철도	∘ 금강산-원산 고속도로 확장 개량 ∘ 속초-고성 고속도로 신설 ∘ 원산특구 배후 도로망 현대화	10,750 3,150 545
	소계		14,445
	항만	∘ 원산 갈마공항 현대화 ∘ 고성항 현대화 ∘ 원산항 현대화	690 300 2,000
	소계		2,990
	에너지·자원	∘ 안변청년수력발전소 현대화	329
	소계		329
	총 계		**17,764**

출처: 산업은행 내부자료 (단위: 억원)

함흥과 흥남은 북한 내 화학공업의 중심도시로 인근에 장진강·부전강 수계를 활용한 유역변경식 발전설비가 풍부하다. 이에 따라 동 지역 개발을 위해서는 주변 도로망 현대화 및 수력발전소 현대화 등 프로젝트에 1조 2,375억 원의 개발자금이 필요할 것으로 보인다.

함흥·흥남 지역 인프라 개발 프로젝트 내역

지역	부문	프로젝트	금액
함흥·흥남	도로·철도	◦함흥 배후 철도망 현대화 ◦흥남항 배후 도로망 신설 ◦흥남항 배후 철도망 신설	6,660 760 500
	소계		7,920
	항만	◦함흥 선덕공항 현대화 ◦흥남항 현대화	690 1,000
	소계		1,690
	에너지·자원	◦장진강 수력발전소 현대화 ◦부전강 수력발전소 현대화	1,762 1,003
	소계		2,765
	총 계		**12,375**

출처: 산업은행 내부자료 (단위: 억원)

동해권의 지역 인프라 개발 프로젝트 종합

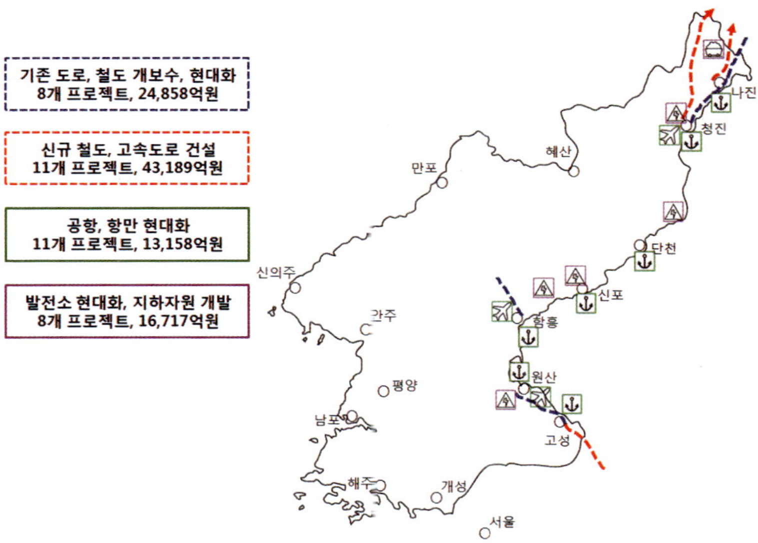

출처: 산업은행 내부자료

북한지역 5개 산업도시 개발 소요자금 추정

<table>
<tr><th rowspan="10">산업단지</th><th colspan="3">구분</th><th>면적(km²)</th><th>개발비용(억원)</th><th>비고</th></tr>
<tr><td rowspan="5">서해권</td><td rowspan="2">개성</td><td>2단계</td><td>6.6</td><td>3,710</td><td rowspan="2">현대아산의 개성공업지구 개발계획 참조</td></tr>
<tr><td>3단계</td><td>16.5</td><td>9,275</td></tr>
<tr><td colspan="2">신의주</td><td>10</td><td>3,060</td><td>황금평, 비단섬 제외</td></tr>
<tr><td colspan="2">남포</td><td>30</td><td>4,560</td><td>평양 남부지역 포함</td></tr>
<tr><td colspan="2">소계</td><td>63.1</td><td>20,605</td><td></td></tr>
<tr><td rowspan="3">동해권</td><td colspan="2">나선</td><td>10</td><td>2,370</td><td></td></tr>
<tr><td colspan="2">원산</td><td>6.6</td><td>2,280</td><td></td></tr>
<tr><td colspan="2">소계</td><td>16.5</td><td>4,650</td><td></td></tr>
<tr><td colspan="3">총 계</td><td>79.7</td><td>25,255</td><td></td></tr>
</table>

출처: 산업은행 내부자료

북한지역 5개 산업도시 내 산업단지 입주기업수 및 시설·운영자금 추정

<table>
<tr><th rowspan="11">산업단지</th><th colspan="3">구분</th><th>예상 입주기업수(km²)</th><th>시설·운영자금(억원)</th></tr>
<tr><td rowspan="6">서해권</td><td rowspan="3">개성</td><td>1단계</td><td>300</td><td>10,740</td></tr>
<tr><td>2단계</td><td>500</td><td>17,900</td></tr>
<tr><td>3단계</td><td>1,000</td><td>35,800</td></tr>
<tr><td colspan="2">신의주</td><td>800</td><td>28,640</td></tr>
<tr><td colspan="2">남포</td><td>2,400</td><td>85,920</td></tr>
<tr><td colspan="2">소계</td><td>5,000</td><td>179,000</td></tr>
<tr><td rowspan="3">동해권</td><td colspan="2">나선</td><td>800</td><td>28,640</td></tr>
<tr><td colspan="2">원산</td><td>500</td><td>17,900</td></tr>
<tr><td colspan="2">소계</td><td>1,300</td><td>46,540</td></tr>
<tr><td colspan="3">총 계</td><td>6,300</td><td>225,540</td></tr>
</table>

출처: 산업은행 내부자료

한편, 북한지역의 주요 유망 입지에 대규모 산업단지를 중심으로 한 산업도시를 개발할 필요가 있다. 이러한 산업도시가 위치할 5개 유망 입지는 중단된 개성공단 2·3단계 확장, 중국·러시아와 인접해 있어 잠재력이 풍부한 신의주와 나진·선봉 특구, 서해안과 동해안의 주요 항구로서 김정은 집권 이후 가장 개발이 활발한 남포와 원산지역 등을 의미한다. 현대아산의 개성공업지구 개발계획을 바탕으로 추정한 산업단지 및 배후 도시지역 면적에 개성공업지구 1단계 개발에 소요된 자금을 적용하여 산정할 경우, 5개 산업도시의 면적은 79.7㎢이며 개발비용은 총 2조 5,255억 원으로 추정된다.

상기 추정한 산업도시 개발 소요자금은 부지 정비와 함께 전력·통신·상하수도 설비, 단지 내 도로 및 지원시설 등의 건설 비용을 포함하며 산업단지에 입주할 공장의 건물 및 기계·기구 등은 제외한다. 부지 및 인프라 구축 이외에도 상기 5개 산업도시의 산업단지 공장 건설 및 운영을 위해서는 추가적으로 22조 5,540억 원[3]의 비용이 소요될 것으로 예상된다.

유형별 재원조달 방안

한국의 일반적 도시개발사업은 '도시개발법'에 의거하여 진행되는데, 동 법은 '국토계획법'상의 도시계획사업을 실현하는 가장 기본적인 수단[4]이다. 도시개발사업은 다양한 용도 및 기능의 단지나 시가지 조성을 목적으로 추진되며, 개발되는 도시의 유형은 주거, 상업, 업무, 관광 등 특정 목적을 위한 단일형과 복수의 목적이 결합된 복합형으로 구분된다. 도시개발사업의 실시 주체는 특별시장, 광역시장, 도지사 및 인구 50만 이상 도시의 시장이며, 동 자치단체장의 결정에 의해 도시기본계획을 바탕으로 도시개발구역을 지정하여 사업을 추진하게 된다. 다만, 국가시행사업이거나 또는 공공기관이 국가계획과 밀접한 30만㎡ 이상의 사업을 국가에 제안하는 경우 등은 국토교통부장관이 주체가 되어 도시개발구역을 지정한다.

국내 도시개발사업의 재원조달은 사업을 시행하는 해당 지자체의 보증을 바탕으로 국내 금융권이나 외국계 은행의 PF 투자를 통해 이루어지는 방식이 기본적이다. 대규모 도시개발사업의 경우에는 건설사업자의 참여 촉진 및 이윤 공유 등의 측면에서 해당 사업을 수주한 건설사의 자금이 투자되는 경우도 있다.

예컨대, 2020년 개시된 '구리 한강변 도시개발사업'은 구리시장의 결정으로 구리시 토평동 일원 150만㎡에 스마트시티를 조성하는 것으로서 총사업비가 3.8조 원으로 추산되었다. 동 사업을 위해 산업은행이 주간사가 되어 유진투자증권, 카카오엔터프라이즈, 한국토지신탁, 유진기업이 투자자로 참여하며, 대우건설, 포스코건설 등 건설사 4개사, 통신설비 공급사인 KT 및 전략적 협력사인 삼성전자 등 시행사도 공동으로 투자에 참여하는 구조로 짜여졌다.

국내 도시개발사업이 민간 PF를 통해 재원조달이 가능한 첫 번째 이유는 우선 상업성이 기대되는 도시개발사업을 통해 이윤을 확보하고 리스크를 분산하고자 하는 투자 수요가 존재하기 때문이다. 이를 바꿔 말한다면, 상업성을 기대하기 곤란한 도시개발사업은 장기간 사업수행이 지연되거나 실패할 수도 있다는 것을 의미한다. 상기 '구리 한강변 도시개발사업'은 당초 2007년 월드디자인시티(GWDC) 조성사업으로 시작되었으나 당초 기대되었던 맥쿼리 등 외국인 투자자 유치에 실패하면서 2020년 6월에 폐기되었고 그 직후에 본건 사업으로 재

구리 한강변 도시개발사업

NEWSPIM
[자료=구리도시공사]
[그래픽=홍종현 미술기자]

사업위치	경기 구리시 토평동, 수택동 일원
사업면적	약 149만8000㎡(45만3000평)
사업기간	2020~2027년(예정)
개발방식	도시개발법 제21조 수용 또는 사용 방식
사업방식	도시개발법 제11조 제1항 제11호에 의한 민·관 공동사업
향후 계획	
2021년 하반기	다른 법인에 대한 구리도시공사 출자 확정 특수목적법인 설립
2022년 하반기	개발제한구역 해제 및 도시개발구역 지정
2023년 하반기	도시개발사업 실시계획 인가
2024년 상반기	공사착공

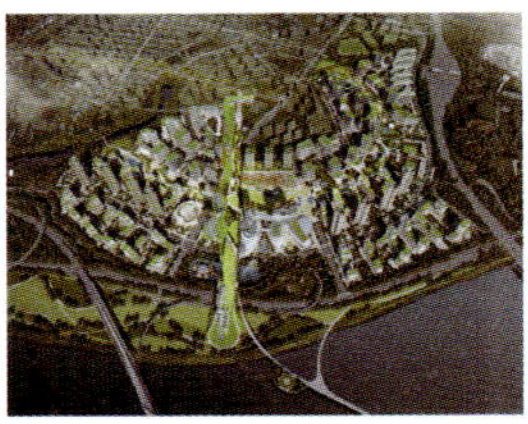

출처: 경향신문(2020.11.24자) "구리 한강변 도시개발사업, 산업은행 컨소시엄 우선 협상 대상자", 뉴스핌(2021. 10. 28. 자) "구리시 한강변 도시개발사업"

출발한 이력을 갖고 있다.

두 번째 이유는 국내 금융권의 PF 사업 경험 축적으로 금융주선 및 주간 관련 능력이 향상되었으며, 관련 인력풀도 풍부해졌기 때문이다. 국내 최초 PF 사례인 1994년 1.3조원 규모의 신공항고속도로 건설사업을 시작으로 2023년까지 30여 년간 다양한 인프라·부동산 PF 사업이 진행되어왔으며, 국내 부동산 PF 대출잔액 규모는 2005년 말 24.8조 원에서 2022년 말 130조 원으로 증가하였다.[5] 또한, PF 업무를 주요 사업 분야로 다루는 증권사를 비롯하여 은행, 보험, 제2금융권 등에 PF 본부 및 팀이 다수 조직되었으며, 산업은행의 경우 PF 본부에 3개 부서 70여 명의 전문인력이 근무하고 있다.

마지막으로는 국내 금융자산의 축적으로 PF 등 투자금융(IB) 분야에 참여 가능한 금융 재원이 증가한 것도 원인으로 들 수 있다. 2021년 말 기준 국내 금융자산은 2경 291조 원으로, 국내 토지자산 1경 680조 원의 약 두 배 수준에 달하는 규모이다.

한편, 빈곤 국가인 북한과 통일한 이후 통일 한국의 경제적 수준이 개도국 수준으로 격하되지 않을 것이라고 가정한다면 해외 개발도상국 개발을 위한 국제금융지원 방안을 통일 이후 북한지역 개발에 어떻게 적용할 것인지는 논의의 대상에서 제외될 것이다. 다만, 통일 이전에 북한 내에서 시작된 국제개발협력사업이 통일 이후까지 지속된다면, 그 방식의 특징을 이해할 필요는 있다. 자본이 풍부한 한국 등 선진국과는 달리 자본이 부족한 개발도상국의 도시개발사업은 일반적으로 선진국 정부 및 국제금융기구를 통한 비상업성 ODA를 통해 협력하는 방식으로 수행된다. 특히, 최근 들어 DEG(독일), JBIC(일본), KEXIM(한국) 등 선진국의 개발금융기관이 정부의 비상업성 ODA와 연계하여 지분투자 및 대출 등을 통해 상업성 PF를 실시하는 혼합금융

(Blended Finance) 방식을 채용하는 경향이 증가하고 있다.[6]

혼합금융 방식을 적용한 개발도상국 도시개발사업 인프라 프로젝트의 예시로서 한국 정부의 EDCF 자금이 지원된 베트남 틴롱지역 교량 건설 및 발전소 건설사업을 들 수 있다. 동 사업은 한국 정부로부터 지원받은 EDCF 자금을 베트남 정부가 한국의 한신공영에 발주하여 틴롱지역의 교량 및 연결도로를 건설하고, 동 건설사업의 결과 도로 인프라 접근성이 확보된 남딘지역에 민간PF 방식으로 5.5억 달러를 조달하여 1,200MW급 화력발전소를 건설하는 사업이다. 발전사업을 담당하는 시행사는 한국의 태광산업과 사우디아라비아의 발전사업자인 Acwa Power社 자본금을 출자하며, 대출금 17.4억 달러는 한국수출입은행과 무역보험공사가 제공한다. 현재 교량 및 연결도로 건설사업을 종료하고 발전소 건설을 진행중에 있다.

이와 같은 재원조달 방식 유형을 통일 이전 단계의 북한 도시개발사업에 적용한다면, 이는 본질적으로 현재의 개발도상국 개발에 한국이나 국제사회가 참여하는 방식과 동일한 형태가 될 수밖에 없다. 즉, 북한 비핵화 등 여건이 완전히 갖추어진다는 전제로 한국 정부나 국제기구는 비상업성 ODA를 북한의 도시개발사업을 위해 제공하고, 이

베트남 틴롱지역 교량건설 및 발전소 건설 혼합금융 사례

출처: 수출입은행, 한신공영

를 바탕으로 한국이나 여타 선진국의 개발금융기관이 혼합금융 형태로 민간재원과 연결하는 방식이다. 특히, 향후 북한과 정치·경제적 이익을 공유할 수 있는 파트너 국가를 중심으로 통일전 북한 도시개발사업에 참여할 것으로 예상된다. 예상되는 파트너 국가인 한국·미국·중국·일본은 현재도 개도국을 대상으로 ODA 사업을 활발하게 진행하고 있으며, 산업은행·수출입은행(한국), 국제개발금융공사(DFC, 미국), AIIB(중국), JBIC(일본) 등 해당국이 보유한 개발금융기관을 통해 혼합금융 제공이 가능하다는 장점을 보유하고 있다.

이러한 방식을 적용할 경우 파트너 국가의 ODA는 형식적으로는 북한 당국에 제공되지만, 실질적으로는 동 국가의 시행사와 ODA 자금을 의무적으로 연결하는 Tied-Up 조건을 붙이는 것이 일반적이다. 이 경우 ODA 재원은 파트너 국가 정부의 일반예산으로 북한에 제공되며, 북한이 동 재원을 다른 분야에 전용할 수 없도록 국제기구나 중립적 금융기관에 자금을 신탁하여 집행을 위탁하기도 한다.

이에 덧붙여, 북한지역 도시개발사업 자체로 사업성 확보가 곤란하여 민간자금 동원이 어려울 경우에는 북한의 풍부한 광물자원 개발권과 연계한 혼합금융 기법을 활용하는 방식도 생각해볼 수 있다. 한국은 2004년부터 '제2차 해외자원개발 기본모델'을 수립하여 이와 유사한 '패키지형 자원개발모델'을 채용하고 있다. 이는 자원보유국이 필요로 하는 경제개발 경험을 제공하거나 에너지 인프라 및 SOC 건설을 지원하는 대신 한국이 필요로 하는 자원을 확보하는 연계개발 모델이다. 마다가스카르, 이라크 쿠르드족 자치구, 민주콩고공화국 등에서 프로젝트가 제안된 후로 아직 실질적 결과물은 없으나, 향후 북한 도시개발사업 모델로 활용할 수 있을 것으로 보인다.

한편, 통일 이후의 북한지역 도시개발사업은 본질적으로 현재 한국

주요 패키지형 자원개발모델 사례

국가	업체명	프로젝트	규모 (억 달러)	내용
마다가스카르	광업진흥공사, 우인터내셔널, 경남기업, STX	암바토비 니켈 광산 개발사업	40	발전소 등 인프라 건설사업과 니켈광산 개발 연결
나이지리아	석유공사, 전력공사, 대우조선해양, 포스코건설 등	해양유전개발과 발전플랜트 건설사업	47	2개 해상광구 개발과 연계하여 225만kW 규모 발전소 및 가스관로 건설
이라크 쿠르드 자치구	석유공사, 쌍용건설, 현대건설 등	쿠르드 오일 및 인프라 개발	100	8개 탐사광구 제공, 발전소·상하수도 등 SOC 건설
우즈베키스탄	가스공사, 호남석유, STX에너지 등	수르길 가스전 개발 및 가스화학플랜트 연계사업	40	수르길 가스전 개발권과 가스화학플랜트 건설 연계
민주콩고	ARK, 수자원공사, 광물자원공사	민주콩고 바나나항 개발협력	5	일반부두 3선석, 컨테이너부두 2선석, 항로준설과 자원개발 연계
	수자원공사, 광물자원공사	수자원과 광물자원 연계	7.5	콩고 코니댐 및 와딩구사 수력발전댐 건설과 구리·코발트 등 광물자원 개발 연계
	태주종합철강, 현대건설, 코오롱, 농어촌공사, 지오제니 등	정수장 및 상하수도사업 연계 자원개발	27	킨샤샤 정수장 건설을 대가로 무소쉬 구리광산 채굴권 확보

출처: 「자원개발 연계 해외건설시장 진출전략과 과제」(국토연구원, 2010)

의 국내 도시개발 방식인 국토개발계획 수립 및 시행과 다르지 않을 것으로 보여진다. 한국은 현재 최상위 국토공간계획으로 '제5차 국토종합계획(2020~2040)'을 수립하고 5년 단위의 국토종합계획 실천전략을 통해 이를 수행하고 있다. 국토종합계획 실천전략에서 제시된 재원은 국비 및 지방비를 기본으로 하되, 민자 연계가 가능한 사업은 민간재원 투자를 수용하도록 구성되어 있다. 따라서 북한지역의 행정권이 한국으로 일체화되는 통일 이후를 상정한다면, 북한지역을 포함하는 한반도 전체에 대한 국토종합계획이 다시 수립되고 이를 뒷받침하는 실천전략 책정이 필요하다.

다만, 예산을 통해 충분히 개발 재원조달이 가능한 현재 상황과는 달리 통일 이후에는 예산 부족이 매우 심각해질 것으로 예상되며, 이를 보완하기 위한 민간재원 투자 유도 차원의 적극적인 유인책이 필요해질 것으로 전망된다. 이와 같은 유인책으로는 북한지역 토지에 한하여 이의 개발을 추진하는 민간사업자의 토지 수용권 집행 권한을 강화하여 신속한 개발을 도모하는 방안과 현재 최대 70%까지 적용되고 있는 개발이익환수제의 제한적 적용 및 폐지를 통해 수익률을 높여 모험자본의 북한지역 개발 참여를 촉진하는 방안 등을 생각해볼 수 있다. 그러나 이러한 개발이익이 일정 수준을 초과할 경우에는 동 수익을 북한지역 인프라 투자에 의무적으로 투입하도록 하거나 이를 재원으로 하는 보험 성격의 기금을 조성하여 여타 북한지역 도시개발사업에서 발생하는 손실을 보전하는 제도적 보완도 필요할 것이다.

재원조달 체계 및 방식

앞서 언급한 바와 같이 통일 이전의 북한지역 도시개발사업을 위한 재원조달 체계는 현재의 개발도상국 대상 협력방식과 동일하다. 향후 비핵화 등 여건이 조성된다면, 북한 당국은 한국·미국·중국·일본 등 예비 파트너 국가 또는 세계은행·ADB 등 국제금융기구가 지원하는 비상업성 ODA를 활용할 수 있을 것이다.

특히, 한국은 개발도상국을 대상으로 하는 EDCF 기금이 아니라 남북협력기금 등 북한을 대상으로 하는 특별예산을 통해 ODA를 실시하게 된다. 한국 정부는 남북협력기금을 증액하거나, 일반예산에서 할당하여 별도의 전용기금을 조성할 것이다. 만일 장기적으로 북한에 대한 신뢰가 구축되는 경우에는 북한 당국이 발행하는 채권을 한국 혹은 국제금융시장에서 판매하여 재원을 직접 조달하는 방식도 기대할 수 있다. 이 경우 한국 혹은 한국의 공공금융기관이 북한 당국이 발행하는 채권을 보증하는 방식으로 북한의 예산 확보 지원이 가능하다.

또 다른 예를 들자면, 일본국제협력은행(JBIC)은 ASEAN 소속 국가가 도쿄 금융시장에서 엔화로 사무라이본드를 발행하는 경우 5천억 엔을 한도로 신용보증을 지원하는 제도를 운영하고 있다. 이와 관련하여 JBIC은 2013년 몽골개발은행이 발행하는 300억 엔 규모의 사무라이본드에 대하여 95%의 신용보증을 제공한 사례도 있다. 그리고 유럽투자은행(EIB)은 현금이 부족한 빈곤국이 자연보전 사업 추진을 위해 신규 자금을 필요로 할 때 기존 부채를 탕감하거나 단기채무를 저리의 장기채무로 전환하기 위한 신용보증을 제공하는 '환경-채무스왑(Debt for Nature Swaps)' 제도를 도입하고 있다.

만일 북한이 한국이나 국제금융시장에서 위와 같은 보증을 통해 대출 및 상환을 수차례 수행하여 민간투자자들로부터 일정 수준의 신용도를 축적하는 경우에는 정부 및 공공금융기관의 보증 없이 상업 base로 자금조달을 할 수 있을 것으로 기대된다. 이 경우 북한이 축적한 예금·외화 등 금융자산을 한국이나 외국의 증권사나 금융기관이 인수하고, 동 자산을 바탕으로 유동화된 자산운용상품을 개발하여 민간에 판매하는 방식을 고안해 볼 수 있다. 북한이 제공한 금융자산과 연동된 자산운용상품은 리스크 분산을 위해 발행기관이 자체적으로 크레딧스왑을 실시하거나, 환율변동 리스크 보강을 위한 통화스왑을 통해 수익률을 조정한다. 위에서 예시한 한국 등 정부 보증부 채권이 대규모 기관급 고객을 상대로 하는 금융상품이라면, 금융자산 연동 자산운용상품은 분할판매가 용이하여 소규모 개인투자자를 대상으로 하는 금융상품의 포지션을 확보할 수 있을 것으로 보인다.

참고로 2017~2019년간 몽골개발은행이 한국 금융시장에서 개인투자자를 상대로 자금을 조달한 사례가 존재한다. 라이노스자산운용은 몽골개발은행이 발행한 양도성예금증서(CD)를 기본자산으로 구성한 0.8억 달러 규모의 펀드를 국내 금융시장에서 개인 고객을 상대로 판매한 바 있다. 몽골개발은행이 주간사인 라이노스자산운용 앞 만기 6개월의 투그릭화 CD를 발행하고, 라이노스자산운용은 동 CD 94.2%와 국민은행 CD 5.8%를 편입하여 투자신탁을 조성하였다. 라이노스자산운용은 이 투자신탁을 수익증권 방식으로 유동화하여 유진투자증권에 판매를 위탁하였으며, 한국의 개인투자자는 유진투자증권을 통해 만기 6개월, 수익률 3.85%의 수익증권을 구입했던 방식이다. 만기 도래 시 몽골개발은행은 CD를 상환하여 주간사를 통해 개인투자자에게 수익금을 정산하였으나, 실제로는 동일한 상품을 같은 구조로 계속 차환발행하여 자금을 지속적으로 조달하였다.[7]

통일 이후에는 현재의 국토종합계획 실천을 위한 업무방식과 동일한 재원조달 체계가 유지될 것으로 예상된다. 한국 정부 예산의 경우 대규모 개발사업은 국비, 지역 단위 개발사업은 지방비를 통한 예산조성 체계가 적용되나, 북한지역 지자체의 경우 충분한 지방비 수입을 기대하기 어려우므로 지방재정교부금의 형태로 사실상 국비가 예산재원의 대부분을 차지할 것으로 보인다.

해외 협력국 및 국제기구는 통일 한국의 대외 위상 및 높은 1인당 국민소득을 고려할 때 개도국과 같은 비상업성 ODA의 제공은 사실상 불가능하다. 다만, 정치적 영향력 투사를 사업의 우선순위로 고려하는 AIIB가 통일 이후의 북한지역 도시개발사업에 대한 투자 의사를 표명할 가능성도 있으나 한국 정부의 수용 가능성은 낮을 것으로 예상된다.

민간재원의 경우 현재도 투자 대기수요가 매우 크다는 점을 고려할 때, 적절한 사업성을 갖춘 도시개발사업에 대해서는 민간자금을 통한 재원조달 가능성이 충분하다고 보여진다. 다만, 통일 초기에는 민간재원 유도를 위한 우대조치 적용이 필수적이지만, 성숙기에 접어들어서는 舊남한지역 역차별 등을 고려하여 동일한 조건으로 우대조치를 줄여나갈 필요가 있다. 국제투자자금의 경우 현재도 동일한 시장조건하에서 국내자금과 동일한 위치에서 경쟁하고 있다는 점을 고려하면, 통일 이후 성숙기에 도달할 때 해외 IB를 통한 참여 가능성은 충분히 클 것으로 보인다.

통일 이후의 북한지역 도시개발 재원조달 방식은 한국 정부 예산, 정책금융기관을 통한 정책자금, 국내외 민간투자재원 등으로 구분된다. 우선, 한국 정부 예산은 통일 이후 국토교통부에 할당된 일반예산을 활용하는 것이 원칙이다. 경기도·강원도 등 접경지역 지자체의 경우 인접한 북한지역 지자체와 연계개발을 위해 지방비 예산을 투입하는 사례도 발생할 수 있다. 이러한 점 등을 고려한다면, 통일 이전 북한지역 도시개발 협력에 사용되었던 남북협력기금을 통일 이후 개편하여 북한지역 개발 목적으로 사용하는 특별예산으로 별도 편성함으로써 장기적 개발사업 추진을 원활하게 하는 수단으로 활용하는 방안도 고려해볼 필요가 있다.

정책금융기관 정책자금의 경우, 북한지역 도시개발사업과 연관성이 있는 정책자금 담당 기관 가운데 업무위탁형 공공기관인 토지주택공사, 관광공사, 농어촌공사, 산업단지공단 등은 북한지역 도시개발, 산업단지개발 및 농업지구 조성·운영사업 등에 직접 참여할 수 있을 것이다. 예컨대, 토지주택공사는 북한지역 도시개발을 위한 토지·인프라 조성사업, 관광공사는 관광개발구 등 유망 관광지 개발사업, 농어촌공사는 농업지구 조성·운영사업, 산업단지공단은 산업도시·산업단지 조성·운영사업 등에 참여하는 것이다. 한편, 산업은행 등 시장형 정책금융기관은 상기 북한지역 도시개발사업에 직접 참여하는 공공기관에 대해 자금을 지원하여 예산부담을 축소하는 방식으로 기여할 수 있다. 또한, 정책금융기관은 민간사업자의 북한지역 도시개발사업 참

PF사업 추진시 검토되어야 할 5대 위험요소

구분	내용
정치적위험	전쟁, 정권교체 등 PF사업 대상국의 정치 변동에 의해 발생하는 위험
출자자위험	PF사업에 참여하는 출자자의 파산 등에 따라 PF사업에 자금이 부족해지는 위험
시장위험	PF사업 관련 제도 변경이나 요금제도 등 사업 수익 창출구조의 변화에 따라 발생하는 위험
운영위험	PF사업 운영자의 실책으로 PF사업이 원활하게 이루어지지 않는 위험
건설위험	건설사 부실시공 등 PF사업 대상물의 건설 과정에서 발생하는 위험

출처: 필자 작성

여를 촉진하기 위한 별도의 정책자금(가칭 '북한지역 개발사업 지원자금')을 조성하는 방식도 고려할 필요가 있다.

국내외 민간투자재원은 기본적으로 현재의 PF 방식과 유사한 방식이 적용되나, 민간재원 투자를 유도하기 위한 다양한 유인책이 제도화될 것으로 기대된다. 통일 이전에는 정치적 위험 및 시장위험이 PF 사업 추진에 가장 큰 장애가 될 것으로 예상되나, 통일 이후에는 한국 정부의 행정력이 북한지역에 미치며 한국에서 시행되는 제도가 북한지역에도 적용되기 때문에 정치적 위험과 시장위험이 극적으로 개선되기 때문에 예상하지 못한 리스크가 발생할 가능성은 매우 낮아진다. 따라서, 수익성을 높이기 위해 타 인프라사업 우선개발권 부여, 주변토지 이용권 부여 등 패키지 개발권을 제공하거나 수익성 낮은 사업에 대한 최소수입보장제(MRG) 적용 등 북한지역 도시개발사업에 대한 차등화된 보완장치 마련이 필요하다.

재원조달을 위한 참여자별 역할

한국 정부가 통일 이후 북한지역 도시개발사업 재원조달을 위해 수행해야 할 가장 큰 역할은 투자환경 정비 및 재정적 지원이다. 특별채권 발행 및 증세, 군사비 등 예산비목 재조정을 통해 예산 확보에 주력하는 한편, 민간재원 유치 확대를 위한 인센티브 마련 및 이의 제도화와 출자자에 대한 투자세액 공제 등 세제 혜택을 부여할 필요가 있다. 또한, 전용 신규기금(가칭 '북한지역 개발사업 지원기금) 설치, 관광진흥기금·환경개선지원기금·정보통신진흥기금 등 기존기금의 적용 범위 확대 등도 추진해야 한다.

공공기관의 경우 북한지역 도시개발사업에 직접 참여하거나 정책자금을 공급하는 역할을 담당해야 한다. 토지주택공사, 관광공사, 농어촌공사, 산업단지공단 등 업무위탁형 공공기관은 담당 분야에서 북한지역 도시개발사업에 직접 참여한다. 중소벤처기업진흥공단, 산업인력공단 등 관리형 공공기관은 기관의 관리기금 중 일정 비율을 북한지역 사업 전용으로 분리·운영하여 적극적인 지원을 실시한다. 산업은행 등 정책금융기관은 국내자금 조달, 은행단차관(신디케이션)·해외채권발행 등 외자조달을 통해 재원 확보에 집중하는 한편, 가칭 '북한지역 개발사업 지원기금' 등 전용 정책기금 조성시 동 기금의 운용·관리 수탁 기관 역할도 수행해야 한다.

민간투자자·금융기관의 경우 금융시장에서 민간자본을 유치하여 상업성 확보가 가능한 도시개발사업 및 인프라 프로젝트의 재원으로 공급한다. 이 경우 국제적 IB를 통해 직접대출이나 개발금융기관 등 대표 차주를 통한 신디케이션의 형태로 실행될 가능성이 높다. 다만, 신디케이션의 경우 대표차주의 신용도, 환율 리스크, 거치기간·상환기간 등 차관의 기간구조, 조달 side의 기준금리 변동 리스크 등 조건이 구조화되어 있어 여타 재원조달 수단에 비해 정책적 고려가 반영될 여지가 매우 적다는 점을 유의할 필요가 있다.

마지막으로 국제기구의 경우 통일 이후 단계에서는 비상업성 ODA의 지원은 곤란할 것으로 보인다. 통일 이후에도 한국은 1인당 국민소득이 높아 공여국 지위를 여전히 유지할 가능성이 크기 때문이다. 반면, 한국 정부나 개발금융기관 등 정부계 사업자가 추진하는 혼합금융 프로젝트에 메자닌 파이낸스 등 상업성이 가미된 성격의 재원 출자 및 대출은 가능할 것으로 예상된다. 한편, DEG(독일), JBIC(일본), AIIB(중국) 등 일부 선진국 개발금융기관의 경우 정치적 입장 등을 고려하여 통일 한국의 도시개발 프로젝트에 참여하거나, 북한지역에 조성되는 국제공동특구에 투자·보증 등의 형태로 참여할 가능성도 존재한다.

추가적 고려사항

본 연구에서는 통일상황에서 요구되는 북한의 도시지역 개발 프로젝트와 그 소요자금 규모를 지역별·종류별로 살펴보았다. 뒤이어 도시개발을 위한 일반적인 재원조달 방안을 세 가지 유형으로 나누어 사례와 함께 서술하였으며, 이러한 유형별 재원조달 방안을 기초로 하여 통일 이전 단계와 이후 단계에 적용할 수 있는 재원조달 체계와 재원조달 방식을 설명하였다. 한편 이러한 재원조달 방안을 실제로 수행하는 정부, 공공기관, 민간, 국제기구 등 참여 주체들이 각각 어떤 역할을 담당해야 하는지에 대해서도 정리하였다.

그 결과, 통일 이전에는 개도국 협력사례와 유사한 방식이 적용될 것으로 예상되며, 통일 이후에는 현재 한국의 도시개발을 위한 재원조달 방식의 확대적용이 예상된다. 다만, 최근 증가하고 있는 혼합금융 방식을 적용한 재원조달이 여러 장점을 가지고 있어 통일 이후 단계에서 더욱 적극적으로 활용될 것으로 기대되며, 이를 위해서는 민간재원을 유도하기 위한 인센티브가 더 적극적으로 도입될 필요가 있어 보인다.

이와 같은 결론을 고려할 때, 통일 이후 예상되는 막대한 재원조달 필요성을 감안하여 사전에 정부재정투입 및 민간재원 유치 방안에 대한 사전적 연구·검토가 필요하다. 특히, 북한지역 도시개발사업에 대한 재원투입 효과를 명확히 하여 납세자·투자자의 이해를 높이는 등 준비작업을 광범위하면서도 면밀하게 추진해야 한다. 한편, 북한지역 개발에 대한 민간투자 활성화를 위해 도입될 인센티브의 경우, 이를 남한지역에도 적용해야 한다는 '상대적 소외론'이 부상할 것으로 예상됨에 따라 이에 대한 보완책을 강구할 필요가 있다. 예컨대, 특별법 제정을 통해 북한지역 개발에 따르는 인센티브는 10년 등 일정 기간 이후에는 자동 소멸하는 조항을 도입하여 형평성 시비를 차단할 필요가 있다. 그 밖에도 본 연구에서 논의된 북한지역 도시개발사업을 전담할 개발금융기관을 설립하거나, 기존 개발금융기관의 업무영역을 확대하는 등 원활한 재원조달을 위한 전담기관을 준비하며 동 기관의 업무능력을 사전에 향상시킬 필요가 있다.

주석 및 참고문헌

| 주석 |

PART 1. 북한도시의 발전사

01 북한도시의 과거와 현재

1 이에 따라 본 원고는 주로 일제강점기(1910~1945년)와 체제형성기(크게 1945~1950년, 1951~1953년, 1953~1950년대 후반으로 분류 가능)의 북한 전역을 대상으로 관련 내용을 조사하였지만, 넓게는 현재 김정은 시기에 진행된 정책 변화까지 다룬다.

2 체제형성기 김일성을 비롯한 북한 정권의 정치적 활동에 대한 학술적 평가는 서대숙, 와다 하루키, 찰스 암스트롱의 연구결과가 대표적이며, 여기서는 주로 <찰스 암스트롱, 2006, 북조선 탄생, 서해문집>의 내용을 참고하였다.

3 체제형성 과정에서 자발주의 등 이념의 강조, 국가권력의 세습, 엄격한 사회위계의 재구성 등

4 자세한 내용은 <찰스 암스트롱, 2006, 북조선 탄생, 서해문집> 참고

5 찰스 암스트롱, 2006, 북조선 탄생, 서해문집, p.121

6 찰스 암스트롱, 2006, 북조선 탄생, 서해문집, p.263

7 새로운 정권으로부터의 토지 수혜를 통해 정치적으로 농촌에서 광범위한 지지기반을 확보하는 것. 농민의 생산의식을 고취시켜서 경제적으로 농촌 생산성을 향상시키고 이것을 공업발전을 위한 수단으로 활용하는 것 등을 들 수 있다.

8 자세한 내용은 <김민아, 2014, 일제강점기 평양부 토지구획정리사업의 환지방식에 관한 연구, 대한건축학회 논문집 통권 314호> 참고

9 자세한 내용은 <남성욱, 2016, 현대 북한의 식량난과 협동농장 개혁, 한울아카데미> 참고

10 자세한 내용은 <김민아, 2019, 북한의 농촌 공간계획의 특징에 관한 연구, 한국농촌건축학회 논문집 통권 75호> 참고

11 김일성 전집 4 (1992년 발행), 국영기업을 계획적으로 관리, 운영하기 위하여, 각 도인민위원회 산업부장 및 국영기업소 지배인 회의에서 한 연설, p.435

12 (1) 생산력(공업입지)을 원료 및 연료 원산지, 제품 소비지에 접근시킬 것, (2)

지역 간 분업 달성이 가능한 공업 배치, (3) 공업 기업 및 교육문화기관의 균형적 배치, (4) 사회주의 진영 내 여러 국가와 국제적 분업 발전, (5) 국방을 고려한 공업 배치

13 경인선(1900년), 경의선(1906년), 경부선(1908년), 호남선(1914년), 경원선(1914년) 등

14 김두얼, 2019, 북한과 동북아 경제, 네트워크 개발 전략, I. 북한의 철도 건설, 1900-2015: 산업화와 장기 경제 침체에 대한 함의, 도서출판 이조, p.32

15 木村光彦 저, 김현숙 옮김, 2001, 북한의 경제, 혜안, p.212

16 그 결과로 1925년에는 총 12개의 시(市), 부(府)가 승격되어 1930년에는 도시인구 비율이 5.6%를 기록하였고(경성, 인천, 군산, 목포, 대구, 부산, 마산, 평양, 진남포, 신의주, 원산, 청진), 이후 1944년에는 총 21개 시(市), 부(府)가 승격되어 도시인구의 비율이 13.2%로 증가하였다(대전, 전주, 광주, 진주, 개성, 해주, 함흥, 나진, 청진 추가 승격).

17 이 과정에서 행정적 효율성을 강조하면서 계획 입안권, 결정권, 집행권이 모두 총독부에게 집중된 하향식 개발을 시행하여 일본 본토에 비해 원주민에게 불리한 개발방식을 따른 것은 한계로 남는다.

18 1944년 북한의 도시화율은 10.6%, 남한의 도시화율은 12.3% 이다. (고성호, 1996, 북한의 도시화 과정과 특징, 통일문제연구 통권 제25호, p.143 참고)

19 CIA가 최근 갱신한 '월드 팩트북'에 따르면 2022년 북한의 도시화율은 62.9%이다.

20 여기에는 소련에서 건축교육을 받은 건축가 김정희(金正熙) (1921.7.9 ~ 1975.11.2)가 중요한 역할을 한 것으로 알려져 있다. 그는 스탈린 시기에 소련에서 도시계획 교육을 받았으며, 당시 그가 학습한 도시계획 방식은 유럽 보자르 전통의 장엄함을 강조하는 방식으로 알려졌다.

21 이것은 1960년대 평양시 개발의 기본방향과 내용에서 잘 드러난다. 당시 발표한 기본 방향은 (1) 국제표준도시화, (2) 사회주의 모범도시 건설, (3) 김일성 혁명기념 및 우상화이며, 이에 따라 추진된 사업은 (1) 도로확장(가로망 포장 및 정비사업), (2) 도로변 고층 아파트의 집단화, (3) 대규모 문화시설 건설, (4) 김일성 기념물 건조, (5) 외국인 관광객을 위한 편의시설 건설 등이었다. (김원, 2004, 사회주의 도시계획, 보성각, p.254)

22 자세한 내용은 <김종연, 김민아, 정인하, 2021, 한국전쟁 이후 북한 청진의 도시계획에 관한 연구, 대한건축학회 논문집 통권 388호> 참고

23 김정일은 익히 알려진 것처럼 문화예술 분야에 관심이 많았으며, 선군정치를 문화예술에 반영한 선군문화예술을 이끌기도 했다. 이와 같은 맥락에서 김정일의 이름으로 다양한 예술론 저작이 발표되었고 여기에는 건축 예술론(1991년)도 포함된다.

24 동독의 경우 냉전 기간에 인도주의적인 관점에서 사회주의 제3세계와 관계를 맺었는데, 당시 원조 대상에는 북한이 포함되어 함흥 지역의 주택 건설을 포함한 도시재건 사업을 진행하였다. 이에 대한 수용과정 및 결과의 구체적인 내용은 <김민아, 2018, 북한의 주택 소구역 계획에 관한 연구: 1955-1967년 단지계획을 중심으로, 한양대학교 박사학위 논문> 참고

25 흐루쇼프는 스탈린과 달리 공산주의의 미래가 물질적인 것에 있다고 보았고, 공산주의 하에서 인민의 높은 개인 생활 수준 달성을 목표로 정책을 추진했다. 이에 따라 식량문제 해결, 생필품 생산 증가, 대규모 경공업 투자, 연금 지급 확대, 교육 시스템 개혁 등 인민 전반의 삶을 정상화하는 정책이 추진되었고 이것은 소위 흐루쇼프식 근대(Khrushchev modern)라고 불렸다.

26 흐루쇼프 시대의 소비에트 정부는 주거 부족 문제의 심각성을 인지하고 있었고, 1950년대 중반부터 표준화된 건설과 조립공법, 4~5층의 건물 층수, 건축적 과잉의 제거, 한 가족 점유의 평면, 천장 높이의 감소 등의 전략을 세웠다.

27 자세한 내용은 <김민아, 2019, 평양 광복거리 신도시의 단지계획에 관한 연구, 대한건축학회 논문집 통권 372호> 참고

28 자유아시아방송, 2023.2.28, [지금 북한은] 김정은 왜 주택건설에 집착하나 https://www.rfa.org/korean/weekly_program/c9c0ae08-bd81d55cc740/nownk-02282023095329.html

29 토지주택의 국유화, 군 단위 자립경제 유지, 정치선전으로 활용되는 건설분야(도시, 주택) 등

30 김정은 시기 초반(2010년대)에 장마당 활성화, 돈주의 부동산 참여와 같은 사회적 변화와 함께, 경제분야에서 사회주의 기업책임관리제 도입, 경제개발구 계획 발표 등의 정책을 시도하였다. 그러나 2019년 북미정상회담 결렬과 코로나-19 이후 경제제재 하 자력갱생 정면돌파 노선으로 회귀하였다.

02 남북한 도시발전의 특징

1 United Nations, Department of Economic and Social Affairs, Population Division (2018). (https://population.un.org/wup/DataQuery/)

2 남북한 도시화율은 2022년 기준이다. (UN 「https://esa.un.org/unpd/wup, World Urbanization Prospects, the 2018 Revision」, 2021. 12월 기준)

3 피터 홀, 울리히 파이퍼, 『미래의 도시: 21세기 도시의 과제 및 대응전략』, 임창호, 구자훈 옮김, 한울, 2005, 40쪽.

4 위의 책, 211쪽.

5 장세훈, 『냉전, 분단 그리고 도시화』, 알트, 2017.

6 대한국토도시계획학회, 『도시계획론』, 보성각, 2016, 81쪽.

7 이어지는 북한 도시계획의 과제는 "둘째, 근로인민의 편리를 보장한다. 셋째, 위생문화적인 도시건설을 도모한다. 넷째, 아름다운 도시를 건설한다. 다섯째, 형식주의를 반대하고 경제적으로 건설한다. 여섯째, 단계별 계획수립을 위하여 총계획, 세부계획, 순차 및 연차건설계획, 구획설계 등의 세부계획을 둔다"이다. (과학백과사전출판사, 『백과전서』, 평양, 1983, 202쪽; 김현수, 『서울과 평양의 도시계획 이념 및 공간구조 비교』, 서울시정개발연구원, 2004, 11쪽 재인용)

8 북한의 도시체계는 일제 강점기하에서 발달 된 기본 틀을 거의 벗어나지 못하고 있다. 다음 책을 참조. (남영우, 최재헌, 손승호, 『한국의 도시와 국토』, 법문사, 2021, 60쪽)

9 인구이동이 철저히 통제된 북한의 도시개발은 같은 사회주의 도시인 모스크바와도 다른 양상을 보인다. 모스크바의 경우 국가의 통제에도 불구하고 인구 억제 실패, 이에 따른 심각한 주택부족 현상이 나타났다. (김원, 『사회주의 도시계획』, 보성각, 2004, 88쪽.)

10 Kingsley Davis, "The Urbanization of the Human Population," Scientific American, vol.213. no.3, 1965, pp.3-15.

11 남영우, 최재헌, 손승호, 『한국의 도시와 국토』, 법문사, 2021, 60쪽

12 이 기간 전체주의 도시공간 생산을 통한 전체주의 체제의 견고화에 대한 연구는 필자의 다음 논문을 참고하라. (Lee, Sihyo. The making of totalitarian city in Pyongyang: The spatial transition from free to ideology, and for marketization, doctoral thesis in Bauhaus University, 2020.)

13 이상준(2005)은 남북인프라 협력의 기본방향을 1) 효율성과 호혜성의 원칙에 따라 통합적 협력체계 구축, 2) 발전과 조화를 이루면서 단계적으로 추진, 3) 한반도와 동북아의 정치외교적, 경제적 관계변화에 대응해서 추진, 4) 남북한의 사회적 여건을 고려하여 추진으로 제안했다. (이상준, 『남북인프라협력사업의 통합적 추진방안 연구』, 국토연구원, 2005, xiii.)

14 이상준, 『남북인프라협력사업의 통합적 추진방안 연구』, 국토연구원, 2005, ii.

15 1989년 기준 구동서독 GDP는 10.8배인데 비해 2021년 기준 남북한 GDP는 57.7배, 1인당 GDP는 구동독이 2.6배, 남북이 28.4배이다. (김정호, 독일통일 20년의 경제적 평가: 동독경제의 변화를 중 심으로," 사회과학논총, 제27권 1호, 2011, 115쪽.)

16 북한 전문가 설문조사와 계량분석을 통해 남북인프라협력사업 추진방안을 연구한 보고서에 따르면 남북경협관련 10년 이내 1순위로 중요한 인프라협력 분야로 철도(46.7%), 전력(26%), 도로(12.5%)가, 장기적으로 중요한 인프라 1순위는 산업단지(16.7%), 정보통신(15.3%), 항만(15%)이 나타났다. (이상준, 『남북인프라협력사업의 통합적 추진방안 연구』, 국토연구원, 2005, xiv.)

17 이정석, "북한 인프라 유지관리 실태 추정 및 남북수준 비교," 대한건축학회 춘계학술대회논문집, 제37권 1호, 2017, 847-848쪽.

18 야간조도를 활용한 경제상황과 빈곤 분석 연구는 다음을 참조하라. (Ye Ni, Xutao Li, Yunming Ye, Yan Li, Chunshan Li, and Dianhui Chu, "An investigation on Deep Learning approaches to combining nighttime and daytime satellite imagery for Poverty prediction", IEEE Xplore (2022).; Kyoochul Kim, "The North Korean economy seen by satellite: Estimates of national performance, regional gaps based on nighttime light", Journal of Asian Economics, Vo1.78(2022).)

19 Herbert, D.T. and Thomas, C. J., Urban Geography: A first approach, John Wiley & Sons. 1982.

20 구동독 도시(라이프찌히 중심)의 주택관련 도시정책의 성과와 문제점에 대해서는 다음 보고서를 참고하라. (이상준, 벤델린 스튜르벨트, 칼-페터 쉔, 『통일 이후 구 동독의 도시정책과 시사점』, 국트연구원, 2006.)

21 최상희, 최대식, 이종권, 홍성원, 『북한주택 현황조사, 북석연구』, 토지주택연구원, 2015, 67-78쪽.

22 이상준, 이영아, 『통일 이후 북한지역 도시공간구조의 개편 및 도시정책방향에 관한 연구』, 통일연구원, 1998, 41쪽.

23 수도권의 지방도시와 소도시는 청년 고용률이 낮고, 여성과 고령자 비정규직 비율과 빈곤율이 높다. (임석회, 한국 도시의 질적 성장에 관한 연구: 사회적 형평성 논의를 중심으로," 국토지리학회지 제52권 2호, 2018, 235-255.)

24 사센(Saskia Sassen)은 세계 경제의 가장 중요한 흐름은 계속 증대되는 자본의 이동성이며, 특히 제조업 생산의 변화하는 지리 조직의 형태와 급속하게 확산하는 금융시장의 글로벌 네트워크라고 언 급한다. 이는 개발도상국과 선진국 사이의

자본과 기술, 인력의 급격한 이동을 양산하고, 한국에 런 던, 도쿄와 같은 글로벌 금융도시의 발전을 요구하고 있다. (사스키아 사센, 『세계경제와 도시』, 남기 범 외 역, 푸른길, 2016.)

25 이수행은 남한 도시화 과정의 문제로 급격한 도시화와 도시과밀 현상, 교외화에 따른 녹지 훼손, 수 도권 외곽의 기존 시가지 쇠퇴를 언급했다. 이어 개발정책의 문제로는 지방 중심의 개발정책 부재.

26 지방도시의 자족성 결여에 따른 기반시설 확보의 필요, 주택공급 위주 정책에 따른 과밀개발 현상에 주목했다. (이수행, 『한중간 도시화 과정의 비교연구』, 경기개발연구원, 2011.)

27 중국과 소련의 북한 석유 제공에 부여된 우호 가격제의 폐지와 전력난 등 1990년대 북한 경제 붕괴 에 대한 내용 다음 연구를 참조하라. (양문수, 『북한경제의 구조: 경제개발과 침체의 메커니즘』, 서울 대학교출판부, 2001.)

28 필자의 평양 청년세대 의식에 대한 연구에 따르면, 장마당을 경험하며 자란 1980년도 이후 출생 북 한 주민은 2022년 기준 58.7%로 인구학적으로 중성을 가지며, 평양 청년세대는 이데올로기와 욕망의 '이중적 사고와 행동을 자연스럽게 구사한다. (이시효, 김성배, 김명희, "평양 청년세대 이중' 의식 구조에 대한 현상학적 연구," 북한연구학회보, 제26권 2호. 2022.)

28 고유환 외, 『사회주의 도시와 북한: 도시사연구 방법』, 한울, 2013, 87쪽.

29 박세훈, 김태환, 김성수, 송지은, 『북한의 도시계획 및 도시개발 실태분석과 정책과제』, 국토연구원, 2016. xii : 시장도입 이후 평성시 시장도입에 따른 도시분절 현상은 다음 연구를 참고하라. (박희진, "북한 평성의 공간적 변화와 도시성 탐구: 하차시장' 생활 경험을 중심으로," 『함흥과 평성: 공간, 일상, 정치의 도시사』, 한울, 2014, 160-172쪽.)

30 대런 애쓰모글루, 제임스 A. 로빈슨, 『좁은 회랑: 국가, 사회 그리고 자유의 운명』, 장경덕 옮김, 시 공사, 2020, 132쪽.

31 발터 벤야민, 『발터 벤야민의 문예이론』, 반성환 옮김, 민음사, 1983, 348쪽.

32 사회주의 체제의 정치와 경제의 이중적 격차와 체제 변화의 필연적 이행 구조는 코르나이의 다음 서 적을 참고하라. (야노쉬 코르나이, 『사회주의 체제의 정치경제학 1, 2』, 차문석, 박순성 옮김, 나남, 2019.)

33 이상준 외, 『한반도의 비전과 개방형 국토발전 전략』, 국토연구원, 2009. 137쪽, 155쪽.

03 북한 도시개발의 과제

1 죠셉 나이(황재호 역). 2023. 미국외교는 도적적인가. 루즈벨트부터 트럼프까지. 명인문화사. 참조.

2 https://www.foreignaffairs.com/germany/olaf-scholz-global-zeitenwende-how-avoid-new-cold-war(검색일 2022.12.6.)

3 2008년 제정된 우리 나라의 '지속가능발전법'에서는 지속가능의 개념을 '경제성장, 사회 안정과 통합, 환경의 보전이 균형을 이루는 발전'이라고 정의하며, 경제, 사회, 환경의 통합에 집중하고 있다. 조해인. 2021. 한국의 미래 SDGs이행방향에 대한 논의: 분절에서 통합으로, Futures Brief 2호. 국회미래연구원. p11.

4 이태동. 2022. 녹색전환, 보건, 에너지분야에서 선도적 역할 추구, 인태전략 스페셜리포트, 동아시아연구원.

5 인도-태평양 지역의 생태·환경 협력 전략은 인류공영을 위한 핵심 협력 분야로, 미중 구도로 나타나는 이익 중심적 정책을 극복하는 구상으로서 논의된다. 이태동.2022. 전게서.

6 특히, 양국 간 교역 호황과 기후변화 협력의 기회를 강조하며 녹색기후기금(GCF), 기후투자기금(CIF)에 중국이 적극적으르 참여할 것을 촉구했다. Financial Times 2023.7.8.

7 노컷뉴스. 2023.10.20.

8 남기찬·민성희. 2014. "남북통합 시나리오에 따른 남북한 인구이동에 대한 연구". 대한국토도시계획학회 춘계학술대회발표논문. 2014.

9 한반도가 시장경제를 중심으로 하나의 경제권을 형성하는데 있어서는 서해안권이 중심적 역할을 할 것으로 예상된다. 우리의 수도권과 북한 황해남북도의 일부 지역이 범경기만권을 형성하면서 이것이 북한의 평양-남포권과 연계 발전해 가는 서해안축의 통합경제권 형성이 한반도경제권 형성의 중심축이 될 것으로 예상된다. 이상준. 2014. "미래 한반도와 평양". 대한건축학회지 제58권 제08호.

10 민경태, 2015, 유라시아 네트워크의 허브, 대륙세력과 해양세력의 접점 서울-평양 메가시티, 수도권래발전포럼 발제자료.

11 "계속된 기후 관련된 자연재해에 대처하는 것이 주요 과제이다. 2019~2020년에 수만 채의 주택과 도로, 철도, 교량 등 기반시설 등이 태풍과 홍수로 큰 피해를

입었는데, 국가의 재난 대응 능력을 강화하는 것이 중요한 과제이다". DPRK. 2021. Democratic People's Republic of Korea: Voluntary National Review On the Implementation of the 2030 Agenda.

12 2013년에는 전세계에서 인터넷 다운로드 속도가 가장 빠른 도시로 선정되기도 하였다.

13 데일리 인도네시아(http://dailyindonesia.co.kr/m/page/view.php?no=22975&code=netfu_64709_77360&d_code=20110809192501_1035&ds_code=)

14 2023년 9월 5일 통일부의 '북한의 경제·사회, 정치 동향' 분석 자료

15 오영철,"북한의 도시경영관리체계-원림시설사업소를 중심으로".『KDB북한개발』, 2017년 봄 호(2017), p. 191.

16 이상준. 2004. 통일독일의 수도이전, FES-Information –Series 2004-07. 프리드리히 에버트재단. p1.

04 북한도시의 지속가능 발전목표(SDGs)

1 Worldometer. 2023. Main Cities by Population in North Korea. https://www.worldometers.info/world-population/north-korea-population/ (최종검색일: 2023.9.21)

2 임용호 외. 2023. 한반도 지속가능발전목표(SDGs) 수립을 위한 국토분야 연구. 세종:국토연구원(기본과제 보고서) 2장 3절 및 4장 3절의 내용을 요약, 정리하였음

3 고지배수로란 "상류유역이 방류하천의 계획홍수위보다 높으나 배수로 및 관거가 계획홍수위보다 낮은 저지대를 통과하거나 우회하여 본류하천에 합류하는 경우 재해예방을 위해 계획홍수위보다 높은 유역의 자연유출량만을 직접 본류하천에 자연배수하기 위해 설치하는 수로 및 관거"(국가법령정보센터.「재해예방을 위한 고지배수로 운영관리 지침」)

4 UN-Habitat. People Centred-Smart Cities. https://unhabitat.org/programme/people-centred-smart-cities (최종검색일: 2023.11.1)

05 북한 스마트시티 개발

1 파라그 카나,『커넥토그래피 혁명』(사회평론, 2017), p. 13

2 에드워드 글레이저,『도시의 승리』(해냄, 2011), pp. 4-5.

3 민경태,『서울 평양 스마트시티』(미래의창, 2018).

4 파라그 카나,『커넥토그래피 혁명』(사회평론, 2017), pp. 285.

5 파라그 카나, 『커넥토그래피 혁명』 (사회평론, 2017), pp. 281.

6 파라그 카나, 『커넥토그래피 혁명』 (사회평론, 2017), p. 13.

7 민경태, “인공지능이 바꿔놓을 남북경협 패러다임 ③ 남북한 도시 연결을 통한 인공지능 네트워크,” 『남북물류포럼』, 2023년 7월 3일.

8 민경태, “인공지능이 바꿔놓을 남북경협 패러다임 ③ 남북한 도시 연결을 통한 인공지능 네트워크,” 『남북물류포럼』, 2023년 7월 3일.

9 민경태, “인공지능이 바꿔놓을 남북경협 패러다임 ③ 남북한 도시 연결을 통한 인공지능 네트워크,” 『남북물류포럼』, 2023년 7월 3일.

06 북한 도시주택 진출 구상

1 조선민주주의인민공화국(2018), 조선민주주의인민공화국 주요경제지대들

2 《조선대백과사전(1)》, 1995년 10월 5일

3 《조선대백과사전(1)》, 1995년 10월 5일

4 김정일, “건축예술론,” 『조선대백과사전(1)』, (평양: 조선로동당출판사, 1992), p. 27.

5 《조선대백과사전(1)》, 1995년 10월 5일

6 김정일, 《김정일선집》11권, P. 140.

7 《조선대백과사전(19)》,주체89(2000).10.20, pp. 333~336.

8 데일리NK, 2021년 12월 22일, ‘이종석 칼럼’ 중에서

9 고경민, “남북한 정책 선택과 통일 시나리오 분석,”『한국 동북아논총』, 제74권(2015), p.86.

10 위의 책, pp. 99-100.

11 위의 책, p. 100.

12 대한건축학회, 『통일대비 북한 건축산업 인프라 개선을 위한 기술개발 기획』(안양: 국토교통과학기술진흥원, 2016), p. 120. 재구성

13 대한건축학회, 위의 논문, p. 119. 재구성

14 이종원, 함정호, 김창권, Horst Brezinski, “통일한국에서의 대량실업 및 인구이동 대응방안”,『동북아경제연구』(서울: 한국동북아경제학회, 2001), p. 54.

15 Paul B. Stares, Joel S. Wit, “Preparing for Sudden Change in North Korea,” Council Special Report No. 42 January 2009, p. 23.

16 LH 토지주택연구, “북한 주택사업 중장기 전략연구”, (2018), p. 115.

17 위의 논문, pp. 120-121.

18 위의 논문, p. 121.

19 위의 논문, PP. 129.

20 강은주. "북한의 주거정책과 주택매매 양상." 『북한』, (북한연구소, 2017), p. 72.

21 최상희 외, 『북한 주택 현황조사 분석 연구』(대전: 토지주택연구원, 2015), p. 13.

22 서우석 외. 『북한의 주택 및 건축기술 실태조사와 계획 방향 제시 연구 (대전: 대한주택공사 주택도시연구원. 2001)

23 서우석 외, 『통일 후 북한지역 주택공급에 관한 연구 (대전: 대한주택공사 주택도시연구원, 2000)

24 최상희 외, 『북한 주택 현황조사 분석 연구(대전: 토지주택연구원, 2015), p. 11

25 통계청, 「북한 인구와 인구센서스 분석」 (서울: 통계청, 2011)

26 위의 글

27 위의 글

28 위의 글

29 위의 글

30 최상희 외, 위의 글, P. 13.

31 위의 글, P. 15.

32 위의 글, p. 66.

33 LH 토지주택연구, "북한 주택사업 중장기 전략연구, (2018), p. 143.

34 위의 글

35 위의 글

36 위의 글, P. 147.

37 안병욱, 이종석 외, 위의 글, p 509. 재구성

38 이종석, "북한 급변사태 시 인구이동에 대비한 효율적 주거시스템 공급방안," p. 51.

PART 3. 통일을 대비한 건설산업의 준비

07 건설산업의 전략과제

1 DAILY NK(https://www.dailynk.com/20231019-1/)

2 임을출. 2022. "윤석열정부의 담대한 구상: 주요 내용, 특징 및 법적 과제, 경남대 극동문제연구소

3 이상준 외. 2022. “통일한반도 개발구상과 건설산업 전략”. 한미글로벌 한반도건설산업전략연구소

4 안병민. 2022. “북한철도 발전방향 및 개발구상”. 한반도경제협력원

5 이백진. 2022. “북한도로망 개발구상”. 국토연구원

6 황진희. 2022. “북한의 해운항만 발전방향 및 개발구상” 한국해양수산개발원

7 권영인. 2022. 한반도 공항교통망 구축방안” 한국교통연구원

8 김경술. 2022. 북한 에너지 개발 구상” 에너지경제연구

9 영웅선. 2021. 통일시대를 대비한 수자원 분야 준비 방안” 물과 미래

10 https://www.dailynk.com/20231121-2/

11 명수정. 2018. 북한의 환경 현황” KDI 북한경제

12 정수종. 2020. 북한의 대기오염 모니터링 시스템 구축” 서울대학교 통일평화연구원

13 이해정. 2016. “통일경제의 현제와 미래” 현대경제연구원

14 김선철. 2017. 한반도 통일 편익과 북한 인프라” 한국교통연구원

15 한국은행. 2023. 2022년 북한 경제성장률 추정 결과”

16 이정은. 2019. “북한 인프라 개발의 경제적 효과” 국회예산정책처

17 이상준 외. 2015. 한반도 북방지역 인프라 개발계획과 협력전망” 국토연구원

18 Bruce W. Bennett. 2013. Preparing for the Possibility of a North Korean Collapse” RAND Corporation

19 https://news.einfomax.co.kr/news/articleView.html?idxno=4093862

20 김석철. 2012. “한반도 그랜드 디자인” 창비

21 김홍일. 1998. 공공공사의 설계변경 원인 및 개선대책”

22 전개서

23 통일부 북한정보포탈. https://nkinfo.unikorea.go.kr/nkp/openapi/ NKStats.do

24 김경원. 2020. “북한 건설산업 현황 및 전망” KDB미래전략연구소

25 전개서

26 https://stock.mk.co.kr/news/view/ 176409

27 조동호. 2000. 북한의 노동제도와 노동력 실태” 한국개발연구원

28 김대식. 2009. 알기 쉽게 풀어 쓴 건설기계사업” 신용보증기금

29 박철한. 2022. “건설 경기 변화에 따른 주요 건설자재 수요 변화 연구” 한국건설산업연구원

30 https://www.businesspost.co.kr/BP?command=article_view&num=81696

31 하세정. 2019. “체제전환국의 재원조달 경험과 북한에 대한 시사점” 한국조세재정연구원

32 안종범. 2011. “통일재원 마련방안 연구” 통일부

33 이상준. 2018. 독일통일 총서: 구동독 지역 인프라 재건 분야” 통일부

34 https://m.khan.co.kr/economy/real_estate/article/200805130300525#c2b

35 장종남 외. 2008. 서울시 뉴타운사업의 추진실태와 개선과제” 서울시정개발연구원

36 이상호.한미파슨스 공저. 2006. 코리안 스탠다드에서 글로벌 스탠다드로” 보문당

37 https://www.mk.co.kr/news/economy/1009616

38 김종훈. 2009. 건설산업 선진화 비전 2020” 국토해양부•건설산업선진화위원회

39 https://m.dnews.co.kr/m_home/view.jsp?idxno=201511301128017680036

08 북한 도시인프라 진출 준비

1 Department of Commerce(1995), National Planning for Construction and Building R&D(National Institute of Standard and Technology, NISTIR 5759)

2 HM Treasure(2010), Strategy for national infrastructures(Infrastructure UK)

3 World Economic Forum(2019), The Global Competitiveness Report 2019

4 서울대학교 산학협력단(2020), 국민인프라 서비스 측정지표 적정성 검토 및 활용방안 연구(건설환경종합연구소, 2020.11)

5 김백영(2023), 서문: 김정은 시대 북한 도시의 변화를 어떻게 볼 것인가?(서울대학교 아시아연구소 아 시아리뷰 제13권 제1호, 2023.3.8.)

6 소비에트 도시계획 4가지 원칙론은 ① 주거환경보호를 위해 공업과 주거를 분리 건설 ② 자족적 주거 단지이자 사회주의적 공동생활의 기초단위로 소구역 ③ 직주근접 원칙과 공간적 형평성 제고를 위해 소구역별 서비스시설 균등 배치 ④ 도심부는 이념적 학습의 장소로서 상업, 업무실 외 공공시설과 기 념광장 건설

7 홍순직(2023) 김정은시대의 도시주택 건설 정책 특징(서울대학교 아시아연구소 아시아리뷰 제13권 제1호, 2023.3.8.)

8 참고자료 3)에서 발췌

9 조민주(2023), 김정은 시대의 미래과학도시 건설과 시작적 재현: 인주주의 도시풍경화의 유행(서울대 학교 아시아연구소 아시아리뷰 제13권 제1호, 2023.3.8.)

10 서울대학교 건설환경종합연구소(2020), 통일한반도 국토인프라 구축의 최적화

정책 및 전략 제안 연구

11 서울대학교 건설환경종합연구소(2021), 북한 경제지구개발 성공을 위한 국토인프라 수준 진단과 대책 연구

12 참고자료 5)에서 322~325쪽, 제11장 북한의 도시(조충희 집필)

13 천영우 외 7인(2022), 통일한반도 개발구상과 건설산업 전략(한미글로벌 한반도건설산업전략연구소 펴냄), 181쪽

14 참고자료 5)에서 168~173쪽, 제6장 북한의 물환경(장석환 집필)

15 천영우 외 7인(2022), 통일한반도 개발구상과 건설산업 전략(한미글로벌 한반도건설산업전략연구소 펴냄), 85쪽

16 천영우 외 7인(2022), 통일한반도 개발구상과 건설산업 전략(한미글로벌 한반도건설산업전략연구소 펴냄), 78~80쪽

17 천영우 외 7인(2022), 통일한반도 개발구상과 건설산업 전략(한미글로벌 한반도건설산업전략연구소 펴냄), 78쪽

18 북한지리백서(2020) 제6장(북한의 물환경, 장석환 저술) 내용의 일부를 편집하여 재인용했음. 북한지리백서는 박수진 안유순 집필 및 편집 주도로 15명이 부문별로 집필하였음. 출판사는 ㈜푸른길

19 참고자료 5에서 173쪽 <표 6-10> 북한의 2010년 지역별 생활하수 배출현황과 미처리량 추정

20 참고자료 7, 홍순직(2023) 김정은시대의 도시주택 건설 정책 특징(서울대학교 아시아연구소 아시아리뷰 제13권 제1호, 2023.3.8.)

21 조선민주주의인민공화국(2018), 조선민주주의인민공화국 주요경제지대들

22 서울대학교 건설환경종합연구소(2015), 통일연구 기반구축 사업(국토인프라 부문, 제1차 워크샵, 2015.8.12.)

23 서울대학교 건설환경종합연구소(2016), 통일한반도 국토인프라 통합구축 전략 수립 방향 제안(연구보고서)

24 서울대학교 건설환경종합연구소, 국토인프라시설 통합연구기반구축 정책 제안(서울대학교 통일기반연구 연합학술대회, 2015.11.25.)

25 이한열(2015), 북.중 접경지역 인프라 투자현황과 한국의 진출방안(한반도 인프라 포럼, 중국일림그룹, 2015.9.3.)

09 토지주택 사유화 시나리오와 예상 과제

1 통일연구원의 여론조사에 따르면, 통일이 필요하다고 생각하는 응답자의 비율은

22년 기준 53.4%로 2018년 70.7%를 기록한 이후 지속적으로 감소하고 있는 것으로 나타나고 있다. 출처: 박주화 외, KINU 통일의식조사 2022 , 서울: 통일연구원, 2022.12.30.

2 북한 토지법 제7조, 북한의 토지법은 1977년 제정되었으며, 1999년 수정되었다.

3 출처: 토지법의 제2장 토지소유권, 제9조.

4 살림집법 제24조(개인소유살림집의 이관, 인수)

5 주택 건설에 대해서는 인민위원회와 해당 기관, 기업소, 단체는 도시 및 마을건설총계획에 따라 살림 집건설을 계획적"으로 진행(제9조)하고, 건설자금은 국가계획기관과 해당 기관, 기업소, 단체"가 보장(제16조)하며, 주택 배정은 인민위원회와 해당 기관, 기업소, 단체가 한다"(제28조)고 명시하고 있다.

6 '조선민주주의인민공화국 부동산관리법' 제2조(부동산의 구분)의 내용으로, 북한에서 '부동산관리법'은 2009년 제정되었으며, 2011년에 한 차례 수정된 바 있다.

7 여기에서 화폐적으로 등록할 수 없는 부동산에 대하여서는 현물만 등록할 수 있도록 허용하고 있다.

8 '식량전매제'(2005.10) 도입, 17세 이상 남성 장마당 장사 금지(2006.12), '통제물품 품목'공시(2009.3), 화폐개혁과 함께 종합시장에 대한 폐쇄 시도(2009.12)

9 곡물 거래 질서 확립을 강조한 『양곡법』 개정(2021.3, 2022.1), 경제계획의 강제성을 강조한 『인민경제계획법』 수정(2021.9), '유일무역제도'로의 환원을 위한 『무역법』 수정(2022.1) 등

10 2023년 8월 초, 사회안전성 포고문을 통해서 개인이 상품을 많이 넘겨받아 장마당 또는 개인 장사꾼에게 도매하는 행위를 금지시켰으며, 개인이 소유한 상품은 전부 국영 상점에 넣고 판매할 것을 지시한 것으로 알려짐. RFA, "북 경제난 속 각종 규제, 주민 반발에 휘청이나?" 2023.8.23.

11 출처: 박주화 외, 『KINU 통일의식조사 2022』, 통일연구원, 2022.12. (검색일: 2023.7.23.) (https://www.kinu.or.kr/main/module/report/view.do?nav_code=mai1674786094&category=44&id×=114266)

12 박형중 외, 『2023년 1분기 통일 여론동향』, 민주평화통일자문회의, 2023.4. (검색일: 2023.8.27) (https://www.puac.go.kr/ntcnBbs/detail.do)

13 KBS 공영미디어연구소 조사팀, 『2022년 국민 통일의식 조사』 KBS 공영미디어연구소 , 2022.8,11. (검색일: 2023.8.23.) (https://news.kbs.co.kr/datafile/2022/08/12/301081660304404385.pdf)

14 박주화 외(2022), pp. 59-64.

15 문흥안, "북한실림집법을 통해 본 북한부동산시장의 변화와 통일시 시사점," 『비교사법』 제24권 2호(통권77호), 2017.5, p. 757-762

16 손희두, 『북한의 부동산관리법제와 남북한 협력방안 연구』, 한국법제연구원, 2012.10.31. pp. 123-145

17 최근 10년 동안 평양에 고급아파트들이 새로 건설되고 있는데, 이들은 주로 당간부나 고위관료 등 북한 정권의 핵심계층에 속하는 주민들이 입주하고 있는 것으로 알려져 있다.

18 전홍택 편, 『남북한 경제통합 연구 : 북한경제의 한시적 분리 운영방안』, KDI, 2012.12.31, p. 45.

10 북한 도시개발을 위한 재원조달 방안

1 현재 중국에서 시행되는 것처럼, 기존에 토지를 점유하고 있는 거주자가 국가로부터 국유토지를 상당 기간동안 임대하는 것으로 간주된다면, 적당한 시점에서 임대료를 수취하여 도시개발 재원의 일부로 활용할 수 있을 것이며, 또한 점유하고 있는 거주자의 토지가 개발을 위해 수용되는 경우 대체토지를 제공하는 등 일정 수준의 보상을 제공하는 것도 가능할 것이다.

2 「통일시대를 향한 한반도 개발협력 핵심 프로젝트 선정 및 실천과제」(국토연구원, 2013)에서 제시된 프로젝트 및 개발비용 추정자료를 근간으로 하되, 남북한 도로·철도 연결사업 및 개성공업지구 조성사업 등 기 진행된 주요 프로젝트의 자금 투입 사례를 바탕으로 한 산업은행의 자체 추정을 반영하였음.

3 개성공단 가동중단 당시 입주기업 1개사 평균 시설투자비인 35.8억원에 신규 산업단지 면적에서 도출한 입주기업 숫자를 감안하여 적용한 수치이다. 다만, 산업단지 규모 확대, 개별 공장의 사업 확장 및 해외기업 진출 등에 따른 추가 자금소요 등은 추정에서 제외하였다.

4 '도시개발법' 이외에도 '택지개발촉진법'에서 규정하는 주택공급을 목적으로 하는 도시외곽의 신도시 개발방법 그리고 '도시 및 주거환경정비법'이 적용되는 재개발·재건축사업 등도 도시계획사업의 실현수단으로 활용될 수 있다.

5 금융감독원 금융권 부동산PF 발표자료 기준

6 OECD DAC에 의하면 혼합금융은 개발도상국 개발효과 극대화를 목적으로 개발금융을 전략적으로 활용, 민간재원을 비롯한 추가적인 재원을 동원하는 방식을 의미한다. 2015~2020년간 연평균 50여건, 10억달러 규모로 혼합금융 프로젝트가 신규로 개시되고 있으며, 특히, 비교적 자금의 흐름이 명확하여 참여

지분에 따른 수익 분배가 용이한 에너지 및 금융부문의 프로젝트에서 혼합금융 적용 비중이 높은 편이다. 다만, 규모가 큰 인프라 사업 위주의 개도국 도시개발 계획은 기본적으로 해당국 정부 예산이 재원의 가장 큰 비중을 차지하며, 이 가운데 사업성 확보가 가능한 도로, 전력, 상하수도 등 일부 인프라 프로젝트와 주택지구 및 산업단지 개발사업 등은 사업별로 분할하여 민간재원 참여 방식으로 개발하는 것이 일반적이다.

7 몽골정부의 외화채권 발행여건 개선 및 투그릭화 환율변동 리스크 커버 문제 등으로 인해 현재 동 상품은 판매를 중단한 상태이다.

| 참고문헌 |

PART 1. 북한도시의 발전사

01 북한도시의 과거와 현재

논문/단행본

김두섭, 1995, 북한의 도시화와 인구분포: 남한과의 비교, 한국인구학회지 제18권 제2호

김두얼, 2019, 북한과 동북아 경제, 네트워크 개발 전략, I. 북한의 철도 건설, 1900-2015: 산업화와 장기 경제 침체에 대한 함의, 도서출판 이조.

김민아, 2013, 조선후기 이후 평양의 도시형태 변천에 관한 연구: 평양성도와 1914년 평양부 지적원도의 비교를 통해, 대한건축학회 논문집 통권 301호

김민아, 2014, 일제강점기 평양부 토지구획정리사업의 환지방식에 관한 연구: 제1 토지구획정리사업지를 중심으로, 대한건축학회 논문집 통권 314호

김민아, 2018, 북한의 주택 소구역 계획에 관한 연구: 1955-1967년 단지계획을 중심으로, 한양대학교 박사학위 논문

김민아, 2019, 북한의 농촌 공간계획의 특징에 관한 연구: 김일성 시기 도농연계이론을 바탕으로, 한국농촌건축학회 논문집 통권 75호

김민아, 2019, 평양 광복거리 신도시의 단지계획에 관한 연구: 주택 소구역 계획에서 거리형성 계획으로, 대한건축학회 논문집 통권 372호

김민아, 2022, 김정은 시기 북한 사회주의 농촌건설전략 분석 및 평가, 2022 통일부 신진연구자 정책연구용역

김일성 전집 4 (1992년 발행), 조선 로동당 출판사

김원, 2004, 사회주의 도시계획, 보성각, p.254

김종연, 김민아, 정인하, 2021, 한국전쟁 이후 북한 청진의 도시계획에 관한 연구: 피오르트 자렘바의 계획 방법론을 중심으로, 대한건축학회 논문집 통권 388호

남성욱, 2016, 현대 북한의 식량난과 협동농장 개혁, 한울아카데미

Mina Kim, 2017, The planning of microdistricts in post-war North Korea: space,

power, and everyday life, Planning Perspectives vol.32, No.2.
木村光彦 저, 김현숙 옮김, 2001, 북한의 경제, 혜안 (원제: 木村光彦, 1999, 北朝鮮の - 起源、形成、崩)
찰스 암스트롱, 2006, 북조선 탄생, 서해문집 (원제: Charles K. Amstrong, 2002, The North Korean Revolution 1945-1950, Cornell University Press)

언론/인터넷 검색

자유아시아방송, 2023.2.28, [지금 북한은] 김정은 왜 주택건설에 집착하나 https://www.rfa.org/korean/weekly_program/c9c0ae08-bd81d55cc740/nownk-02282023095329.html

02 남북한 도시발전의 특징

고성호, "북한의 도시화 과정과 특징," 『통일문제연구』, 통권 제25호, 1996, 137-157쪽.
고유환 외, 『사회주의 도시와 북한: 도시사연구 방법』, 한울, 2013
김현수, 『서울과 평양의 도시계획 이념 및 공간구조 비교』, 서울시정개발연구원, 2004
김정호, "독일통일 20년의 경제적 평가: 동독경제의 변화를 중심으로," 사회과학논총, 제27권 1호, 2011, 113-131쪽.
남영우, 최재헌, 손승호, 『한국의 도시와 국토』, 법문사, 2021.
대런 애쓰모글루, 제임스 A. 로빈슨, 『좁은 회랑: 국가, 사회 그리고 자유의 운명』, 장경덕 옮김, 시공사, 2020,
대한토목학회. 『북한의 도시 및 지역개발』, 보성각. 2009.
박세훈, 김태환, 김성수, 송지은, 『북한의 도시계획 및 도시개발 실태분석과 정책과제』, 국토연구원, 2016,
박희진, "북한 평성의 공간적 변화와 도시성 탐구: '하차시장' 생활 경험을 중심으로," 『함흥과 평성: 공간, 일상, 정치의 도시사』, 한울, 2014, 160-172쪽.)
발터 벤야민, 『발터 벤야민의 문예이론』, 반성환 옮김, 민음사, 1983,
사스키아 사센, 『세계경제와 도시』, 남기범 외 역, 푸른길, 2016
야노쉬 코르나이, 『사회주의 체제의 정치경제학 1, 2』, 차문석, 박순성 옮김, 나남, 2019.
양문수, 『북한경제의 구조: 경제개발과 침체의 메커니즘』, 서울대학교출판부, 2001.
이민주, 김슬기, 김의준, "지방소멸 위기지역 유형화와 특성 분석," 『도시연구』,

제23호, 2023.
이상준, 『남북인프라협력사업의 통합적 추진방안 연구』, 국토연구원, 2005
이상준 외, 『한반도의 비전과 개방형 국토발전 전략』, 국토연구원, 2009.
이상준, 김원배, 이문원 외. 『북한의 공업지역 개발을 위한 국제협력 방향 연구: 구 동독과 폴란드의 사례를 토대로』. 국토연구원. 2004.
이상준, 벤델린 스튜르벨트, 칼-페터 쉔, 『통일 이후 구 동독의 도시정책과 시사점』, 국토연구원, 2006.
이상준, 이영아, 『통일 이후 북한지역 도시공간구조의 개편 및 도시정책방향에 관한 연구』, 통일연구원, 1998, 42쪽.
이수행, 『한중간 도시화 과정의 비교연구』, 경기개발연구원, 2011.
이시효, 김성배, 김명희, "평양 청년세대 '이중' 의식구조에 대한 현상학적 연구," 북한연구학회보, 제26권 2호. 2022.
이정석, "북한 인프라 유지관리 실태 추정 및 남북수준 비교," 대한건축학회 춘계학술대회논문집, 제37권 1호, 2017, 847-848쪽.
이태욱, "북한의 경제체제와 경제전망," 『동아연구』, 19권, 1989
임석회, "한국 도시의 질적 성장에 관한 연구: 사회적 형평성 논의를 중심으로," 국토지리학회지 제52권 2호, 2018, 235-255.
정근형, 이영한, "북한과 한국 도시계획법의 비교 분석," 『한국생태환경건축학회 추계학술발표대회 논문집』, 2019
최상철, "통일 후 북한지역에서의 토지소유 및 이용에 관한 연구," 『지역연구』, 제14권 2호 1998
최상희, 최대식, 이종권, 홍성원, 『북한주택 현황조사, 분석연구』, 토지주택연구원, 2015.
피터 홀, 울리히 파이퍼, 『미래의 도시: 21세기 도시의 과제 및 대응전략』, 임창호, 구자훈 옮김, 한울, 2005,
한국도시지리학회, 『한국의 도시』, 법문사, 2005.
홍민 외. 『북한 실태 연구: 도시경제의 네트워크와 로지스틱스』, 통일연구원, 2019.
D.T. Herbert and C. J. Thomas, Urban Geography: A first approach, John Wiley & Sons. 1982.
Kingsley Davis, "The Urbanization of the Human Population," Scientific American, vol.213. no.3, 1965, pp.3-15.
Kyoochul Kim, "The North Korean economy seen by satellite: Estimates of national

performance, regional gaps based on nighttime light", Journal of Asian Economics, Vol.78(2022).
Sihyo Lee, The making of totalitarian city in Pyongyang: The spatial transition from free to ideology, and for marketization, doctoral thesis in Bauhaus University, 2020.
Ye Ni, Xutao Li, Yunming Ye, Yan Li, Chunshan Li, and Dianhui Chu, "An investigation on Deep Learning approaches to combining nighttime and daytime satellite imagery for Poverty prediction", IEEE Xplore (2022)

PART 2. 북한도시 개발 구상

03 북한 도시개발의 과제

논문/단행본

남기찬·민성희. 2014. "남북통합 시나리오에 따른 남북한 인구이동에 대한 연구". 대한국토도시계획학회 춘계학술대회발표논문. 2014.
민경태. 2015. 유라시아 네트워크의 허브, 대륙세력과 해양세력의 접점 서울-평양 메가시티, 수도권래발전포럼 발제자료.
이상준. 2014. "미래 한반도와 평양". 대한건축학회지 제58권 제08호.
이상준. 2004. 통일독일의 수도이전 , FES-Information –Series 2004-07. 프리드리히 에버트재단. p1.
이태동. 2022. 녹색전환, 보건, 에너지분야에서 선도적 역할 추구 , 인태전략 스페셜리포트 , 동아시아연구원.
조해인. 2021. 한국의 미래 SDGs이행방향에 대한 논의: 분절에서 통합으로, Futures Brief 2호. 국회미래연구원, 2021, p11.
죠셉 나이(황재호 역). 2023. 미국외교는 도적적인가. 루즈벨트부터 트럼프까지. 명인문화사.
DPRK. 2021. Democratic People's Republic of Korea: Voluntary National Review On the Implementation of the 2030 Agenda.
Manfred Kühn. 2014. "Urban Changes n the former GDR after reunification", 국토연구원 1차 독일전문가워크샵 발표자료.

언론/인터넷 검색

노컷뉴스. 2023.10.20.
https://www.foreignaffairs.com/germany/olaf-scholz-global-zeitenwende-how-avoid-

new-cold-war(검색일 2022.12.6.)
http://dailyindonesia.co.kr/m/page/view.php?no=22975&code=netfu_64709_77360&d_code=20110809192501_1035&ds_code=(검색일 2023.11.1)
Financial Times 2023.7.8

04 북한도시의 지속가능 발전목표(SDGs)

논문/단행본

국가법령정보센터.「재해예방을 위한 고지배수로 운영관리 지침」
임강택. 2022. 지속가능발전목표(SDGs)와 한반도 협력. 경남대학교 극동문제연구소.
임용호, 강민조, 안재성. 2022. 한반도 그린공동체 조성을 위한 산림협력 추진방안 연구. 세종:국토연구원.
임용호, 이성수, 신휴석, Doan Van Minh. 2023. 한반도 지속가능발전목표(SDGs) 수립을 위한 국토분야 연구. 세종:국토연구원
통일법제데이터베이스.「국토계획법」
통일법제데이터베이스.「토지법」
현대경제연구원. 2010. 동서독 통일 20년 평가와 시사점.
Blinge K., Bäcklin O., Lundstedt O., Olsson F., Susak K.. 2018. Flexible Spaces – Innovation in the urban fabric.
Brunner, D., Heydemann, G.. 2021. Die Einheit und die Folgen: Eine Geschichte Deutschlands seit 1990. Bundeszentrale für politische Bildung.
Department of Economic and Social Affairs(DESA). 2020. World social report 2020: Inequality in a rapidly changing world. United Nations.
Glorius, B. 2010. Go west : internal migration in Germany after reunification. Belogeo. Vol.3. pp.281-292.
Joseph Fiksel, Tarsha Eason, Herbert Frederickson. 2012. A framework for sustainability indicators at EPA. U.S. Environmental Protection Agency.
Khan, M. A.. 1995. Sustainable development: The key concepts, issues and implications. Sustainable Development. Vol.3. pp.63-69.
Mahesti O., Tarek K.. 2022. The national development plans after the SDGs: Steering implications of the global goals towards national development planning. Earth System Governance. Vol.12.

Moreno C., Allam Z., Chabaud D., Gall C., Pratlong F.. 2021. Introducing the "15-Minute City": Sustainability, Resilience and Place Identity in Future Post-Pandemic Cities. Smart Cities. Vol.4(1). pp.93-111.
OECD. 2019. TRIANGULAR CO-OPERATION: WHY DOES IT MATTER?
Schwartz,S. H., Bilsky, W.. 1987. Toward A Universal Psychological Structure of Human Values. Journal of Personality and Social Psychology. Vol.53(3). pp.550-562.
UN Habitat. 2022. Envisaging the Future of Cities.
UN. 1987. Our common future.
UN. 2017. Mainstreaming the 2030 agenda for sustainable development.
Westbury M.. 2010. Creating Creative Enterprise Hubs: A Guide
Zhou, X., Moinuddin, M., & Xu, M. (2017). Sustainable Development Goals Interlinkages and Network Analysis: A Practical Tool for SDG Integration and Policy Coherence-Institute for Global Environmental Strategies.

언론/인터넷 검색

북한통계포털. 도시화율. https://kosis.kr/bukhan/ (최종검색일: 2023.9.8)
북한통계포털. 인구(2023). https://kosis.kr/bukhan/nkStats/nkStatsIdctChart.do?num=2&listNm=%EC%9D%B8%EA%B5%AC&menuId=M_01_02 (최종검색일: 2023.9.8)
The Millions Who Left. https://www.zeit.de/politik/deutschland/2019-05/east-west-exodus-migration-east-germany-demography?utm_referrer=https%3A%2F%2Fwww.google.com%2F (최종검색일: 2023.9.10)
UN-Habitat. People Centred-Smart Cities. https://unhabitat.org/programme/people-centred-smart-cities (최종검색일: 2023.11.1)
World Bank. 2023. Urban Development. https://www.worldbank.org/en/topic/urbandevelopment/overview#1 (최종검색일: 2023.9.8)
Worldometer. Main Cities by Population in North Korea. https://www.worldometers.info/world-population/north-korea-population/ (최종검색일: 2023.9.21)

05 북한 스마트시티 개발

김덕진, 『AI 2024 트렌드&활용백과』 (스마트북스, 2023).
김석철, 『한반도 그랜드 디자인』 (창비, 2012).

김석철, 『희망의 한반도 프로젝트』(창비, 2005).
김애영 외, 『생성형 AI를 활용한 인공지능 아트』(길벗캠퍼스, 2023).
레이 커즈와일, 『특이점이 온다』(김영사, 2007).
마뉴엘 카스텔, 『네트워크 사회의 도래』(한울아카데미, 2003).
매일경제 미래경제보고서팀, 『도시의 미래』(매일경제신문사, 2016).
민경태, "인공지능이 바꿔놓을 남북경협 패러다임 ③ 남북한 도시 연결을 통한 인공지능 네트워크," 『남북물류포럼』, 2023년 7월 3일.
민경태, 『서울 평양 메가시티』(미래의창, 2014).
민경태, 『서울 평양 스마트시티』(미래의창, 2018).
박태웅, 『박태웅의 AI 강의』(한빛비즈, 2023).
사이언티픽 아메리칸 편집부, 『스마트시티는 어떻게 건설되는가? 미래의 도시』(한림출판사, 2017).
신현규·이광재, 『도시 이후의 도시』(매일경제신문사, 2018).
앤서니 타운센드, 『스마트시티, 더 나은 도시를 만들다』(MID, 2018).
에드워드 글레이저, 『도시의 승리』(해냄, 2011).
이상호·임윤택·안세윤, 『스마트시티』(커뮤니케이션북스, 2017).
일간 소울영어(레바 김), 『챗GPT 영어 질문법』(로그인, 2023).
장디페이, 『도시를 생각하다』(안그라픽스, 2013).
정인성·최홍섭, 『AI 혁명의 미래』(이레미디어, 2023).
제프리 웨스트, 『스케일』(김영사, 2018).
파라그 카나, 『커넥토그래피 혁명』(사회평론, 2017).
헨리 키신저·에릭 슈밋·대니얼 허튼로커, 『AI 이후의 세계』(윌북, 2023).

06 북한 도시주택 진출 구상

논문/단행본

강은주. 2017. "북한의 주거정책과 주택매매 양상," 『북한』, 북한연구소,
고경민, 2015. "남북한 정책 선택과 통일 시나리오 분석,"『한국 동북아논총』, 제74권)
김정일. 1992."건축예술론,"『조선대백과사전(1)』, (평양: 조선로동당출판사)
김정일. 《김정일선집》11권
대한건축학회. 2016. 『통일대비 북한 건축산업 인프라 개선을 위한 기술개발 기획』(안양: 국토교통과학기술진흥원)
서우석 외. 2001. 『북한의 주택 및 건축기술 실태조사와 계획 방향 제시 연구』(대전:

대한주택공사 주택도시연구원)
이종석, “북한 급변사태 시 인구이동에 대비한 효율적 주거시스템 공급방안,”
이종원. 2001. 함정호, 김창권, Horst Brezinski, “통일한국에서의 대량실업 및 인구이동 대응방안”,『동북아경제연구』(서울: 한국동북아경제학회)
조선민주주의인민공화국. 2018. 조선민주주의인민공화국 주요경제지대들
《조선대백과사전(1)》. 1995.10.5
《조선대백과사전(19)》. 2000.10.20
최상희 외. 2015.『북한 주택 현황조사 분석 연구』(대전: 토지주택연구원)
통계청. 2011 북한 인구와 인구센서스 분석 . 통계청
LH. 2018. 토지주택연구, “북한 주택사업 중장기 전략연구”,
Paul B. Stares, Joel S. Wit, “Preparing for Sudden Change in North Korea,” Council Special Report No. 42 January 2009, p. 23.

언론/인터넷 검색

데일리NK, 2021년 12월 22일, ‘이종석 칼럼’ 중에서

PART 3. 통일을 대비한 건설산업의 준비

07 건설산업의 전략과제

논문/단행본

김경원. 2020. “북한 건설산업 현황 및 전망” KDB미래전략연구소
김대식. 2009. “알기 쉽게 풀어 쓴 건설기계사업” 신용보증기금
김석철. 2012. “한반도 그랜드 디자인” 창비
김선철. 2017. “한반도 통일 편익과 북한 인프라” 한국교통연구원
김용우·한미글로벌. 2021. “건설의 게임체인저 OSC” e대한경제
김종훈. 2009. “건설산업 선진화 비전 2020” 국토해양부·건설산업선진화위원회
김홍일. 1998. “공공공사의 설계변경 원인 및 개선대책”
명수정. 2018. “북한의 환경 현황” KDI 북한경제리뷰
박철한. 2022. “건설 경기 변화에 따른 주요 건설자재 수요 변화 연구” 한국건설산업연구원
시몬 페레스. 2017. “작은 꿈을 위한 방은 없다” 쌤앤파커스
안종범. 2011. “통일재원 마련방안 연구” 통일부

영웅선. 2021. "통일시대를 대비한 수자원 분야 준비 방안" 물과 미래
이상준. 2018. "독일통일 총서: 구동독 지역 인프라 재건 분야" 통일부
이상준 외. 2015. "한반도 북방지역 인프라 개발계획과 협력전망" 국토연구원
이상준 외. 2022. "통일한반도 개발구상과 건설산업 전략". 한미글로벌 한반도건설산업전략연구소
이정은. 2019. "북한 인프라 개발의 경제적 효과" 국회예산정책처
이상호·한미파슨스 공저. 2006. "코리안 스탠다드에서 글로벌 스탠다드로" 보문당
이해정. 2016. "통일경제의 현제와 미래" 현대경제연구원
임을출. 2022. "윤성열 정부의 담대한 구상: 주요내용, 특징 및 법적 과제, 경남대 극동문제연구소
장종남 외. 2008. "서울시 뉴타운사업의 추진실태와 개선과제" 서울시정개발연구원
정수종. 2020. "북한의 대기오염 모니터링 시스템 구축" 서울대학교 통일평화연구원
조동호. 2000. "북한의 노동제도와 노동력 실태" 한국개발연구원
하세정. 2019. "체제전환국의 재원조달 경험과 북한에 대한 시사점" 한국조세재정연구원
한국은행. 2023. "2022년 북한 경제성장률 추정 결과"
Bruce W. Bennett. 2013. "Preparing for the Possibility of a North Korean Collapse" RAND Corporation

언론/인터넷 검색

DAILY NK(https://www.dailynk.com/20231019-1/)
https://www.dailynk.com/20231121-2/
https://news.einfomax.co.kr/news/articleView.html?idxno=4093862
통일부 북한정보포탈. https://nkinfo.unikorea.go.kr/nkp/openapi/NKStats.do
https://stock.mk.co.kr/news/view/176409
https://www.businesspost.co.kr/BP?command=article_view&num=81696
https://m.khan.co.kr/economy/real_estate/article/200805130300525#c2b
https://www.mk.co.kr/news/economy/1009616
https://m.dnews.co.kr/m_home/view.jsp?idxno=201511301128017680036

08 북한 도시인프라 진출 준비

김백영(2023), 서문: 김정은 시대 북한 도시의 변화를 어떻게 볼 것인가?(서울대학교 아시아연구소 아시아리뷰 제13권 제1호, 2023.3.8.)

서울대학교 건설환경종합연구소(2015), 통일연구 기반구축 사업(국토인프라 부문, 제1차 워크샵, 2015.8.12.)
서울대학교 건설환경종합연구소(2015), 국토인프라시설 통합연구기반구축 정책 제안(서울대학교 통일기반연구 연합학술대회, 2015.11.25.)
서울대학교 건설환경종합연구소(2016), 통일한반도 국토인프라 통합구축 전략 수립 방향 제안(연구보고서)
서울대학교 건설환경종합연구소(2020), 통일한반도 국토인프라 구축의 최적화 정책 및 전략 제안 연구
서울대학교 건설환경종합연구소(2021), 북한 경제지구개발 성공을 위한 국토인프라 수준 진단과 대책 연구
조선민주주의인민공화국(2018), 조선민주주의인민공화국 주요경제지대들
이한열(2015), 북 중 접경지역 인프라 투자현황과 한국의 진출방안(한반도 인프라 포럼, 중국일림그룹, 2015.9.3.)
조민주(2023), 김정은 시대의 미래과학도시 건설과 시작적 재현: 인주주의 도시풍경화의 유행(서울대학교 아시아연구소 아시아리뷰 제13권 제1호, 2023.3.8.)
천영우 외 7인(2022), 통일한반도 개발구상과 건설산업 전략(한미글로벌 한반도건설산업전략연구소 펴냄)
홍순직(2023) 김정은시대의 도시주택 건설 정책 특징(서울대학교 아시아연구소 아시아리뷰 제13권 제1호, 2023.3.8.)
Department of Commerce(1995), National Planning for Construction and Building R&D(National Institute of Standard and Technology, NISTIR 5759)
HM Treasure(2010), Strategy for national infrastructures(Infrastructure UK)
World Economic Forum(2019), The Global Co

09 토지주택 사유화 시나리오와 예상 과제

논문/단행본

국가안전기획부. 2022. 『북한법령집』
김운근 외. 2000. 「북한농업정보체계 구축방안」, 한국농촌경제연구원
문흥안. 2017. “북한실림집법을 통해 본 북한부동산시장의 변화와 통일시 시사점,” 『비교사법』 제24권 2호(통권77호)
박주화 외. 2022. 『KINU 통일의식조사 2022』, 서울: 통일연구원.
박형중 외. 2023. 『2023년 1분기 통일 여론·동향』, 민주평화통일자문회의

손희두. 2012. 『북한의 부동산관리법제와 남북한 협력방안 연구』, 한국법제연구원
전홍택 편. 2012, 『남북한 경제통합 연구 : 북한경제의 한시적 분리 운영방안』, KDI
허재완, "북한 토지이용제도의 현황과 전망"
KBS 공영미디어연구소 조사팀. 2022. 『2022년 국민 통일의식 조사』 KBS 공영미디어연구소

언론/인터넷 검색

한국일보, "80층 고층아파트 이어... 북한 평양 고급주택지 '집들이'," 2022.4.18.
RFA, "북 경제난 속 각종 규제, 주민 반발에 휘청이나?" 2023.8.23.
(북한) 『조선의 오늘』 홈페이지(https://dprktoday.com)

10 북한 도시개발을 위한 재원조달 방안

김민관(2017),「몽골개발은행 사례를 통한 북한 개발은행 설립 시사점」, 『KDB북한개발』 통권10호, 한국산업은행
김성일(2010),「자원개발 연계 해외건설시장 진출전략과 과제」,『월간 국토』통권 349호, 국토연구원
이상준 외(2013),『통일시대를 향한 한반도 개발협력 핵심 프로젝트 선정 및 실천과제』, 국토연구원
한국은행 국민B/S팀(2022),「2021년 국민대차대조표(잠정)의 주요 내용」, 『조사통계월보』제76권 제9호, 한국은행
정지원 외(2018)「개도국 SDGs 이행 지원을 위한 개발재원 확대방안」, 대외경제정책연구원
IMF(2016),「BLENDING PUBLIC AND PRIVATE FINANCE」,『EMCompass』no. 3
OECD(2021),「The OECD DAC Blended Finance Guidance」